Wirtschaftlichkeitsrechnung

Karl-Werner Schulte, geboren 1946 in Warstein/Sauerland, absolvierte sein Examen als Diplom-Kaufmann in Münster 1970 und promovierte als Schüler von Helmut Koch 1974 zum Dr. rer. pol. Seit 1975 lehrt er als Akademischer Rat und nunmehr als Akademischer Oberrat Betriebswirtschaft, insbesondere Unternehmensrechnung am Fachbereich Wirtschafts- und Sozialwissenschaften der Westfälischen Wilhelms-Universität Münster.

Karl-Werner Schulte

Wirtschaftlichkeitsrechnung

4. Auflage

Physica Verlag Heidelberg Wien

CIP-Kurztitelaufnahme der Deutschen Bibliothek

Schulte, Karl-Werner:
Wirtschaftlichkeitsrechnung / Karl-Werner Schulte. -
4. Aufl. - Heidelberg ; Wien : Physica-Verlag, 1986.
(Physica-Paperback)
ISBN-13:978-3-7908-0342-6   e-ISBN-13:978-3-642-61653-2
DOI:10.1007/978-3-642-61653-2

Das Buch oder Teile davon dürfen weder photomechanisch, elektronisch noch in irgendeiner anderen Form ohne schriftliche Genehmigung des Verlages wiedergegeben werden.

© Physica-Verlag GmbH & Co, Heidelberg

Composersatz: Liebing Druck GmbH, Würzburg

ISBN-13:978-3-7908-0342-6

Vorwort zur ersten Auflage

Wenn über ein Thema bereits eine Fülle von Veröffentlichungen vorliegt, stellt sich die Frage nach dem Sinn einer weiteren Monographie. Die Beschäftigung mit dem Schrifttum über die Probleme der Wirtschaftlichkeitsrechnung zeigt jedoch, daß es noch keine Veröffentlichung gibt, die zwischen den „modernen" Zielgrößen der Investitionstheorie (Endvermögen, Entnahme) und den „klassischen" Zielgrößen der Wirtschaftlichkeitsrechnung (Kapitalwert, Annuität, interner Zinsfuß) eine Verbindung knüpft, indem ausführlich auf Gemeinsamkeiten, Unterschiede und versteckte Prämissen der Kriterien eingegangen wird, und zugleich eine umfassende Darstellung des Instrumentariums zur Lösung der Investitionsprobleme bietet.

Das Buch wendet sich in erster Linie an Studierende der Wirtschaftswissenschaften und kann sowohl ergänzend zu Vorlesungen und Seminaren des Grund- und Hauptstudiums als auch zum Selbststudium verwendet werden. Darüberhinaus hofft der Verfasser, auch für den Wissenschaftler sowie den mit Investitionsproblemen befaßten Praktiker Anregungen liefern zu können. Da ein solches Buch Angaben von Fundstellen der im Text genannten Zitate sowie ergänzende Quellenhinweise zum Ursprung von Modellen, zu kontroversen Ansichten und Spezialproblemen enthalten sollte, stand der Verfasser vor der Frage, wie eine Vielzahl konkreter Literaturhinweise mit der Erhaltung des Leseflusses in Einklang zu bringen sei. Bei der hier gewählten Lösung werden Quellenangaben im Text auf das unumgänglich Notwendige beschränkt. Literaturhinweise zur Ergänzung und Vertiefung des gebotenen Stoffes erfolgen jeweils am Ende eines Abschnittes oder Kapitels; die zumeist problemorientierte Strukturierung soll zum gezielten weiterführenden Studium anregen.

Dafür, daß dieses Buch in Familien-Teamwork entstehen konnte, schulde ich Gisela und Hans-Helmut Dank; meine Frau hat nicht nur großzügig auf einen Teil der gemeinsamen Freizeit verzichtet, sondern darüber hinaus im Verein mit meinem Bruder wertvolle technische Hilfe geleistet und neben zahlreichen kritischen Anmerkungen auch aufmunternde Worte beigesteuert. Anerkennung verdient auch Frl. Gerti Knebel, die das nur schwer entzifferbare Handmanuskript in Reinschrift übertrug.

Münster, im April 1978   Karl-Werner Schulte

Vorwort zur zweiten Auflage

Der rasche Verkauf der ersten Auflage könnte darauf hindeuten, daß „das Buch beim Leser angekommen ist" und daher kein Anlaß besteht, wesentliche Änderungen an Aufbau und Inhalt des ursprünglichen Textes vorzunehmen. Die notorische Unzufriedenheit des Autors mit dem, was er einmal publiziert hat, machte dennoch Berichtigungen, Erweiterungen, Kürzungen und Umstrukturierungen unumgänglich.

So wurde der Abschnitt über den Kalkulationszinsfuß aus dem zweiten in das dritte Kapitel transferiert und neu geschrieben. Bei der Endvermögens- und Entnahmekonzeption erfolgte eine stärkere theoretische Fundierung, die mit einer ausführlicheren Darstellung Hand in Hand ging. Obgleich der Autor mehr denn je der Überzeugung ist, daß die „klassischen Methoden" der Wirtschaftlichkeitsrechnung jenen Kriterien unterlegen sind, wurden – der Konvention widerwillig folgend, aber auch um dem Leser diese Meinung nahezubringen – die Abschnitte über den Kapitalwert, die Annuität und den internen Zinsfuß im dritten und vierten Kapitel nicht gestrichen, sondern „nur" überarbeitet.

Die Kapitel 5 bis 8 blieben – bis auf die Einarbeitung neuerer Literatur – im wesentlichen unverändert, was jedoch nicht bedeutet, daß der Autor mit dem letzten Teil des Buches völlig zufrieden ist; vielmehr setzten eine Zeitrestriktion sowie die wiederholten Hinweise meiner Frau auf den ersten Satz dieses Vorwortes dem Überarbeitungsdrang ein Ende. Ihr sei dafür und allen Lesern für kritische Hinweise herzlich gedankt.

Münster, im September 1980   Karl-Werner Schulte

Vorwort zur vierten Auflage

Sämtliche Fehler, die aufmerksame Leser und ich selbst aufgespürt haben, wurden in der dritten Auflage berichtigt. Für die vierte Auflage war eine gründliche Überarbeitung vorgesehen; da die dritte Auflage jedoch schon ein Jahr nach ihrem Erscheinen vergriffen war, konnten Änderungen nicht mehr berücksichtigt werden und bleiben nunmehr der fünften Auflage vorbehalten.

Münster, im November 1985   Karl-Werner Schulte

Inhaltsverzeichnis

1. Grundlagen 11
   1.1 Begriff und Arten von Investitionen 11
   1.2 Die Investitionsplanung als Bestandteil der Unternehmensplanung 14
   1.3 Die Wirtschaftlichkeitsrechnung als Bestandteil der Investitionsplanung 17

2. Rechnungselemente der Wirtschaftlichkeitsrechnung 18
   2.1 Ausgangsdaten 18
   2.2 Barwert und Annuität 21
   2.2.1 Notwendigkeit der Berücksichtigung von Zinsen 21
   2.2.2 Berechnung von Barwerten 21
   2.2.2.1 Definition des Barwertes 21
   2.2.2.2 Barwertbestimmung bei diskontinuierlicher Verzinsung . . 23
   2.2.2.2.1 Barwert einer einzelnen Zahlung 23
   2.2.2.2.2 Barwert einer Zahlungsreihe 24
   2.2.2.2.2.1 Zahlungen unterschiedlicher Höhe 24
   2.2.2.2.2.2 Zahlungen gleicher Höhe 27
   2.2.2.3 Barwertbestimmung bei stetiger Verzinsung 29
   2.2.2.3.1 Barwert einer einzelnen Zahlung 29
   2.2.2.3.2 Barwert eines Zahlungsstromes 30
   2.2.2.4 Tabellarische Übersicht 32
   2.2.3 Berechnung von Annuitäten 32
   2.2.3.1 Definition der Annuität 32
   2.2.3.2 Annuitätsbestimmung bei diskontinuierlicher Verzinsung . 32
   2.2.3.3 Annuitätsbestimmung bei stetiger Verzinsung 33
   2.2.3.4 Tabellarische Übersicht 34
   2.2.4 Untersuchung der Zweckmäßigkeit des Rechnens mit diskontinuierlicher oder stetiger Verzinsung 35
   2.3 Einzahlungen, Einnahmen, Leistungen bzw. Auszahlungen, Ausgaben, Kosten als Rechenelemente 35
   2.3.1 Untersuchung der Zweckmäßigkeit des Rechnens mit Einnahmen und Ausgaben 35
   2.3.2 Untersuchung der Zweckmäßigkeit des Rechnens mit Leistungen und Kosten 36
   2.4 Zeitzentrum 37

3. Vorteilhaftigkeitsbestimmung eines einzelnen Investitionsobjektes — 40

3.1 Problemstellung — 40
3.2 Entscheidungen auf der Basis des Endvermögens — 42
  3.2.1 Definition und Kriterium — 42
  3.2.2 Vollständiger Finanzplan bei ausschließlicher Fremdfinanzierung — 43
  3.2.3 Vollständiger Finanzplan bei ausschließlicher Eigenfinanzierung — 46
  3.2.4 Zusammenfassung — 51
3.3 Entscheidungen auf der Basis der Entnahme — 55
  3.3.1 Definition und Kriterium — 55
  3.3.2 Vollständiger Finanzplan bei ausschließlicher Fremdfinanzierung — 56
  3.3.3 Vollständiger Finanzplan bei ausschließlicher Eigenfinanzierung — 58
  3.3.4 Zusammenfassung — 60
3.4 Entscheidungen auf der Basis des Kapitalwertes — 61
  3.4.1 Definition und Kriterium — 61
  3.4.2 Der Kalkulationszinsfuß als Kapitalkostensatz — 66
  3.4.3 Der Kalkulationszinsfuß als Pauschalannahme über die Verzinsung von zwischenzeitlichen Wiederanlagen/Kreditaufnahmen — 68
  3.4.4 Äquivalenz von Kapitalwert und Endvermögensdifferenz — 70
  3.4.5 Diskussion um den Kalkulationszinsfuß — 72
3.5 Entscheidungen auf der Basis der Annuität — 76
  3.5.1 Exakte Annuität — 76
    3.5.1.1 Definition und Kriterium — 76
    3.5.1.2 Die Rolle des Kalkulationszinsfußes — 77
    3.5.1.3 Der Kapitaldienst — 78
  3.5.2 Approximative Annuität — 81
    3.5.2.1 Definition und Kriterium — 81
    3.5.2.2 Der Kapitaldienst — 82
  3.5.3 Vergleich von exakter und approximativer Annuität — 86
  3.5.4 Äquivalenz von Annuität und Entnahmedifferenz — 88
3.6 Entscheidungen auf der Basis des internen Zinsfußes — 90
  3.6.1 Definition und Kriterium — 90
  3.6.2 Ökonomische Interpretation des Kriteriums — 91
  3.6.3 Die Kontroverse um die „Wiederanlageprämisse" — 93
  3.6.4 Existenz und Eindeutigkeit eines internen Zinsfußes — 96
  3.6.5 Numerische Bestimmung des internen Zinsfußes — 102
3.7 Entscheidungen auf der Basis der Amortisationsdauer — 106
  3.7.1 Definition und Kriterium — 106

Inhaltsverzeichnis

3.7.2 Exakte Amortisationsdauer 107
3.7.3 Approximative Amortisationsdauer 108
3.7.4 Ökonomische Interpretation des Kriteriums 110
3.8 Vergleich der Kriterien 112

4. Vorteilhaftigkeitsvergleich mehrerer Investitionsobjekte 114
4.1 Problemstellung 114
4.2 Entscheidungen auf der Basis des Endvermögens 115
4.3 Entscheidungen auf der Basis der Entnahme 116
4.4 Entscheidungen auf der Basis des Kapitalwertes 118
4.4.1 Kriterium 118
4.4.2 Verzinsung von Komplementärinvestitionen 119
4.5 Entscheidungen auf der Basis der Annuität 120
4.5.1 Kriterium 120
4.5.2 Verzinsung von Komplementärinvestitionen 121
4.6 Entscheidungen auf der Basis des internen Zinsfußes 123
4.6.1 Kriterium 123
4.6.2 Verzinsung von Komplementärinvestitionen 124
4.6.3 Spezielle Einwände 128
4.7 Entscheidungen auf der Basis der Amortisationsdauer 130

5. Bestimmung der optimalen Anschaffungsauszahlung eines Investitionsobjektes 131
5.1 Problemstellung 131
5.2 Entscheidungen auf der Basis von Kapitalwert und Annuität .. 133
5.3 Entscheidungen auf der Basis des internen Zinsfußes 136
5.4 Vergleich der Ergebnisse 138

6. Bestimmung der optimalen Nutzungsdauer von Investitionsobjekten 139
6.1 Problemstellung 139
6.2 Entscheidungen auf der Basis von Kapitalwert und Annuität .. 140
6.2.1 Optimale Nutzungsdauer einer einmaligen Investition 140
6.2.2 Optimale Nutzungsdauer bei Investitionsketten 146
6.2.2.1 Prämisse „identischer" Investitionen 146
6.2.2.2 Endliche Investitionskette 146
6.2.2.2.1 Einmalige Wiederholung 146
6.2.2.2.2 Mehrmalige Wiederholung 151
6.2.2.3 Unendliche Investitionskette 152
6.3 Entscheidungen auf der Basis des internen Zinsfußes 158

7. Bestimmung des optimalen Ersatzzeitpunktes eines in Betrieb befindlichen Investitionsobjektes 161
7.1 *Problemstellung* 161
7.2 *Entscheidungen auf der Basis von Kapitalwert und Annuität* . . 161
7.3 *Entscheidungen auf der Basis des internen Zinsfußes* 167

8. Interdependenzen, Unsicherheit und Imponderabilien in der Investitionsplanung 168
8.1 *Interdependenzen* 168
8.2 *Unsicherheit* 170
8.2.1 Problemstellung 170
8.2.2 Korrekturverfahren 171
8.2.2.1 Darstellung 171
8.2.2.2 Beurteilung 172
8.2.3 Sensitivitätsanalysen 172
8.2.3.1 Darstellung 172
8.2.3.1.1 Drei-Werte-Verfahren 172
8.2.3.1.2 Verfahren kritischer Werte 173
8.2.3.2 Beurteilung 176
8.2.4 Risikoanalyse und Entscheidungsbaumverfahren 176
8.3 *Imponderabilien* 177

Literaturverzeichnis 178

Symbolverzeichnis 189

Anhang: Ausgewählte Zinseszinsfaktoren 193

Stichwortverzeichnis 195

1. Grundlagen

1.1 Begriff und Arten von Investitionen

Die Betriebswirtschaftslehre kennt kaum einen anderen Begriff, der von Theorie und Praxis so uneinheitlich definiert worden ist wie der Begriff „Investition". Fest steht wohl nur, daß der Begriff „investieren" sich etymologisch vom lateinischen Wort „investire" ableitet und soviel wie „einkleiden" bedeutet.

Die Begriffsdefinition sollte sich hauptsächlich am Verwendungszweck orientieren. Da Wirtschaftlichkeitsrechnungen die Entscheidungsgrundlage für langfristige Kapitaldispositionen wie

— Anschaffung bzw. Herstellung von Gegenständen des Sachanlagevermögens (Grundstücke, Gebäude, Maschinen)
— Schaffung von immateriellem Anlagevermögen (Forschungsvorhaben, Aus- und Fortbildungsmaßnahmen)
— Kauf von Wertpapieren des Anlagevermögens und langfristige Ausleihungen

bilden, soll unter einer Investition die langfristige Festlegung von Geld in materiellen und immateriellen Objekten sowie Finanzanlagen verstanden werden.

Ebenso vielfältig wie die Definitionen des Begriffs Investition sind die Versuche seiner Untergliederung nach Arten.

Das Einteilungskriterium Investitionsbereich orientiert sich an den betrieblichen Funktionsbereichen.

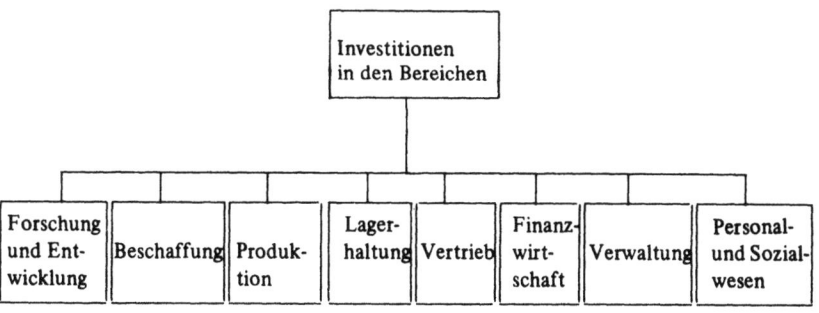

Abb. 1: Investitionsarten nach dem Kriterium Investitionsbereich

Nach dem Einteilungskriterium Investitionsobjekt werden Finanzinvestitionen und Sach-(Real-)investitionen unterschieden. Eine Finanzinvestition umfaßt den Erwerb von Forderungs- und Beteiligungsrechten. Als Forderungsrechte kommen vor allem unterschiedliche Formen von Bankguthaben, festverzinslichen Wertpapieren, Gläubigerrechten aus gewährten Darlehen usw. in Betracht, während zu Beteiligungsrechten vor allem Aktien, Investmentanteile sowie sonstige Gesellschaftsanteile zählen. Erfolgt die Kapitalbindung dagegen in materiellen und/oder immateriellen Anlagegütern, so liegen Sach-(Real-) investitionen vor.

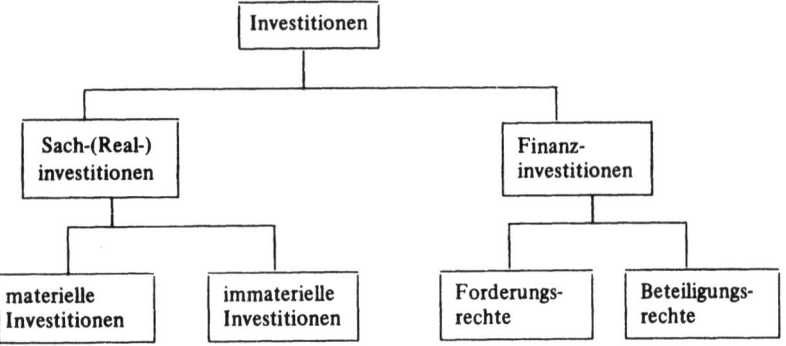

Abb. 2: Investitionsarten nach dem Objektkriterium

Sachinvestitionen werden zumeist weiter nach ihrem jeweiligen Anlaß untergliedert, wobei die Literatur eine Fülle mehr oder weniger unterschiedlicher Schemata anbietet; hier sei *Kern* [1974, S. 14ff.] herausgegriffen, der zunächst zwischen Errichtungsinvestitionen, laufenden Investitionen und Ergänzungsinvestitionen unterscheidet.

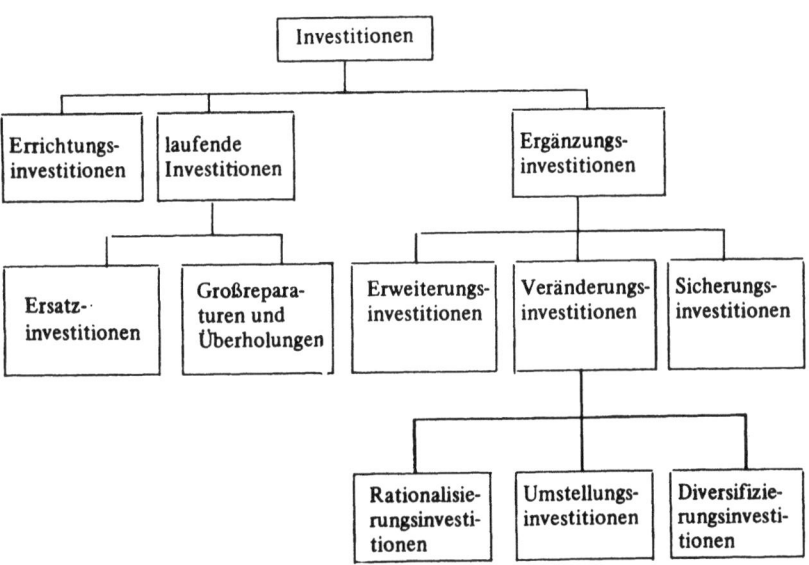

Abb. 3: Investitionsarten nach dem Kriterium Investitionsanlaß

Errichtungs- (Anfangs-, Gründungs-, Neu-)investitionen dienen dem Aufbau eines Betriebes. Demgegenüber handelt es sich bei laufenden Investitionen um einen immer wiederkehrenden Vorgang; sie umfassen Ersatzinvestitionen sowie Großreparaturen und Überholungen von Anlagen. Dabei werden in diesem Schema unter Ersatzinvestitionen nur solche Investitionen verstanden, die an die Stelle bereits genutzter Anlagen treten und mit ihren Vorgängern physisch völlig identisch sind. Bei den Ergänzungsinvestitionen dienen Erweiterungsinvestitionen der Kapazitätserhöhung zwecks Befriedigung einer steigenden Nachfrage. Unter Veränderungsinvestitionen werden Investitionen zusammengefaßt, bei denen eine Veränderung als gemeinsames Merkmal festzustellen ist; hierzu zählen Rationalisierungs-, Umstellungs- und Diversifizierungsinvestitionen. Als Rationalisierungsinvestition wird der Ersatz einer technisch noch einwandfreien Anlage durch ein Aggregat, mit dem sich bei unverändertem Absatzprogramm Kostensenkungen realisieren lassen, bezeichnet. Umstellungsinvestitionen bzw. Diversifizierungsinvestitionen dienen dagegen der Anpassung des Betriebes an quantitative bzw. qualitative Veränderungen des Absatzprogramms. Sicherungsinvestitionen haben die Erhaltung der Unternehmung zum Ziel; hierunter fallen Investitionen zur Sicherung der Rohstoffversorgung, der Unabhängigkeit, des akquisitorischen Potentials, für Forschung und Entwicklung, Werbung etc.

Aufgrund von Abgrenzungsschwierigkeiten erweist sich jedoch die Einteilung der Investitionen nach ihrem Anlaß als wenig brauchbar; so läßt sich eine Investition, die eine technisch noch einwandfreie Anlage ablöst, aufgrund größerer Kapazität kostengünstiger arbeitet und daher quantitative sowie qualitative Veränderungen des Absatzprogramms hervorruft, als Erweiterungs-, Rationalisierungs-, Umstellungs- und Diversifizierungsinvestition bezeichnen. Ersatzinvestitionen nach der obigen Definition dürften in der Praxis wegen des technischen Fortschritts kaum vorkommen. Bei einer weiteren Begriffsfassung, die auch physisch nichtidentische Nachfolger einer ersetzten Anlage zuläßt, würden sich Abgrenzungsprobleme zu Rationalisierungs- und Erweiterungsinvestitionen ergeben. Erst recht müssen Schemata versagen, in denen auch noch Anpassungs-, Erhaltungs-, Gestaltungs-, Modernisierungs- und Verbesserungsinvestitionen untergebracht sind.

Gegen die Klassifizierung nach den angeführten Merkmalen spricht, daß sie — mit Ausnahme der Unterteilung in Sach- und Finanzinvestitionen — für die Technik der Wirtschaftlichkeitsrechnung völlig unerheblich ist.

Ergänzende und vertiefende Literatur zum Abschnitt 1.1: *Ballmann* [1954]; *Eich* [1976]; *Frischmuth* [1969, S. 18ff.]; *Heinen* [1957]; *Pack* [1966]; *Schmatz* [1961]; *Schwarz* [1975].

1.2 Die Investitionsplanung als Bestandteil der Unternehmensplanung

Die Investitionsplanung umfaßt ein System von Entscheidungen, durch welche der Ablauf des Investitionsprozesses im voraus festgelegt wird. Da die Investitionsvariablen eine Teilmenge der zu koordinierenden Unternehmensvariablen darstellen, bildet eine enge Abstimmung mit der Beschaffungs-, Produktions-, Absatz- sowie der Finanzplanung die Grundvoraussetzung für eine zielgerechte Investitions- und Unternehmensplanung. Der Koordinationsaspekt kommt am stärksten im System der integrierten Unternehmensplanung zum Tragen, bei der die Unternehmensplanung zeitlich und organisatorisch in ein hierarchisch geordnetes System von Teilplanungen aufgespalten wird. Dabei besteht zwischen der Planungsfrist und der organisatorischen Zuweisung von Entscheidungsbefugnissen einerseits und dem Konkretheitsgrad der Planung andererseits ein enger Zusammenhang:

Je globaler (detaillierter) die Planung, auf desto längere (kürzere) Frist ist sie ausgelegt und umso zentraler (dezentraler) wird sie vorgenommen.

Die hierarchische Ordnung kommt darin zum Ausdruck, daß die Planung der Aktivitäten eines übergeordneten Bereiches, also die globale Planung, die Basis für die Planung des jeweils untergeordneten Bereiches, also für die detaillierte Planung bildet. Das Vorgehen sei anhand einer Unternehmung mit einer Geschäftsbereichsorganisation erläutert.

— Die Grundsatzplanung beinhaltet die Festlegung der Unternehmenskonzeption (z.B. Rechtsform, Führungs- und Standortkonzeption) und gehört ausschließlich zum Aufgabenbereich der obersten Unternehmensleitung.
— Die strategische Planung besteht in der Zusammenstellung von Einzelstrategien hinsichtlich der langfristigen Produktpolitik sowie der damit verbundenen Bereitstellungsmaßnahmen (z.B. grundlegende Produktinnovationen, Erschließung ausländischer Absatzmärkte). Diese auf weiteste Sicht angelegte und sehr global gehaltene Phase der Unternehmensplanung wird von der obersten Unternehmensleitung unter beratender Mitwirkung der Geschäftsbereichsleitungen sowie der zentralen Planungsabteilung getroffen.
— Die operative Planung hat die Festlegung der Durchführung der Teilphasen einer Strategie zum Inhalt. Die auf 3 — 5 Jahre ausgelegten operativen Planungen werden durch die oberste Unternehmensleitung mit Hilfe operativer Budgets gesteuert, wobei die Durchführung der operativen Detailplanung den Geschäftsbereichsleitungen als verantwortlichen Planungsträgern obliegt.
— Die taktische (kurzfristige) Planung bezieht sich primär auf den laufenden Betriebsprozeß (Beschaffung, Produktion, Absatz) sowie die Bereitstellung von Ressourcen (Personal, Finanzen); für bereits beschlossene Investitionsvorhaben wird lediglich die zeitliche Abwicklung festgelegt. Die Geschäfts-

Die Investitionsplanung als Bestandteil der Unternehmungsplanung

bereichsleitungen steuern durch Vorgabe kurzfristiger Budgets für einen Rechnungszeitabschnitt von einem Jahr die zu ihrer Durchführung aufzustellenden Detailpläne der Abteilungsleiter.

Im System der integrierten Unternehmensplanung wird in allen 3 Phasen der Maßnahmenplanung Investitionsplanung betrieben: im Rahmen der strategischen Planung als Festlegung von globalen Strategien (z.b. Produktion von Pkw in den USA), der operativen Planung als konkreter Ausgestaltung der Teilphasen (z.b. Bau einer Fabrik in der Stadt y im Jahre T, Installation einer Transferstraße für eine Tagesproduktion von X Pkw) nach Maßgabe der von der obersten Unternehmensleitung festgesetzten Optimalitätskriterien, der taktischen Planung als einer reinen Durchführungsplanung (z.b. Aufstellung von Netzplänen für den zeitlichen Ablauf der Anlageninstallierung).

Vor der Realisierung von Investitionsvorhaben findet ein „zielorientierter Suchprozeß" [Kern, 1974, S. 21] statt, der auf eine Investitionsanregung zurückgeht und bis zur Entscheidung mehrere Stadien durchläuft; der Investitionsplanungsprozeß umfaßt darüber hinaus auch noch die Investitionsdurchführung und -kontrolle. Die in der Literatur zu findenden Aufzählungen der damit verbundenen Aktivitäten sowie die Phasengliederungen variieren nur in Einzelheiten und entsprechen in etwa dem Schema der Abb. 4.
Werden diese Aktivitäten vor ihrer Inangriffnahme geistig konzipiert, so läßt sich der gesamte Komplex als Investitionsplanung bezeichnen [Kern, 1974, S. 22].

Zwar erscheint ein solcher Ablauf des Investitionsplanungsprozesses auf den ersten Blick folgerichtig. Phasenschemata dieser oder ähnlicher Struktur stehen jedoch völlig beziehungslos neben dem System der integrierten Unternehmensplanung; sie erzeugen den Eindruck, als wenn die einzelnen Phasen in einem Zug, also ohne Rückkopplungen, und nur einmal durchlaufen würden. Im System der integrierten Unternehmensplanung werden jedoch die meisten Phasen und Teilphasen — abgesehen etwa von der Investitionsdurchführung — mehrfach vollzogen; so finden in den 3 Stadien der Maßnahmenplanung jeweils die Sammlung entscheidungsrelevanter Informationen und die Aufstellung von Handlungsalternativen statt, und zwar mit zunehmendem Konkretheitsgrad. Auch die organisatorische Zuordnung der einzelnen Planungsphasen geht aus den Schemata nicht hervor. Es kann daher nicht verwundern, daß diese in letzter Zeit zunehmend kritischen Einwänden ausgesetzt sind [siehe u.a. *Lachhammer*].

Phasenschemata sind jedoch insofern von Nutzen, als sie die Stellung der Wirtschaftlichkeitsrechnung verdeutlichen; diese ist in der Phase der Entscheidungsvorbereitung angesiedelt. Das Ergebnis der Wirtschaftlichkeitsrechnung impliziert also nicht zugleich eine entsprechende Investitionsentscheidung, sondern stellt lediglich „ein Steinchen zum Zusammenspiel der Bestim-

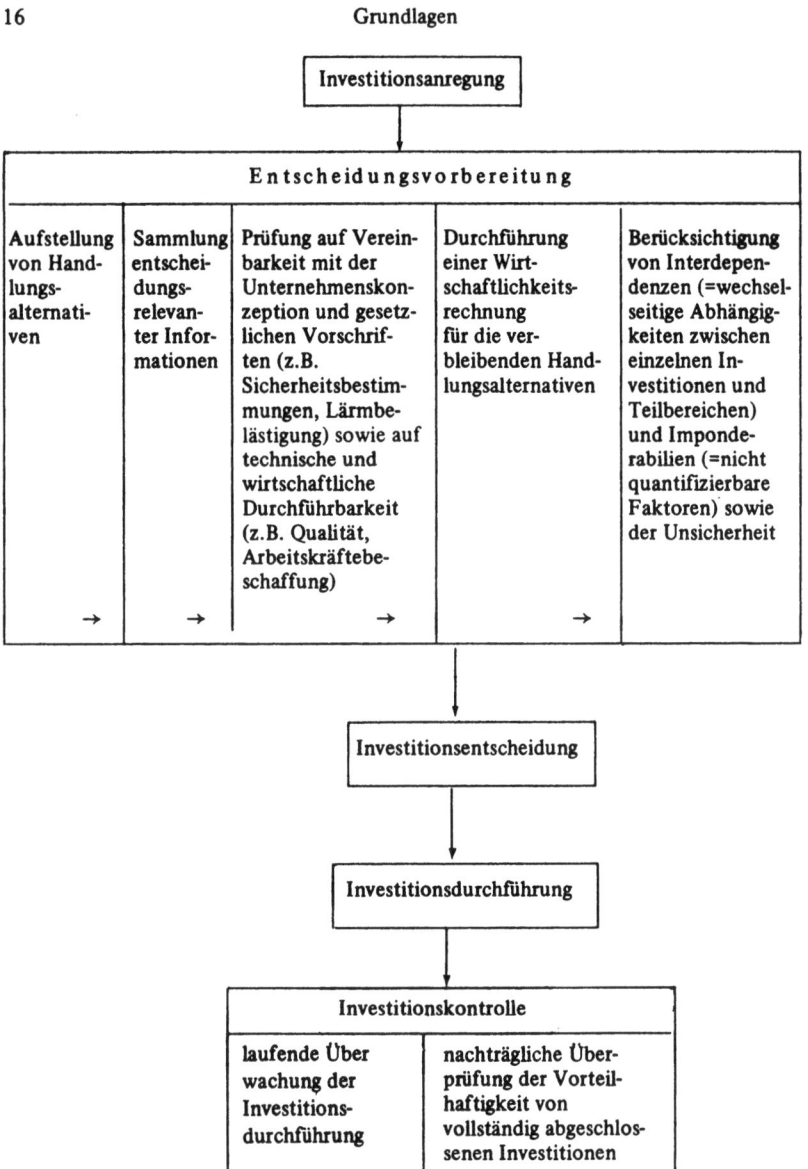

Abb. 4: Phasenschema des Investitionsplanungsprozesses

mungsfaktoren für die Vornahme einer Investition dar" [*Schindler*, S. 21]. Gleichwohl kommt ihr im Rahmen der Entscheidungsvorbereitung eine dominierende Rolle zu. „Ohne Rechnung ist eine rationale Entscheidung nicht möglich" [*Lücke,* 1975, S. 179].

Ergänzende und vertiefende Literatur zum Abschnitt 1.2:
— zum System der integrierten Unternehmensplanung siehe *Koch* [1975b; 1977, S. 42ff.; 1980].
— Zum Investitionsplanungsprozeß siehe *Bierich* [1976]; *Franke* [1975]; *Jacob* [1975; 1976b]; *Kappler/Rehkugler* [1972, S. 588ff.]; *Müller/ Hedrich* [1979, S. 25ff.]; *Schuppisser* [1978].

1.3 Die Wirtschaftlichkeitsrechnung als Bestandteil der Investitionsplanung

Das Rationalprinzip beinhaltet eine Beziehung zwischen dem Zweck menschlichen Handelns (Zweckerfolg) und den zur Erreichung dieses Zwecks eingesetzten Mitteln (Mitteleinsatz); es wird seit langem als das „Vernunftprinzip jeder menschlichen Handlung, jeder zweckbewußten Tätigkeit" [*Dietzel*, S. 29] angesehen.

In weitester Fassung lautet die Definition des Rationalprinzips: Handle so, daß

— mit gegebenem Mitteleinsatz der angestrebte Zweckerfolg in größtmöglichem Umfang (Maximumvariante) bzw.
— ein gegebener Zweckerfolg mit geringstmöglichem Mitteleinsatz (Minimumvariante)

erreicht wird.

Das rein formale Rationalprinzip gilt es nun in bezug auf das unternehmerische Handeln zu spezifizieren, d.h. die in den allgemeinen Aussagen enthaltenen Begriffe mit unternehmenstheoretischen Inhalten zu füllen.

So läßt sich das Rationalprinzip für den wirtschaftlichen Bereich als „ökonomisches Prinzip" formulieren, indem der Mitteleinsatz durch das vorhandene Eigenkapital, der Zweckerfolg durch die Zielvariable der Unternehmung in Verbindung mit dem Zielzeitraum näher beschrieben wird.

Zur Fundierung unternehmerischen Handelns auf der Basis des ökonomischen Prinzips werden Wirtschaftlichkeitsrechnungen durchgeführt. Solche Kalküle können kurzfristiger Natur (z.B. Minimalkostenkombination, optimale Losgröße, optimale Maschinenbelegung usw.) oder für langfristige Dispositionen konzipiert sein. Die langfristige Wirtschaftlichkeitsrechnung wird zumeist als Investitionsrechnung oder Wirtschaftlichkeitsrechnung im engeren Sinne bezeichnet [u.a. von *Vormbaum*]. Häufig wird Wirtschaftlichkeitsrechnung auch als synonymer Begriff für Investitionsrechnung verwendet [*Gutenberg*, 1952, S. 644; *Jaensch*, S. 49; *Schindler*, S. 4].

Die folgenden Ausführungen beschränken sich auf Wirtschaftlichkeitsrechnungen im Rahmen der Investitionsplanung; darunter sollen Kalküle zur Ausrichtung von Investitionsentscheidungen im Hinblick auf das Unternehmensziel verstanden werden.

Der konkrete Inhalt der Wirtschaftlichkeitsrechnung wird von den anliegenden Entscheidungsproblemen bestimmt. In diesem Buch stehen folgende Fragen im Vordergrund:

1. Bestimmung der Vorteilhaftigkeit eines einzelnen Investitionsobjektes (Kap. 3).
   Frage: Ist eine einzelne Sachinvestition vorteilhaft oder nicht?
2. Vorteilhaftigkeitsvergleich mehrerer Investitionsobjekte (Kap. 4).
   Frage: Welche von mehreren sich gegenseitig ausschließenden Sachinvestitionen ist die vorteilhafteste?
3. Bestimmung der optimalen Anschaffungsauszahlung von Investitionsobjekten (Kap. 5).
   Frage: Wie hoch sollte das Investitionsvolumen einer Sachinvestition angesetzt werden?
4. Bestimmung der optimalen Nutzungsdauer von Investitionsobjekten (Kap. 6).
   Frage: Wie lange sollte eine geplante Sachinvestition in der Unternehmung genutzt werden?
5. Bestimmung des optimalen Ersatzzeitpunktes eines in Betrieb befindlichen Investitionsobjektes (Kap. 7).
   Frage: Wie lange sollte eine in Betrieb befindliche Anlage noch genutzt werden?

Wirtschaftlichkeitsrechnungen, die sich mit den genannten Fragenkomplexen beschäftigen, weisen einen hohen Detailliertheitsgrad auf; sie lassen sich daher nur der operativen Planung zuordnen.

Ergänzende und vertiefende Literatur zum Abschnitt 1.3: *Koch* [1951; 1975a, S. 58ff.]; *Pack* [1961; 1965].

2. Rechnungselemente der Wirtschaftlichkeitsrechnung

2.1 Ausgangsdaten

Jede Wirtschaftlichkeitsrechnung zur Bestimmung der Vorteilhaftigkeit von Investitionen basiert auf einer Reihe von Daten, wobei die Schwierigkeit ihrer Ermittlung mit wachsender zeitlicher Entfernung vom Planungszeitpunkt zunimmt.

Von allen Daten bereitet die Quantifizierung des für eine Sachinvestition benötigten Kapitaleinsatzes die geringsten Probleme. In diese Größe gehen außer dem Nettokaufpreis des Investitionsobjektes einige in unmittelbarem sachlichen und zeitlichen Zusammenhang mit der Anschaffung anfallende Auszahlungen ein, z.B. für Transport, Verpackung, Installierung, Probeläufe. Die Summe dieser Auszahlungen wird im folgenden auch verkürzt als Anschaffungsauszahlung bezeichnet.

Die Nutzung von Sachinvestitionen zur Produktion von Erzeugnissen führt regelmäßig einerseits zu Auszahlungen, vor allem für Material, Personal und Energie (laufende Auszahlungen), andererseits zu Einzahlungen aus dem Verkauf der Produkte (laufende Einzahlungen). Die Prognose der beiden Erfolgskomponenten bereitet in der Praxis nicht zu unterschätzende Schwierigkeiten, da für die gesamte Nutzungsdauer einer Anlage u.a. die Entwicklung der Faktorpreise (Roh-, Hilfs- und Betriebsstoffe, Löhne und Gehälter etc.), die jährlichen Ausbringungs- und Faktoreinsatzmengen sowie die Absatzpreise der Erzeugnisse prognostiziert werden müssen.

Die mit einer Sachinvestition verbundenen laufenden Ein- und Auszahlungen fallen in den einzelnen Nutzungsperioden in etwa regelmäßig über das Jahr verteilt an. Die kontinuierliche Abfolge solcher Zahlungen wird als Zahlungsstrom, die Art ihrer Verteilung als zeitliche Struktur bezeichnet [*Lücke*, 1975, S. 386].

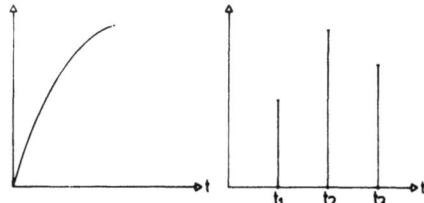

Abb. 5: Zahlungsstrom und Zahlungsreihe

Bei langfristigen Kalkülen können jedoch die Zahlungszeitpunkte innerhalb einzelner Perioden sowie die zugehörige Höhe der Zahlungen zumeist nicht geschätzt werden; daher empfiehlt es sich, die innerhalb eines Jahres anfallenden Zahlungen zusammenzufassen und auf einen Zeitpunkt (Anfang, Mitte oder Ende einer Periode) zu „verlegen". Auf diese Weise wird ein kontinuierlich fließender Zahlungsstrom durch eine Zahlungsreihe ersetzt. Der Periodenindex t kann dann auch als Zeitpunktindex aufgefaßt werden. Als Zeitpunkt t soll im folgenden das Ende der Periode t bezeichnet werden.

Der am Ende der Nutzungsdauer aus dem Verkauf der Anlage u.U. zu erzielende (gegebenenfalls um Abbruchkosten geminderte) Restverkaufserlös stellt eine weitere, allerdings einmalige Einzahlungskomponente des Investitionskalküls dar.

Damit sind die direkt mit einer Sachinvestition zusammenhängenden Zahlungen genannt; diese lösen nun wiederum indirekte Zahlungen aus, die die Verwendung von Einzahlungsüberschüssen ($ü = e - a > 0$) bzw. den Ausgleich von Auszahlungsüberschüssen ($\ddot{u} = e - a < 0$) betreffen.

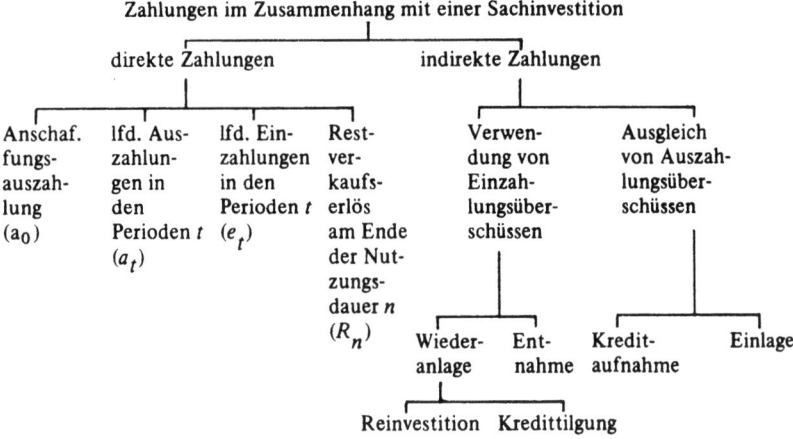

Abb. 6: Zahlungen im Zusammenhang mit einer Sachinvestition

Daraus ergibt sich zwangsläufig, daß Investitionskalküle auch Zinsen berücksichtigen müssen.

Weiter geht die Nutzungsdauer einer Anlage in langfristige Wirtschaftlichkeitsrechnungen ein. Die zeitliche Erstreckung einer Investition hängt — abgesehen von rechtlichen Ursachen (Beendigung eines Mietverhältnisses, Ablauf von Schutzrechten und ähnlichem) und Katastrophenfällen — vom Ausmaß des Verschleißes sowie der technischen und wirtschaftlichen Überholung ab. Die Nutzungsdauer wird häufig allein als technisch determiniert und daher als Datum angesehen; bei näherer Betrachtung (siehe Kap. 6) stellt jedoch die Bestimmung der Nutzungsdauer ein ökonomisches Problem dar, das simultan mit der Bestimmung der Vorteilhaftigkeit von Investitionen gelöst werden kann. Allgemein läßt sich die optimale Nutzungsdauer als Zeitraum definieren, „in dem eine in der Unternehmung eingesetzte Anlage die unternehmerische Zielvorstellung bestmöglich erfüllt" [*Schulte*, 1975, S. 3]. Lediglich zur Vereinfachung wird zunächst jedoch die Nutzungsdauer als Datum angesehen.

Hinsichtlich der Datenermittlung gelten die Prämissen, daß sich die zukünftigen Ein- und Auszahlungen einzelnen Investitionsobjekten zuordnen und hinreichend genau schätzen lassen. Auf diese Weise werden das Interdependenz- und Unsicherheitsproblem und damit letztlich der gesamte Informationsgewinnungsprozeß für die Inputgrößen der Wirtschaftlichkeitsrechnung zunächst (siehe jedoch Kap. 8) ausgeklammert.

Ergänzende und vertiefende Literatur zum Abschnitt 2.1: *Frischmuth* [1969, S. 190ff.]; *Ricken* [1973].

2.2 Barwert und Annuität

2.2.1 Notwendigkeit der Berücksichtigung von Zinsen

Das Erfordernis, Zinseffekte in die Wirtschaftlichkeitsrechnung einzubeziehen, läßt sich auf die Beobachtung zurückführen, daß gleich hohe Zahlungen, die ein Wirtschaftssubjekt alternativ zu verschiedenen Zeitpunkten erhält oder leistet, nicht die gleiche Wertschätzung genießen. Zur Begründung soll zunächst nur eine einmalige Zahlung betrachtet werden.

Eine Einzahlung von 100,– DM am 31.12.1976 wird einer gleich hohen Einzahlung am 31.12.1977 vorgezogen. Denn bei Zufluß am 31.12.1976 könnte der Betrag für 1 Jahr zinsbringend angelegt werden. Bei einem Habenzinsfuß von 5 % beträgt der Wert dieser Einzahlung demnach am 31.12.1977 105,– DM. Eine Einzahlung am 31.12.1976 könnte jedoch eventuell auch zur Tilgung von Schulden verwandt werden. Bei einem Sollzinsfuß von 10 % führt die zeitlich frühere Einzahlung gegenüber dem Zufluß am 31.12.1977 also zu einer Ersparnis von 10,– DM. Auch ein früherer sofortiger Konsum des Betrages würde einen höheren Nutzen bedeuten. Nur wenn der Betrag am 31.12.1976 in den Sparstrumpf wandern und damit zinslos gehortet würde, besäßen die alternativen Einzahlungstermine den gleichen Nutzen.

Umgekehrt wird eine Auszahlung von 100,– DM am 31.12.1977 einer gleich hohen Auszahlung am 31.12.1976 vorgezogen. Denn aus einer Auszahlung am 31.12.1976 resultiert gegenüber einem Abfluß am 31.12.1977 ein Verzicht auf die Zinsen aus der Anlage des Betrages für 1 Jahr; bei einem Habenzinsfuß von 5 % wäre dies ein Betrag von 5,– DM. Müßte zur Zahlung des Betrages ein Kredit aufgenommen werden, wäre bei einem Sollzinsfuß von 10 % eine Auszahlung am 31.12.1976 um 10,– DM teurer als am 31.12.1977.

Daraus folgt: Bei gleicher Höhe ist eine zeitlich frühere Einzahlung (Auszahlung) vorteilhafter (unvorteilhafter) als eine zeitlich spätere Einzahlung (Auszahlung). Zahlungen, die zu verschiedenen Zeitpunkten anfallen, lassen sich nur durch Einbeziehung der Zinseffekte vergleichen. Erst recht gilt diese Feststellung für Zahlungsreihen mit unterschiedlichen Beträgen.

2.2.2 Berechnung von Barwerten

2.2.2.1 Definition des Barwertes

In der Wirtschaftlichkeitsrechnung erfolgt die Ermittlung von Barwerten, um Unterschiede im zeitlichen Anfall von Zahlungen auszugleichen. Dabei werden Zahlungen durch Auf- und/oder Abzinsung auf einen einheitlichen Zeitpunkt, den sogenannten Bezugszeitpunkt, bezogen. Der Barwert läßt sich dann als Wert interpretieren, der einer zu irgendeinem Zeitpunkt zwischen Investitionsbeginn (t_0) und -ende (t_n) erfolgenden Zahlung im Bezugszeitpunkt zukommt. Der Zeitwert, d.h. der Wert der Zahlung im Zeitpunkt ihres Anfalls, und ihr Barwert werden als gleichwertig eingeschätzt.

Die Höhe des Barwertes einer bestimmten Zahlung hängt von
a) dem Bezugszeitpunkt der Barwertberechnung
b) der Art der Zinsrechnung
c) der Höhe des Kalkulationszinsfußes

ab. Hierauf sei im folgenden kurz eingegangen.

a) Als Bezugszeitpunkt kommt – wie sich zeigen wird – grundsätzlich jeder auf der Zeitachse abgebildete Zeitpunkt in Betracht; zumeist fällt die Wahl auf t_0 oder t_n. Der Abstand zwischen 2 Zeitpunkten, d.h. die Länge einer Periode, beträgt in Wirtschaftlichkeitsrechnungen zumeist ein Jahr.

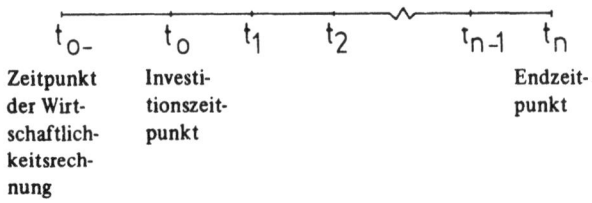

| t_{0-} | t_0 | t_1 | t_2 | t_{n-1} | t_n |

Zeitpunkt der Wirtschaftlichkeitsrechnung | Investitionszeitpunkt | | | | Endzeitpunkt

b) Die Zinsrechnung kann auf diskontinuierlicher oder stetiger Verzinsung basieren. Beide Arten unterscheiden sich dadurch, daß der Zinszuschlag einmal in gleichmäßigen zeitlichen Abständen zum anderen kontinuierlich in jedem Augenblick erfolgt.

Die diskontinuierliche Verzinsung existiert in zwei Varianten. Einfache Verzinsung liegt vor, wenn die Zinsen einer Periode bei der Berechnung der Zinsen der Folgeperiode nicht berücksichtigt werden. Bei der Zinseszinsrechnung verzinst sich dagegen der Zinszuschlag mit; lediglich innerhalb der einzelnen Perioden wird mit einfachen Zinsen gerechnet. Für beide Formen der Zinsrechnung sind 2 verschiedene Arten der Zinsberechnung denkbar. Einmal können die Zinsen einer Periode jeweils vom Kapital am Ende der Vorperiode ermittelt und am Ende der Periode zugeschlagen werden (nachschüssige Zinsen), zum anderen lassen sich die Zinsen einer Periode jeweils vom Kapital am Ende der Periode berechnen und dem Kapital am Ende der Vorperiode zusetzen (vorschüssige Zinsen). In der Wirtschaftlichkeitsrechnung wird zumeist nachschüssige Verzinsung sowie eine Zinsperiode von einem Jahr unterstellt.

c) Der Kalkulationszinsfuß (i) ist auf ein Jahr bezogen und wird in Dezimalform angegeben; $i = 0{,}10$ drückt demnach eine Verzinsung von 10 % je Jahr

Barwert und Annuität

aus. Die Termini Zinsfuß und Zinssatz werden im folgenden synonym verwandt [anders z.B. bei *Lücke*, 1975, S. 397].

Im folgenden soll die im kaufmännischen Bereich übliche diskontinuierliche nachschüssige Zinseszinsrechnung allgemein und beispielhaft verdeutlicht werden.

2.2.2.2 Barwertbestimmung bei diskontinuierlicher Verzinsung

2.2.2.2.1 Barwert einer einzelnen Zahlung: Der Barwert in t_n gibt den Wert an, den eine bestimmte vor t_n liegende Zahlung im Endzeitpunkt, d.h. am Ende der Nutzungsdauer einer Investition, besitzt; dieser Betrag ist also einer bestimmten, vor t_n anfallenden Zahlung wirtschaftlich gleichwertig (äquivalent). Der Barwert in t_n wird durch Aufzinsung mit dem Kalkulationszinsfuß i ermittelt; das Vorgehen sei für eine Einzahlung in t_4 sowie eine Auszahlung in t_3, jeweils in Höhe von 100, für $i = 0{,}10$ und $t_n = t_5$ verdeutlicht.
Die Barwerte in t_5 betragen:

$$e_4 (1 + i) = 100 \cdot 1{,}1 = 110$$

$$a_3 (1 + i)^2 = 100 \cdot 1{,}1^2 = 121.$$

Eine Einzahlung von 110 in t_5 ist einer Einzahlung von 100 in t_4 und eine Auszahlung von 121 in t_5 einer Auszahlung von 100 in t_3 äquivalent.

Der Barwert in t_n einer Zahlung in t ergibt sich allgemein durch Multiplikation der Zahlung mit dem Aufzinsungsfaktor $(1 + i)^{n-t}$.

Der Barwert in t_0 gibt den Wert an, den eine bestimmte, nach t_0 liegende Zahlung im Investitionszeitpunkt besitzt; dieser Betrag ist also einer bestimmten nach t_0 anfallenden Zahlung wirtschaftlich gleichwertig (äquivalent). Der Barwert in t_0 wird durch Abzinsung (Diskontierung) mit dem Kalkulationszinsfuß i ermittelt. Das Vorgehen sei anhand des obigen Beispiels verdeutlicht.
Die Barwerte in t_0 belaufen sich auf:

$$\frac{e_4}{(1 + i)^4} = e_4 (1 + i)^{-4} = 100 \cdot 1{,}1^{-4} = 68{,}30$$

$$\frac{a_3}{(1 + i)^3} = a_3 (1 + i)^{-3} = 100 \cdot 1{,}1^{-3} = 75{,}13.$$

Eine Einzahlung von 68,30 in t_0 ist einer Einzahlung von 100 in t_4 und eine Auszahlung von 75,13 in t_0 einer Auszahlung von 100 in t_3 äquivalent.

Der Barwert in t_0 einer Zahlung in t ergibt sich allgemein durch Multiplikation der Zahlung mit dem Abzinsungsfaktor $(1 + i)^{-t}$.

24 Rechnungselemente der Wirtschaftlichkeitsrechnung

Häufig wird $(1 + i)$ durch q ersetzt, so daß der Aufzinsungsfaktor als q^{n-t} und der Abzinsungsfaktor als q^{-t} geschrieben werden können. Beide Faktoren sind für zahlreiche Kombinationen von Zinsfüßen und Zeitdauern in Tabellen ausgerechnet.

Der Barwert in t_n wird als Endwert, der Barwert in t_0 zumeist einfach als Barwert oder Gegenwartswert bezeichnet. Stimmen der Bezugszeitpunkt für die Barwertberechnung und der Zahlungszeitpunkt überein, sind Zahlungsbetrag und Barwert identisch.

2.2.2.2.2 Barwert einer Zahlungsreihe
2.2.2.2.2.1 Zahlungen unterschiedlicher Höhe: Der Barwert in t_n einer Zahlungsreihe wird durch Aufzinsung jeder einzelnen Zahlung mit anschließender Summierung der Einzelbarwerte ermittelt. Zur Verdeutlichung sei das folgende Beispiel einer Einzahlungsreihe angeführt.

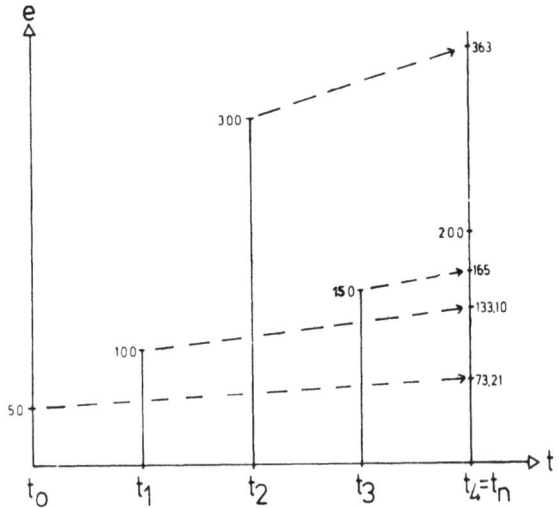

Abb. 7: Aufzinsung einer Zahlungsreihe

Der Barwert in t_n (Endwert) einer Einzahlungsreihe (C_{E_n}) ist allgemein wie folgt definiert:

$$C_{E_n} = e_0 \cdot q^n + e_1 \cdot q^{n-1} + \ldots + e_{n-1} \cdot q^1 + e_n \cdot q^0 = \sum_{t=0}^{n} e_t \cdot q^{n-t}.$$

Für die Zahlen des Beispiels ergibt sich:

$$C_{E_n} = 50 \cdot 1{,}1^4 + 100 \cdot 1{,}1^3 + 300 \cdot 1{,}1^2 + 150 \cdot 1{,}1^1 + 200 \cdot 1{,}1^0$$
$$= 73{,}21 + 133{,}10 + 363 + 165 + 200 = 934{,}31.$$

Analog läßt sich der Barwert in t_n (Endwert) einer Auszahlungsreihe (C_{A_n}) definieren.

$$C_{A_n} = \sum_{t=0}^{n} a_t \cdot q^{n-t}.$$

Der Barwert in t_0 einer Zahlungsreihe wird durch Abzinsung (Diskontierung) jeder einzelnen Zahlung mit anschließender Summierung der Einzelbarwerte ermittelt. Zur Verdeutlichung sei wiederum das bereits angeführte Beispiel herangezogen.

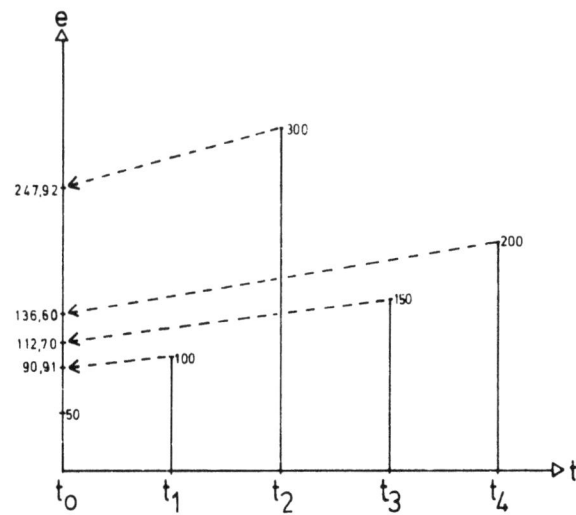

Abb. 8: Abzinsung einer Zahlungsreihe

Der Barwert in t_0 einer Einzahlungsreihe (C_{E_0}) ist allgemein wie folgt definiert:

$$C_{E_0} = e_0 \cdot q^0 + e_1 \cdot q^{-1} + e_2 \cdot q^{-2} + \ldots + e_{n-1} \cdot q^{-(n-1)} + e_n \cdot q^{-n}$$
$$= \sum_{t=0}^{n} e_t \cdot q^{-t}.$$

Für die Zahlen des Beispiels ergibt sich:

$C_{E_0} = 50 \cdot 1{,}1^0 + 100 \cdot 1{,}1^{-1} + 300 \cdot 1{,}1^{-2} + 150 \cdot 1{,}1^{-3} + 200 \cdot 1{,}1^{-4}$
$= 50 + 90{,}91 + 247{,}92 + 112{,}70 + 136{,}60 = 638{,}13.$

Analog läßt sich der Barwert in t_0 einer Auszahlungsreihe (C_{A_0}) definieren:

$$C_{A_0} = \sum_{t=0}^{n} a_t \cdot q^{-t}.$$

Der Barwert in t_0 läßt sich durch Aufzinsung in den Endwert überführen. Das Vorgehen sei anhand der Einzahlungsreihe zunächst allgemein verdeutlicht.

$$C_{E_0} = \sum_{t=0}^{n} e_t \cdot q^{-t}$$
$$C_{E_n} = C_{E_0} \cdot q^n = \sum_{t=0}^{n} e_t \cdot q^{n-t}.$$

Der Barwert einer Zahlungsreihe kann auch auf einen zwischen t_0 und t_n liegenden Zeitpunkt t_h bezogen werden; seine Ermittlung erfolgt durch Auf- und/oder Abzinsung von Zahlungen mit anschließender Summierung der Einzelbarwerte. Zur Verdeutlichung sei auf das obige Beispiel zurückgegriffen.

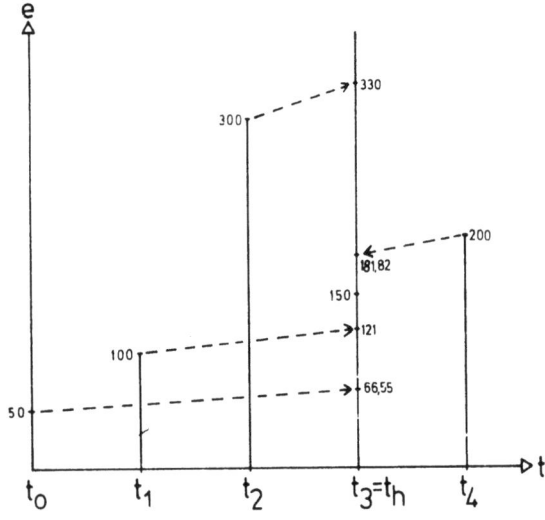

Abb. 9: Auf- bzw. Abzinsung von Zahlungen einer Zahlungsreihe

Barwert und Annuität 27

Hier beträgt der Barwert der Einzahlungsreihe in t_h (C_{E_h}) allgemein:

$$C_{E_h} = \sum_{t=0}^{n} e_t \cdot q^{h-t}.$$

Für die Zahlen des Beispiels ergibt sich:

$$C_{E_h} = 50 \cdot 1{,}1^3 + 100 \cdot 1{,}1^2 + 300 \cdot 1{,}1^1 + 150 \cdot 1{,}1^0 + 200 \cdot 1{,}1^{-1}$$
$$= 66{,}55 + 121 + 330 + 150 + 181{,}82 = 849{,}37.$$

Analog läßt sich der Barwert in t_h einer Auszahlungsreihe (C_{A_h}) definieren:

$$C_{A_h} = \sum_{t=0}^{n} a_t \cdot q^{h-t}.$$

Der Barwert in t_h kann für das Beispiel durch Multiplikation mit q bzw. q^{-3} in den Barwert in t_n bzw. t_0 umgeformt werden.

Aufgrund der gezeigten Möglichkeiten, Zahlungen durch Auf- bzw. Abzinsung auf der Zeitachse zu „verschieben", kann grundsätzlich jeder Bezugszeitpunkt dem Zweck der Barwertberechnung, zu unterschiedlichen Zeitpunkten anfallende Zahlungen vergleichbar zu machen, gerecht werden. Lediglich wegen der besseren Anschaulichkeit werden zumeist t_0 oder t_n gewählt.

2.2.2.2.2.2 Zahlungen gleicher Höhe: Besteht eine Zahlungsreihe aus in den Jahren t_1 bis t_n in gleichem zeitlichem Abstand anfallenden konstanten Beträgen, so läßt sich einmal auf die oben beschriebene Weise der Barwert (hier einer Einzahlungsreihe) in t_0 bzw. t_n ausrechnen.

$$C_{E_n} = \sum_{t=1}^{n} e \cdot q^{n-t} = e \cdot q^{n-1} + e \cdot q^{n-2} + \ldots + e \cdot q^1 + e \cdot q^0$$

bzw.

$$C_{E_0} = \sum_{t=1}^{n} e \cdot q^{-t} = e \cdot q^{-1} + e \cdot q^{-2} + \ldots + e \cdot q^{-(n-1)} + e \cdot q^{-n}.$$

Da in beiden Fällen eine geometrische Reihe vorliegt, bei der sich jedes Glied durch Multiplikation des vorhergehenden mit dem Aufzinsungsfaktor (bei C_{E_n}) bzw. Abzinsungsfaktor (bei C_{E_0}) ergibt, läßt sich die Berechnung des jeweiligen Summenwertes durch Anwendung der Reihenrechnung erheblich vereinfachen. Die Ableitung von Faktoren, die eine unkomplizierte Barwertermittlung ermöglichen, sei im folgenden allgemein dargestellt.

Zur Berechnung des Barwertes in t_n wird zunächst die C_{E_n}-Gleichung mit dem Zinsfaktor q multipliziert, davon die Ausgangsgleichung subtrahiert und anschließend der sich ergebende Ausdruck nach C_{E_n} aufgelöst.

$$C_{E_n} \cdot q = e \cdot q^n + e \cdot q^{n-1} + \ldots + e \cdot q^2 + e \cdot q^1$$

$$C_{E_n} \cdot q - C_{E_n} = C_{E_n} \cdot i = e \cdot q^n - e \cdot q^0 = e(1+i)^n - e \cdot 1$$

$$C_{E_n} \cdot i = e[(1+i)^n - 1]$$

$$C_{E_n} = e \cdot \frac{(1+i)^n - 1}{i}.$$

Der Faktor $[(1+i)^n - 1]/i$ wird als Rentenendwertfaktor bezeichnet; er gestattet die Bestimmung jenes Barwertes in t_n, der einer Zahlungsreihe mit gleichbleibenden Beträgen äquivalent ist. Für eine in t_1, t_2 und t_3 anfallende Einzahlung von jeweils 100 errechnet sich mit Hilfe des Rentenendwertfaktors, der für Werte von i und n tabelliert ist, bei $i = 0,10$ ein Barwert in t_3 von 331 (= 100 · 3,31).

Analog läßt sich ein einfacherer Ausdruck für den Barwert in t_0 ermitteln, indem man entweder die C_{E_0}-Gleichung mit dem Faktor q multipliziert und davon anschließend die ursprüngliche Gleichung subtrahiert oder den mit Hilfe des Rentenendwertfaktors ermittelten Barwert in t_n auf den Zeitpunkt t_0 diskontiert.

$$C_{E_0} = C_{E_n} \cdot (1+i)^{-n}$$

$$= e \cdot \frac{(1+i)^n - 1}{i} \cdot (1+i)^{-n}$$

$$= e \cdot \frac{(1+i)^n - 1}{i(1+i)^n}.$$

Der Faktor $[(1+i)^n - 1] / [i(1+i)^n]$ wird als Rentenbarwertfaktor bezeichnet; er gestattet die Bestimmung jenes Barwertes in t_0, der einer Zahlungsreihe mit gleichbleibenden Beträgen äquivalent ist. Für die obige Zahlungsreihe läßt sich mit Hilfe des Rentenbarwertfaktors, der für Werte von i und n tabelliert ist, ein Barwert in t_0 von 248,70 (= 100 · 2,487) errechnen.

In gleicher Wiese läßt sich die Berechnung des Barwertes in t_0 bzw. t_n einer konstanten Auszahlungsreihe vereinfachen.

Barwert und Annuität

Rentenendwert- und -barwertfaktor lassen sich bei divergierenden Zins- und Zahlungsterminen nicht direkt aus Tabellen entnehmen; auf die rechnerische Anpassung der Zeitpunkte soll hier jedoch nicht eingegangen werden.

2.2.2.3 Barwertbestimmung bei stetiger Verzinsung

2.2.2.3.1 Barwert einer einzelnen Zahlung: Zunächst sei wiederum auf die Berechnung des Endwertes eingegangen, wobei von einer einmaligen Einzahlung in t_0 ausgegangen wird.

Wenn einmal im Jahr eine nachschüssige Zinszahlung erfolgt, wächst der Kapitalbetrag (e_0) in einem Jahr bekanntlich auf $e_0 (1 + i)$ an. Bei mehrmaligen Zinszahlungen im Jahr (y Zuschlagsperioden) ergibt sich für einen Zeitraum von $1/y$ Jahr durch Kürzung des Jahreszinssatzes im Verhältnis zur Zeitspanne (pro rata temporis) ein relativer Zinsfuß von i/y für die unterjährliche Zinsperiode. Daraus resultiert ein Barwert in t_1 von $e_0 \cdot (1 + i/y)^y$. Der Endwert wächst ceteris paribus mit der Zahl der Zuschlagsperioden, d.h. je häufiger im Jahr Zinsen zugeschlagen werden, umso größer ist bei gegebenem Finanzmitteleinsatz und Jahreszinssatz der Kapitalzuwachs.

$$e_0 (1 + i)^1 < e_0 \left(1 + \frac{i}{y}\right)^y \quad (\text{für } y > 1).$$

Wird die Zahl der Zuschlagsperioden in einem Jahr unendlich groß und vice versa die Länge der Verzinsungsperioden unendlich klein, so erfolgt die Verzinsung unendlich oft, d.h. praktisch in jedem Moment.

Bei einer Einzahlung von 1000, einem Jahreszinssatz von $i = 0,10$ und monatlichem Zinszuschlag ($y = 12$) beträgt der Endwert:

$$1000 \left(1 + \frac{0,10}{12}\right)^{12} = 1000 \cdot 1,00833\ldots^{12} = 1104,71$$

gegenüber

$$1000 \cdot 1,1 = 1100$$

bei einmaligem Zinszuschlag pro Jahr.

Für die Momentverzinsung g, auch als Verzinsungsenergie oder -intensität bezeichnet [*E. Schneider*, 1973, S. 141], die dem diskontinuierlichen Zinssatz i äquivalent ist, gilt:

$$(1 + i) = \left(1 + \frac{g}{y}\right)^y.$$

Setzt man $1/l$ für g/y bzw. $y = l \cdot g$, dann lautet die Gleichung:

$$(1+i) = \left(1+\frac{1}{l}\right)^{lg}.$$

Wenn $y \to \infty$, so strebt auch $l = \frac{y}{g}$ gegen Unendlich, woraus folgt [vgl. dazu die ausführliche Ableitung bei *Kern*, 1974, S. 208f.]:

$$\lim_{l \to \infty} \left(1+\frac{1}{l}\right)^l = e^* \qquad 2{,}7182818284590\ldots \text{(Eulersche Zahl)}.$$

e^* stellt die Basis der natürlichen Logarithmen dar. Aus

$$(1+i)^t = \left(1+\frac{g}{y}\right)^{yt} = \left(1+\frac{1}{l}\right)^{lgt}.$$

folgt dann:

$$(1+i)^t = e^{*gt}$$

oder

$$g = \ln(1+i).$$

Für $i = 0{,}10$ beträgt $g = 0{,}095$.

Bei stetiger Verzinsung steigt der Wert eines Kapitalbetrags in einem Jahr auf

$$e_0 \cdot e^{*g}$$

und in n Jahren auf

$$e_0 \cdot e^{*gn}$$

an.

Der Abzinsungsfaktor für die Berechnung des Barwertes in t_0 einer Zahlung in t wird analog zur diskreten Verzinsung durch den reziproken Ausdruck des Aufzinsungsfaktors, also durch $e^{*\cdot gt}$ gebildet.

Die Ausführungen gelten natürlich auch für die Berechnung des Barwertes in t_0 und t_n einer Auszahlung.

2.2.2.3.2 Barwert eines Zahlungsstromes: Nun soll auf die Berechnung der Barwerte in t_n bzw. t_0 eines während des Intervalles $0 \leq t \leq n$ kontinuierlich fließenden Zahlungsstromes eingegangen werden.

Der Endwert des gesamten Einzahlungsstromes (C_{E_n}) ergibt sich durch Integration dieses Ausdrucks zwischen den Grenzen des Intervalles.

$$C_{E_n} = \int_0^n e(t) \cdot e^{*g(n-t)} \, dt.$$

Bei konstanter Breite des Einzahlungsstromes geht die obige Gleichung wegen $e(t) = e$ über in:

$$C_{E_n} = e \int_0^n e^{*g(n-t)} \, dt = e \cdot \frac{e^{*gn} - 1}{g}.$$

Bezeichnung	Bezugs-zeit-punkt	Faktor	Fragestellung	Funktion
Aufzinsungs-faktor	t_n	$(1+i)^{n-t}$	Auf welchen Betrag wächst eine Zahlung in t bei einem Zinssatz von i und einem einmaligen Zinszuschlag jeweils am Jahresende bis zum Zeitpunkt t_n an?	Aufzinsung einer Zahlung von $t < t_n$ auf t_n
		$e^{*g(n-t)}$	Auf welchen Betrag wächst eine Zahlung in t bei einem Zinssatz von g und stetiger Verzinsung bis zum Zeitpunkt t_n an?	
Abzinsungs-faktor	t_0	$(1+i)^{-t}$	Welchen Wert weist eine Zahlung in t bei einem Zinssatz von i und einem einmaligen Zinszuschlag jeweils am Jahresende im Zeitpunkt t_0 auf?	Abzinsung einer Zahlung von $t > t_0$ auf t_0
		e^{*-gt}	Welchen Wert weist eine Zahlung in t bei einem Zinssatz von g und stetiger Verzinsung im Zeitpunkt t_0 auf?	
Rentenend-wertfaktor	t_n	$\frac{(1+i)^n - 1}{i}$	Auf welchen Betrag wächst eine Reihe von n gleich großen Zahlungen (von t_1 bis t_n) bei einem Zinssatz von i und einmaligem Zinszuschlag jeweils am Jahresende bis zum Zeitpunkt t_n an?	Aufzinsung jeder Zahlung auf t_n und Addition der Einzelbarwerte
		$\frac{e^{*gn} - 1}{g}$	Auf welchen Betrag wächst ein Zahlungsstrom aus gleich großen Zahlungen bei einem Zinssatz von g und stetiger Verzinsung bis zum Zeitpunkt t_n an?	
Rentenbar-wertfaktor	t_0	$\frac{(1+i)^n - 1}{i(1+i)^n}$	Welchen Wert weist eine Reihe von n gleich großen Zahlungen (von t_1 bis t_n) bei einem Zinssatz von i und einmaligem Zinszuschlag jeweils am Jahresende im Zeitpunkt t_0 auf?	Abzinsung jeder Zahlung auf t_0 und Addition der Einzelbarwerte
		$\frac{e^{*gn} - 1}{g \cdot e^{*gn}}$	Welchen Wert weist ein Zahlungsstrom aus gleich großen Zahlungen bei einem Zinssatz von g und stetiger Verzinsung im Zeitpunkt t_0 auf?	

Tab. 1: Berechnung von Barwerten

32 Rechnungselemente der Wirtschaftlichkeitsrechnung

Bezieht man den Zahlungsstrom auf t_0, so findet der Abzinsungsfaktor $e^{*\cdot gt}$ Anwendung. Der Barwert in t_0 beträgt dann:

$$C_{E_0} = \int_0^n e(t) \cdot e^{*\cdot gt}\, dt.$$

Bei konstanter Breite des Einzahlungsstromes vereinfacht sich der Ausdruck zu:

$$C_{E_0} = e \int_0^n e^{*\cdot gt}\, dt = e \cdot \frac{e^{*gn} - 1}{g \cdot e^{*gn}}.$$

Analog lassen sich der Endwert und der Barwert in t_0 einer Auszahlungsreihe errechnen.

2.2.2.4 Tabellarische Übersicht (siehe Tab. 1 auf S. 31)

2.2.3 Berechnung von Annuitäten

2.2.3.1 Definition der Annuität

Eine Annuität stellt eine einer gegebenen Zahlung oder Zahlungsreihe äquivalente, äquidistante, uniforme Zahlungsreihe dar [*Jacob*, 1976a, S. 624], die durch Transformation des Barwertes unter Berücksichtigung von Zinseffekten gewonnen wird. Eine Annuität liegt vor, wenn

— die Barwerte von gegebener Zahlung oder Zahlungsreihe und neuer Zahlungsreihe identisch sind (Äquivalenz);
— die Zahlungen der neuen Reihe zu Zeitpunkten anfallen, die jeweils gleich weit voneinander entfernt liegen (Äquidistanz);
— die Zahlungen der neuen Reihe gleich groß sind (Uniformität).

Wie beim Barwert kann die Zinsrechnung auf diskontinuierlichem oder stetigem Zinszuschlag basieren.

2.2.3.2 Annuitätsbestimmung bei diskontinuierlicher Verzinsung

Als zeitlicher Abstand zwischen den Zahlungen der neuen Reihe sowie den nachschüssigen Zinszuschlägen wird im folgenden ein Jahr angenommen. Die Ableitung jener Faktoren, die eine einfache Ermittlung von Annuitäten ermöglichen, sei nun exemplarisch anhand einer gegebenen Zahlungsreihe (hier: Einzahlungsreihe) dargestellt. Ihr Barwert ist allgemein wie folgt definiert:

$$C_{E_n} = \sum_{t=1}^n e_t \cdot q^{n-t}$$

bzw.

$$C_{E_0} = \sum_{t=1}^n e_t \cdot q^{-t}.$$

Barwert und Annuität 33

Die Barwerte in t_n bzw. t_0 der gesuchten Annuitäten (e), berechnet mit Hilfe von Rentenendwert- und -barwertfaktor, müssen den obigen Barwerten entsprechen.

$$\sum_{t=1}^{n} e_t \cdot q^{n \cdot t} = C_{E_n} = e \cdot \frac{(1+i)^n - 1}{i}$$

bzw.

$$\sum_{t=1}^{n} e_t \cdot q^{-t} = C_{E_0} = e \cdot \frac{(1+i)^n - 1}{i(1+i)^n}.$$

Die Auflösung der Gleichung nach der Annuität ergibt:

$$e = C_{E_n} \cdot \frac{i}{(1+i)^n - 1}$$

bzw.

$$e = C_{E_0} \cdot \frac{i(1+i)^n}{(1+i)^n - 1}.$$

Der Faktor $i / [(1+i)^n - 1]$ wird als Tilgungsfaktor bezeichnet; er gestattet die Bestimmung jener uniformen, äquidistanten Reihe von in den Jahren t_1 bis t_n erfolgenden Zahlungen, die dem Barwert in t_n äquivalent ist.

Der Faktor $[i(1+i)^n] / [(1+i)^n - 1]$ wird als Wiedergewinnungsfaktor bezeichnet; er gestattet die Bestimmung jener uniformen, äquidistanten Reihe von in den Jahren t_1 bis t_n erfolgenden Zahlungen, die dem Barwert in t_0 äquivalent ist.

Tilgungs- und Wiedergewinnungsfaktor sind für Werte von i und n tabelliert. Bei divergierenden Zins- und Annuitätsterminen lassen sich die Tabellen nicht direkt verwenden; auf die rechnerische Anpassung der Zeitpunkte soll hier jedoch nicht eingegangen werden.

2.2.3.3 Annuitätsbestimmung bei stetiger Verzinsung

Analog zur diskontinuierlichen Verzinsung lassen sich aus den stetigen Barwertfunktionen Tilgungs- und Wiedergewinnungsfaktor ableiten, die eine einfache Berechnung der Annuität eines Zahlungsstromes (hier: Einzahlungsstromes) ermöglichen.

$$e = C_{E_n} \cdot \frac{g}{e^{*gn} - 1}$$

bzw.

$$e = C_{E_0} \cdot \frac{g \cdot e^{*gn}}{e^{*gn} - 1}.$$

Die oben definierte Annuität stellt quasi eine „Augenblicks"zahlung dar.

2.2.3.4 Tabellarische Übersicht

Bezeichnung	Bezugs-zeit-punkt	Faktor	Fragestellung	Funktion
Tilgungs-faktor	t_n	$\dfrac{i}{(1+i)^n - 1}$	Welche über n Jahre laufende Reihe von gleich großen Zahlungen (von t_1 bis t_n) ist bei einem Zinszuschlag von i und einmaligem Zinszuschlag jeweils am Jahresende dem Barwert in t_n äquivalent?	Gleichmäßige Verteilung des Barwertes in t_n auf n Perioden
		$\dfrac{g}{e^{*gn} - 1}$	Welche über n Jahre laufende Reihe von gleich großen „Augenblicks"zahlungen ist bei einem Zinssatz von g und stetiger Verzinsung dem Barwert in t_n äquivalent?	
Wieder-gewinnungs-faktor	t_0	$\dfrac{i(1+i)^n}{(1+i)^n - 1}$	Welche über n Jahre laufende Reihe von gleich großen Zahlungen (von t_1 bis t_n) ist bei einem Zinssatz von i und einmaligem Zinszuschlag jeweils am Jahresende dem Barwert in t_0 äquivalent?	Gleichmäßige Verteilung des Barwertes in t_0 auf n Perioden
		$\dfrac{g \cdot e^{*gn}}{e^{*gn} - 1}$	Welche über n Jahre laufende Reihe von gleich großen „Augenblicks"zahlungen ist bei einem Zinssatz von g und stetiger Verzinsung dem Barwert in t_0 äquivalent?	

Tab. 2: Berechnung von Annuitäten

2.2.4 Untersuchung der Zweckmäßigkeit des Rechnens mit diskontinuierlicher oder stetiger Verzinsung

Wirtschaftlichkeitskalküle, die auf Zahlungsreihen und einmaliger oder unterjährlicher Verzinsung basieren, besitzen den Vorzug, daß sie die Verwendung einfacher finanzmathematischer Formeln zulassen. Da jedoch in der Praxis Ein- und Auszahlungen laufend innerhalb der einzelnen Perioden anfallen und Finanzmittel kurzfristig angelegt und aufgenommen werden, erscheint der u.a. von *Jonas* [1964] und *Lex* [1970] gemachte Vorschlag naheliegend, von Zahlungsströmen und stetiger Verzinsung auszugehen. Hierdurch würde man jedoch Scheingenauigkeiten erhalten, die nur zu schnell über die meist groben Schätzungen des Verlaufs der Zahlungsströme hinwegtäuschen können. Außerdem würde die Wirtschaftlichkeitsrechnung unnötig kompliziert [vgl. zu weiteren Einwänden *Krause*, S. 99f., sowie *Schwarz*, 1967, S. 41]. Daher erfolgt der Ansatz von Zahlungsströmen und stetiger Verzinsung in investitionstheoretischen Modellen regelmäßig nur dann, wenn zur Optimumbestimmung Funktionen nach der Zeit differenziert werden müssen; die dabei gewonnenen Aussagen werden anschließend vergröbert, um sie auch im diskontinuierlichen Fall verwenden zu können (siehe Kap. 6).

Erläuterungen und Tabellen zur Finanzmathematik: *Bächtold* [1975], *Däumler* [1978b], *Kobelt/Schulte* [1977], *Kosiol* [1973], *Nehls* [1977], *Rinne* [1973], *Schneider/Schlund/Haas* [1977], *Spitzer/Förster* [o.J.].

2.3 Einzahlungen, Einnahmen, Leistungen bzw. Auszahlungen, Ausgaben, Kosten als Rechenelemente

2.3.1 Untersuchung der Zweckmäßigkeit des Rechnens mit Einnahmen und Ausgaben

Bislang wurde im Zusammenhang mit den Ausgangsdaten der Wirtschaftlichkeitsrechnungen ohne Begründung immer das Begriffspaar Einzahlungen/Auszahlungen herangezogen. Häufig finden jedoch auch die Begriffe Einnahmen/Ausgaben für Investitionskalküle Anwendung. In bezug auf die genannten Rechnungselemente stellt sich damit die Frage ihrer begrifflichen Abgrenzung und der Zweckmäßigkeit ihrer Verwendung.

„Unter einer Ausgabe (Einnahme) wird das geldmäßige Äquivalent eines Kaufs (Verkaufs) verstanden. Eine Auszahlung (Einzahlung) liegt erst vor, wenn ein Betrag die Kasse verläßt (in der Kasse eingeht). Eine Auszahlung (Einzahlung) kann früher, später als die Ausgabe (Einnahme) oder gleichzeitig mit ihr erfolgen" [*E. Schneider*, 1973, S. 6, Fn. 1]. Bei Inanspruchnahme (Gewährung) eines Lieferantenkredites liegen Auszahlungen (Einzahlungen) zeitlich nach, bei An- oder Vorauszahlungen dagegen vor der Ausgabe (Einnahme). Nur bei Vernachlässigung von Kreditvorgängen stimmen die Begriffspaare Einzahlungen/Auszahlungen und Einnahmen/Ausgaben überein. Eine solche Gleichsetzung durch Prämissenbildung herbeizuführen [wie z.B. *E. Schneider*, 1973], erscheint jedoch nicht gerechtfertigt, da Kreditvorgänge im Zusammenhang mit Investitionsvorhaben häufig auftreten.

Für die Auswahl des geeigneten Rechenelementes kommt der Verzinsung eine besondere Bedeutung zu. Zinswirkungen hängen nicht vom Zeitpunkt der Einnahmen-/Ausgabenentstehung, sondern des Zahlungsanfalls ab. Diese Aussage sei exemplarisch für Zielkauf und -verkauf begründet.

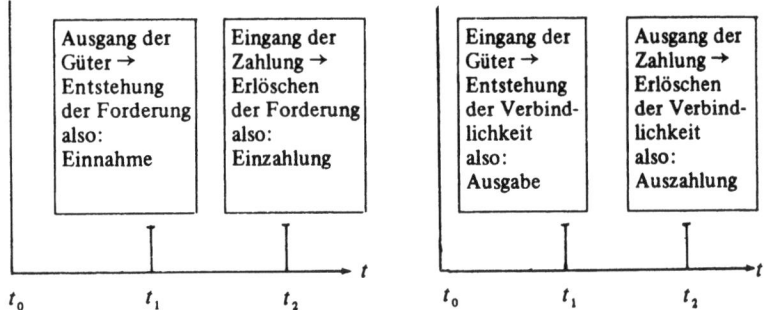

Abb. 10: Zeitlicher Ablauf von Verkauf und Kauf auf Ziel

Beim Kauf auf Ziel tritt ein Zinseffekt erst vom Zeitpunkt der Auszahlung an auf, und zwar in Form von Sollzinsen bei Fremdfinanzierung bzw. entgangenen Habenzinsen bei Eigenfinanzierung des Mittelabflusses. Beim Verkauf auf Ziel ergibt sich analog eine Zinswirkung erst vom Zeitpunkt der Einzahlung an, und zwar in Form von Habenzinsen bei einer Finanzanlage dieses Betrages bzw. gesparten Sollzinsen, wenn der Mittelzufluß zur Tilgung bestehender Kredite verwandt wird.

Gleiches gilt analog für An- oder Vorauszahlungen.

In langfristigen Wirtschaftlichkeitsrechnungen ist daher den Rechenelementen Einzahlungen/Auszahlungen gegenüber den Einnahmen/Ausgaben der Vorzug zu geben.

2.3.2 Untersuchung der Zweckmäßigkeit des Rechnens mit Leistungen und Kosten

Vor allem *Biergans* und *Brandt* schlagen vor, der Wirtschaftlichkeitsrechnung Erfolgsgrößen des innerbetrieblichen Rechnungswesens zugrundezulegen. Nun bestehen bekanntlich zwischen den Zahlungsgrößen Ein-/Auszahlungen sowie Einnahmen/Ausgaben einerseits und den Erfolgsgrößen Leistungen/Kosten andererseits zeitliche und sachliche Unterschiede. *Lücke* hat den Beweis erbracht, daß die kalkulatorischen Zinsen das „Ausgleichsventil" sind, „das den Unterschied zwischen den Ergebnissen der Ausgaben-Diskontierungsreihe und der Kosten-Diskontierungsreihe verschwinden läßt" [*Lücke*, 1955, S. 314]; analoges gilt für Einnahmen und Leistungen [*Philipp*]. Die Beweise beziehen sich jedoch nur auf die zeitlichen Unterschiede, und zwar lediglich zwischen Einnahmen/Ausgaben und Leistungen/Kosten. Die sachlichen Diskrepanzen zwischen diesen Begriffspaaren lassen sich jedoch nur durch realitätsfremde Prämissenbildung wegdefinieren. Selbst dadurch würden die Erfolgsgrößen „lediglich auf die ihnen zugrundeliegenden Ausgaben und Einnahmen, nicht dagegen auf die bereits als zweckmäßig erkannten Auszahlungen und Einzahlungen zurückgeführt" [*Krause*, S. 105]. Zwar läßt sich unter bestimmten Bedingungen eine Äquivalenz auch von Erfolgs- und Zahlungsgrößen herleiten [*Bitz*, 1976]; in jedem Fall verkompliziert die Verwendung von Erfolgsgrößen die Wirtschaftlichkeitsrechnung erheblich. Leistungen/Kosten eignen sich daher ebensowenig wie Einnahmen/Ausgaben als Rechenelemente der Wirtschaftlichkeitsrechnung.

Ergänzende und vertiefende Literatur zum Abschnitt 2.3: *Biergans* [1973a, S. 212ff.]; *Brandt* [1959, S. 90ff.]; *Männel* [1975]; *Rückle* [1970, S. 45ff.] sowie im Text zitierte Quellen.

2.4 Zeitzentrum

Das Zeitzentrum (t_{z_e}) einer Einzahlungsreihe ($e_t \geq 0$) bzw. das Zeitzentrum (t_{z_a}) einer Auszahlungsreihe ($a_t \geq 0$) ist als der Bezugszeitpunkt definiert, zu dem der Barwert der jeweiligen Zahlungsreihe der absoluten Summe der Zahlungen entspricht [erstmals *Boulding*, 1936]. Vor (nach) dem Bezugszeitpunkt anfallende Zahlungen werden auf- (ab-) gezinst; Zahlungen im Bezugszeitpunkt finden in ihrer absoluten Höhe Berücksichtigung. Da das Zeitzentrum zwischen t_0 und t_n liegt, wird häufig auch von einem „mittleren Zahlungstermin" gesprochen.

Im Rahmen der Investitionstheorie erlangt das Zeitzentrum dadurch eine fundamentale Bedeutung, daß es *E. Schneider* als methodisches Hilfsmittel zur Klassifizierung von Investitionen heranzieht [1973, S. 9f.]. Danach liegt eine Investition vom Typ I vor, wenn das Zeitzentrum der Einzahlungen bei jedem positiven Zinsfuß nach dem Zeitzentrum der Auszahlungen liegt, also die Einzahlungen „im ganzen genommen" später erfolgen als die Auszahlungen „im ganzen genommen". Eine Investition mit einer solchen Eigenschaft sieht *E. Schneider* als „Regelfall bei allen in der Praxis vorkommenden Investitionen" an; daher bezeichnet er die Investitionen vom Typ I auch als „eigentliche Investitionen". „Uneigentliche Investitionen" bzw. solche vom Typ II liegen dagegen dann vor, wenn das Zeitzentrum der Einzahlungen bei jedem positiven Zinsfuß vor dem Zeitzentrum der Auszahlungen liegt.

Die Definitionsgleichungen zur Bestimmung der Zeitzentren lauten wie folgt:

bzw.
$$\sum_{t=0}^{n} e_t \cdot q^{t z_e^{(q)} - t} = \sum_{t=0}^{n} e_t$$

bzw.
$$\sum_{t=0}^{n} e_t \cdot q^{-t} = \sum_{t=0}^{n} e_t \cdot q^{-t z_e^{(q)}}$$

bzw.
$$q^{t z_e^{(q)}} = \frac{\sum_{t=0}^{n} e_t}{\sum_{t=0}^{n} e_t \cdot q^{-t}}$$

und
$$\sum_{t=0}^{n} a_t \cdot q^{t z_a^{(q)} - t} = \sum_{t=0}^{n} a_t$$

bzw.
$$\sum_{t=0}^{n} a_t \cdot q^{-t} = \sum_{t=0}^{n} q^{-t z_a^{(q)}}$$

bzw.
$$q^{t z_a^{(q)}} = \frac{\sum_{t=0}^{n} a_t}{\sum_{t=0}^{n} a_t \cdot q^{-t}}.$$

Die Definitionsgleichungen werden von q bestimmt; die Lage des Zeitzentrums hängt daher vom Kalkulationszinsfuß ab.

Die Auflösung der Gleichungen nach t_{z_e} und t_{z_a} ergibt (für $q > 0, q \neq 1$):

$$t_{z_e}(q) = \frac{\ln \sum_{t=0}^{n} e_t - \ln \sum_{t=0}^{n} e_t \cdot q^{-t}}{\ln q}$$

bzw.

$$t_{z_a}(q) = \frac{\ln \sum_{t=0}^{n} a_t - \ln \sum_{t=0}^{n} a_t \cdot q^{-t}}{\ln q}.$$

Wegen der rechentechnischen Schwierigkeiten, zu einer exakten Lösung zu gelangen, bietet sich eine approximative Bestimmung der Zeitzentren an (Boulding-Näherungslösung) [siehe dazu vor allem *Lücke*, 1975, S. 32f.].
Werden die Gleichungen für die Zeitzentren nach dem Binomialsatz entwickelt und für jeden Term jeweils nur die beiden ersten Summanden berücksichtigt, so ergeben sich die Formeln zur approximativen Bestimmung der Zeitzentren:

$$t_{z_e} = \frac{\sum_{t=0}^{n} e_t \cdot t}{\sum_{t=0}^{n} e_t} \quad \text{bzw.} \quad t_{z_a} = \frac{\sum_{t=0}^{n} a_t \cdot t}{\sum_{t=0}^{n} a_t}.$$

Hiermit wird der eigentlichen Zinsabhängigkeit des Zeitzentrums nicht mehr Rechnung getragen. Dennoch halten *Boulding* und *E. Schneider* die Anwendung der Näherungslösung für vertretbar, "if the rate of return is small enough..." [*Boulding*, S. 200] bzw. „wenn der Zinsfuß kleiner ist als 10%" [*E. Schneider*, 1973, S. 9].
Gegen die Typenzuordnung nach *E. Schneider* scheinen Bedenken angebracht zu sein:

a) Bereits *Hållsten* [1966, S. 18] weist auf die Unvollständigkeit des Typenkonzeptes hin. *Lücke* [1972, S. 165] und *Steiner* zeigen anhand von Beispielen, daß die Relation zwischen den Zeitreihen von Ein- und Auszahlungen in Abhängigkeit vom Zinssatz wechseln kann. So stellt die Zahlungsreihe $a_0 = 60, e_1 = 150, a_2 = 100$ und $e_3 = 20$ für $q = 1,05$ eine Investition vom Typ II, für $q = 1,07$ dagegen eine Investition vom Typ I dar [*Steiner*, 1976a, S. 6; 1977, S. 495].

$$t_{z_e}(1,05) \approx 1,225 < t_{z_a}(1,05) \approx 1,227$$
$$t_{z_e}(1,07) \approx 1,222 > t_{z_a}(1,07) \approx 1,218.$$

Da die Zuordnung einer Investition zum Typ I oder II voraussetzt, daß die dafür jeweils charakteristische Relation der Zeitzentren „bei jedem positiven Zinsfuß" [*E. Schneider*, 1973, S. 9] gilt, kann im obigen Fall weder eine Investition vom Typ I noch eine solche vom Typ II vorliegen.

b) Um eine Investition den einzelnen Typen zuordnen zu können, müßte also geprüft werden, ob sich die zinsabhängigen Funktionen der Zeitzentren von Ein- und Auszahlungen schneiden oder berühren. Eine solche Einteilungsprozedur wäre jedoch umständlich und zeitraubend.

c) Die genannten Einwände ließen sich zwar durch
 – Einführung des Typs III für jene Investitionen, bei denen in Abhängigkeit vom Zinsfuß ein Typenwechsel zwischen I und II auftritt, und
 – Formulierung allgemeiner Kriterien zur Überprüfung der Typenzugehörigkeit von Investitionen anhand ihrer Zahlungsstrukturen

ausräumen; gegen das Typenkonzept von *E. Schneider* spricht jedoch — wie *Steiner* überzeugend nachgewiesen hat — daß die Einteilung von Investitionen in einzelne Typen für die Anwendung und Interpretation der Kriterien der Wirtschaftlichkeitsrechnung völlig überflüssig ist [*Steiner*, 1976b, S. 7ff.; 1977, S. 497ff.] Zeitzentren und Typenkonzept stellen daher einen investitionstheoretischen Ballast dar.

Ergänzende und vertiefende Literatur zum Abschnitt 2.5: im Text zitierte Quellen.

3. Vorteilhaftigkeitsbestimmung eines einzelnen Investitionsobjektes

3.1 Problemstellung
Jedes Entscheidungsproblem setzt bekanntlich voraus, daß zumindest zwei verschiedene Handlungsmöglichkeiten zur Auswahl stehen. Bei der Vorteilhaftigkeitsbestimmung eines einzelnen Investitionsobjektes lauten die beiden Alternativen: Durchführung einer Sachinvestition (Investitionsalternative) in t_0 oder Verzicht auf eine Sachinvestition (Unterlassensalternative). Die Frage des günstigsten Anschaffungszeitpunkts wird dabei zumeist ausgeklammert [anders jedoch bei *Jaeschke; Lee; Marglin*, S. 22f.; *Swoboda*, 1971, S. 49ff.].

Die Investitionsalternative wird in diesem Kapitel durch eine Sachinvestition verkörpert, für die folgende Zahlungsreihe prognostiziert wird:

$$a_0 = 1000 \quad \ddot{u}_1 = 500 \quad \ddot{u}_2 = 400 \quad \begin{array}{l} R_3 = 450 \\ \ddot{u}_3 = 300 \end{array}$$

$$\vdash\!\dashv\!\dashv\!\dashv$$

$$t_0 \qquad t_1 \qquad t_2 \qquad t_3$$

a_0 = Anschaffungsauszahlung im Investitionszeitpunkt (t_0)
$\ddot{u}_t$ = laufender Überschuß in den einzelnen Perioden (t_1, t_2, t_3), wobei
$\quad \ddot{u} > 0$ = Einzahlungsüberschuß
$\quad \ddot{u} < 0$ = Auszahlungsüberschuß
R_n = Restverkaufserlös am Ende der Nutzungsdauer (t_n)

Der konkrete Inhalt der Unterlassensalternative hängt von der für die Sachinvestition vorgesehenen Finanzierungsart ab.

Finanzierung der Sachinvestition	Inhalt der Unterlassensalternative
ausschließlich durch Fremdkapital (FF)	Verzicht auf Sachinvestition und Kreditaufnahme
ausschließlich durch Eigenkapital (EF)	Verzicht auf Sachinvestition; statt dessen Finanzinvestition
durch Eigen- und Fremdkapital (MF)	Verzicht auf Sachinvestition und Kreditaufnahme; statt dessen Finanzinvestition des Eigenkapitals

Tab. 3: Inhalt der Unterlassensalternative

Zur Lösung des Wahlproblems wird ein Optimalitätskriterium benötigt; darunter wird „eine in bezug auf die jeweils konkreten Alternativen allgemeinbegrifflich gehaltene Aussage über die optimale Handlungsweise verstanden" [*Koch*, 1970, S. 15]. Optimalitätskriterien orientieren sich an den Zielvorstellungen der für die Investitionspolitik maßgeblichen Personengruppen (Gesellschafter, Gläubiger, Arbeitnehmer, Management). Bei der Wirtschaftlichkeitsrechnung wird nahezu ausschließlich auf die Interessen der Eigenkapitalgeber (verkürzte Bezeichnung: Investor) abgestellt und ferner angenommen, daß diese Personen vorrangig monetäre Ziele, die sich letztlich auf das Gewinnstreben zurückführen lassen, verfolgen.

Da jede Investitionsentscheidung langfristigen Charakter trägt, bedarf das Ziel der Gewinnmaximierung einer inhaltlichen, vor allem zeitlichen Präzisierung.

Als finanzielle Ziele des Investors kommen alternativ in Betracht:

— Maximierung des Vermögens am Ende des Planungszeitraums bei vorgegebenen Entnahmen (Vermögensstreben)
— Maximierung der Breite des Entnahmestroms bei vorgegebener zeitlicher Struktur und fixiertem Vermögen am Ende des Planungszeitraums (Einkommensstreben)

Die genannten von *D. Schneider* als „ursprünglich" bezeichneten Zielgrößen finden — im Gegensatz zu investitions*theoretischen* Abhandlungen — in der Literatur zur Investitions*rechnung* kaum Beachtung; die dort beschriebenen Kalküle orientieren sich vielmehr an nicht unmittelbar plausiblen finanziellen „Ersatzzielgrößen" (Kapitalwert, Annuität, interner Zinsfuß). Beide Gruppen von Zielgrößen, die im Schrifttum auch durch die Adjektive „modern" und „klassisch" gekennzeichnet werden, sollen im folgenden als Grundlage zur Bestimmung der Vorteilhaftigkeit eines einzelnen Investitionsobjektes Verwendung finden.

3.2 Entscheidungen auf der Basis des Endvermögens

3.2.1 Definition und Kriterium

Der Investor hat die Absicht, am Ende des Planungszeitraums, dem Planungshorizont (N), ein möglichst großes Vermögen (K_N) zu erreichen, und zwar bei bestimmten Entnahmen (Y) in den einzelnen Perioden ($t = 1, 2, \ldots, N$). Diese Ausprägung des Ziels der langfristigen Gewinnmaximierung wird als Vermögensstreben, Endvermögens- oder Endwertmaximierung bezeichnet.

Die Investitionsalternative I ist der Unterlassensalternative U überlegen (unterlegen), wenn die Vornahme der Sachinvestition zu einem höheren (niedrigeren) Endvermögen als der Verzicht auf die Sachinvestition führt,

$$K_N^I > K_N^U \qquad (K_N^I < K_N^U)$$

anders ausgedrückt:

Eine Sachinvestition ist vorteilhaft (unvorteilhaft), wenn die Endvermögensdifferenz positiv (negativ) ist.

$$\Delta K_N = K_N^I - K_N^U > 0 \qquad (\Delta K_N = K_N^I - K_N^U < 0).$$

Stimmen das Endvermögen von Investitions- und Unterlassensalternative überein, so schätzt der Investor beide Handlungsmöglichkeiten rechnerisch als gleichwertig ein.

$$\Delta K_N = K_N^I - K_N^U = 0.$$

Die Berechnung des Endvermögens von Investitions- und Unterlassensalternative erfolgt in mehreren Schritten mit Hilfe eines sog. „vollständigen Finanzplans", in dem sämtliche durch eine Handlungsmöglichkeit ausgelösten (direkten und indirekten) Zahlungen explizit abgebildet werden. Dabei wird nun unterstellt, daß am Ende jeder Periode für jeweils ein Jahr

– Finanzinvestitionen zum Habenzinsfuß (i^H), im Standardbeispiel 5 %
– Kreditaufnahmen zum Sollzinsfuß (i^s), im Standardbeispiel 10 %

erfolgen können.

Zur Vereinfachung der mathematischen Definition wird im folgenden die Anschaffungsauszahlung (a_0) als Auszahlungsüberschuß ($ü_0 < 0$) bezeichnet, der Restverkaufserlös (R_n) in den Überschuß der letzten Periode ($ü_n$) einbezogen und die Nutzungsdauer (n) mit dem Planungshorizont (N) gleichgesetzt.

3.2.2 Vollständiger Finanzplan bei ausschließlicher Fremdfinanzierung

Zunächst sei der Fall betrachtet, daß der Investor zur Vornahme der Sachinvestition keine eigenen Mittel einsetzt (ausschließliche Fremdfinanzierung); dabei werden keine Entnahmen berücksichtigt.

$$Y_t = 0.$$

Bei der Wahl der Investitionsalternative nimmt der Investor am Beginn des Planungszeitraumes ($t = 0$) einen Kredit (k_0) in Höhe der Anschaffungsauszahlung (a_0) auf; dadurch ist in diesem Zeitpunkt das „Investitionskonto" ausgeglichen.

$$k_0 + ü_0 = 0 \quad (ü_0 < 0).$$

Am Ende der ersten Periode ($t = 1$) erbringt die Sachinvestition einen Einzahlungsüberschuß ($ü_1 > 0$) bzw. einen Auszahlungsüberschuß ($ü_1 < 0$); ferner fallen Auszahlungen für die Rückzahlung des Fremdkapitals (k_0) sowie die Zinsen darauf ($i^s \cdot k_0$) an.

Am Ende der ersten Periode ergibt sich entweder ein Defizit ($K_1^{I\,FF} < 0$), das durch einen Kredit (k_1) gedeckt werden muß, oder ein Vermögen ($K_1^{I\,FF} > 0$), das als Finanzinvestition (f_1) angelegt werden kann.

44 Vorteilhaftigkeitsbestimmung eines einzelnen Investitionsobjektes

$$K_1^{I\,FF} = ü_1 - i^s \cdot k_0 - k_0 = ü_1 - k_0(1 + i^s)$$

$$K_1^{I\,FF} = k_1 \quad (K_1^{I\,FF} < 0)$$

$$K_1^{I\,FF} = f_1 \quad (K_1^{I\,FF} > 0).$$

Danach weist das „Investitionskonto" einen Saldo von Null auf.

Dieser Prozeß wird für alle Perioden bis zum Ende des Planungszeitraums analog durchgeführt (siehe dazu auch das Flußdiagramm in 3.2.4). Der Saldo in $t = N$ entspricht dem Endvermögen ($K_N^{I\,FF} > 0$) bzw. dem End-Defizit ($K_N^{I\,FF} < 0$) der Sachinvestition.

$$K_N^{I\,FF} = ü_N + f_{N-1}(1 + i^H) - k_{N-1}(1 + i^s).$$

Wenn in keiner Periode eine Finanzinvestition erfolgt, also in $t = 1, 2, \ldots, N-1$ stets gilt:

$$K_t^{I\,FF} < 0$$

so läßt sich das Endvermögen der Investitionsalternative einfach durch den Endwert der direkten Zahlungen ausdrücken (Aufzinsung mit dem Sollzinsfuß), wie sich aus der Entwicklung von $K^{I\,FF}$ bis zum Planungshorizont ergibt.

$$t = 1: K_1^{I\,FF} = ü_1 + ü_0(1 + i^s)$$

$$t = 2: K_2^{I\,FF} = ü_2 + [ü_1 + ü_0(1 + i^s)](1 + i^s)$$

$$= ü_2(1 + i^s)^0 + ü_1(1 + i^s)^1 + ü_0(1 + i^s)^2$$

$$\vdots$$

$$t = N: K_N^{I\,FF} = \sum_{t=0}^{N} ü_t(1 + i^s)^{N-t}.$$

Verzichtet der Investor auf die Vornahme der Sachinvestition, so kann er kein Endvermögen erzielen.

$$K_N^{U\,FF} = 0.$$

Damit lautet das Kriterium für die Vorteilhaftigkeit der Investitionsalternative im Falle der ausschließlichen Fremdfinanzierung (siehe dazu auch Tab. 7):

$$\Delta K_N^{FF} = K_N^{I\,FF} > 0.$$

Entscheidungen auf der Basis des Endvermögens

Zur Erläuterung möge das Standardbeispiel dienen; der Sollzinsfuß beträgt 10 %, der Habenzinsfuß 5 %. Aus dem vollständigen Finanzplan der Investitionsalternative ergibt sich ein Endvermögen von 464.

Sachinvestition	$t = 0$	$t = 1$	$t = 2$	$t = 3$
Eigenkapital	0			
direkte Zahlungen	− 1000	+ 500	+ 400	+ 750
Anschaffungskredit	+ 1000	− 1000		
Sollzinsen (10 %)		− 100		
Kredit		+ 600	− 600	
Sollzinsen (10 %)			− 60	
Kredit			+ 260	260
Sollzinsen (10 %)				− 26
Endvermögen				+ 464

Tab. 4: Vollständiger vermögensorientierter Finanzplan einer fremdfinanzierten Sachinvestition (Standardbeispiel)

Alternativ läßt sich der vollständige Finanzplan auch anhand einer Zeitachse darstellen.

$$
\begin{array}{cccc}
 & + 500\,(\ddot{u}_1) & + 400\,(\ddot{u}_2) & + 750\,(\ddot{u}_3) \\
 & - 1000\,(k_0) & - 600\,(k_1) & - 260\,(k_2) \\
 & - 100\,(i^s \cdot k_0) & - 60\,(i^s \cdot k_1) & - 26\,(i^s \cdot k_2) \\
+ 1000\,(k_0) & - 600\,(K_1^I) & - 260\,(K_2^I) & \\
- 1000\,(\ddot{u}_0) & + 600\,(k_1) & + 260\,(k_2) & \\
\hline
0 & 0 & 0 & + 464\,(K_3^I) \\
\end{array}
$$

|——————|——————|——————|——————|
t_0　　　　t_1　　　　t_2　　　　t_3

Da das Endvermögen der Unterlassensalternative Null beträgt, gilt für die Endvermögensdifferenz bei ausschließlicher Fremdfinanzierung:

$$\Delta K_3^{FF} = K_3^{I\,FF} = 464.$$

Die Sachinvestition ist also vorteilhaft.

Da im vollständigen Finanzplan keine Finanzinvestition enthalten ist, hätte die Endvermögensdifferenz auch einfach durch Aufzinsung der direkten Zahlungen mit dem Sollzinsfuß ermittelt werden können.

$$\Delta K_3^{FF} = \sum_{t=0}^{3} \ddot{u}_t \cdot 1{,}10^{3-t}$$

$$= -1000 \cdot 1{,}1^3 + 500 \cdot 1{,}1^2 + 400 \cdot 1{,}1^1$$
$$+ 750 \cdot 1{,}1^0 = 464$$

$\Delta K_N^{FF} = K_N^{I\,FF} > 0.$

Abschließend soll kurz auf die Vernachlässigung von Entnahmen im Falle der ausschließlichen Fremdfinanzierung eingegangen werden. Natürlich ließen sich diese Einkommensbeträge als Auszahlungen im vollständigen Finanzplan der Sachinvestition unterbringen. Folgerichtig müßten dann aber auch bei der Unterlassensalternative laufende Konsumkredite Berücksichtigung finden, die am Planungshorizont zwangsläufig zu einem Defizit (Darlehensbetrag zuzüglich Sollzinsen) führen würden; eine solche Art der Bestreitung des Lebensunterhalts ist jedoch völlig realitätsfremd. Daher erscheint es sinnvoll, bei ausschließlicher Fremdfinanzierung einer Sachinvestition zu unterstellen, daß der Investor sein Einkommen unabhängig von der betrachteten Investitionsentscheidung aus anderen Quellen bezieht.

3.2.3 Vollständiger Finanzplan bei ausschließlicher Eigenfinanzierung

In ähnlicher Weise wird der vollständige Finanzplan der Sachinvestition bei ausschließlicher Eigenfinanzierung der Anschaffungsauszahlung entwickelt.

Am Beginn des Planungszeitraums ($t=0$) steht dem Investor ein Eigenkapitalbetrag (K_0) zur Verfügung, der mindestens die Höhe der Anschaffungsauszahlung (a_0) aufweist. Ein eventueller Restbetrag kann als Finanzinvestition (f_0) für ein Jahr zum Habenzinsfuß (i^H) angelegt werden.

Das „Investitionskonto" weist damit in $t=0$ folgenden Saldo auf:

$$K_0 + \ddot{u}_0 - f_0 = 0 \quad (\ddot{u}_0 < 0).$$

Am Ende der ersten Periode ($t=1$) fällt ein Einzahlungsüberschuß ($\ddot{u}_1 > 0$) bzw. Auszahlungsüberschuß ($\ddot{u}_1 < 0$) an, eventuell steht ferner das Geld aus der in t_0 vorgenommenen Finanzinvestition (f_0) zuzüglich Habenzinsen ($i^H \cdot f_0$) zur Verfügung. Außerdem geht nun die Entnahme (Y_1) als vorgegebene Größe in die Rechnung ein. Damit ergibt sich entweder ein Vermögen ($K_1^{I\,EF} > 0$), das als Finanzinvestition (f_1) angelegt werden kann, oder ein Defizit ($K_1^{I\,EF} < 0$), das durch einen Kredit (k_1) ausgeglichen werden muß.

$$K_1^{I\,EF} = \ddot{u}_1 - Y_1 + f_0(1 + i^H)$$

$$K_1^{I\,EF} = f_1 \quad (K_1^{I\,EF} > 0)$$

$$K_1^{I\,EF} = k_1 \quad (K_1^{I\,EF} < 0).$$

Am Ende der ersten Periode weist das „Investitionskonto" einen Saldo von Null auf.

Dieser Prozeß wird für alle Perioden bis zum Ende des Planungszeitraums analog durchgeführt (siehe dazu auch das Flußdiagramm in 3.2.4). Der Saldo in $t = N$ entspricht wiederum dem Endvermögen ($K_N^{I\,EF} > 0$) bzw. dem End-Defizit ($K_N^{I\,EF} < 0$) der Sachinvestition.

$$K_N^{I\,EF} = ü_N - Y_N + f_{N-1}(1 + i^H) - k_{N-1}(1 + i^s).$$

Wenn in keiner Periode zur Finanzierung der Entnahme eine Kreditaufnahme notwendig ist, also in $t = 1, 2, \ldots, N-1$ stets gilt:

$$K_t^{I\,EF} > 0$$

so entwickelt sich das Vermögen der Investitionsalternative bis zum Planungshorizont wie folgt:

$$t = 1: K_1^{I\,EF} = ü_1 - Y_1 + f_0(1 + i^H) = ü_1 - Y_1$$
$$+ (K_0 + ü_0)(1 + i^H)$$

$$t = 2: K_2^{I\,EF} = ü_2 - Y_2 + [ü_1 - Y_1 + (K_0 + ü_0)(1 + i^H)](1 + i^H)$$
$$= ü_2(1 + i^H)^0 + ü_1(1 + i^H)^1 + ü_0(1 + i^H)^2$$
$$- Y_2(1 + i^H)^0 - Y_1(1 + i^H)^1 + K_0(1 + i^H)^2$$

$\cdot$
$\cdot$
$\cdot$

$$t = N: K_N^{I\,EF} = \sum_{t=0}^{N} ü_t(1 + i^H)^{N-t}$$
$$- \sum_{t=1}^{N} Y_t(1 + i^H)^{N-t}$$
$$+ K_0(1 + i^H)^N.$$

Bei konstanten Entnahmen im Zeitablauf

$$Y_1 = Y_2 = \cdots = Y_N$$

läßt sich die Definition des Endvermögens durch Verwendung des Rentenendwertfaktors weiter vereinfachen.

$$K_N^I{}^{EF} = \sum_{t=0}^{N} \ddot{u}_t (1 + i^H)^{N-t}$$

$$- Y \frac{(1 + i^H)^N - 1}{i^H}$$

$$+ K_0 (1 + i^H)^N.$$

Unter Vernachlässigung von Entnahmen ergibt sich schließlich:

$$K_N^I{}^{EF} = \sum_{t=0}^{N} \ddot{u}_t (1 + i^H)^{N-t} + K_0 (1 + i^H)^N.$$

Verzichtet der Investor jedoch auf die Sachinvestition, so führt die Unterlassensalternative — abweichend vom Fall der Fremdfinanzierung — keineswegs zu einem Endvermögen von Null; denn das für Investitionszwecke verfügbare Eigenkapital (K_0) könnte auf dem Kapitalmarkt als Finanzinvestition (f_0) zum Habenzinssatz (i^H) angelegt werden. Damit ergibt sich für die Unterlassensalternative in $t = 0$:

$$K_0 - f_0 = 0.$$

Am Ende der ersten Periode ($t = 1$) steht das Eigenkapital zuzüglich Habenzinsen [$f_0 (1 + i^H)$] wieder zur Verfügung, ferner fällt die Entnahme (Y_1) als Auszahlung an. Daraus ergibt sich entweder ein Vermögen ($K_1^U{}^{EF} > 0$), das als Finanzinvestition (f_1) angelegt werden kann, oder ein Defizit ($K_1^U{}^{EF} < 0$), das durch einen Kredit (k_1) ausgeglichen werden muß.

$$K_1^U{}^{EF} = f_0 (1 + i^H) - Y_1$$

$$K_1^U{}^{EF} = f_1 \qquad K_1^U{}^{EF} > 0$$

$$K_1^U{}^{EF} = k_1 \qquad K_1^U{}^{EF} < 0.$$

Danach weist das „Investitionskonto" einen Saldo von Null auf. Dieser Prozeß wird für alle Perioden bis zum Ende des Planungszeitraums analog durchgeführt (siehe dazu auch das Flußdiagramm in 3.2.4). In $t = N$ lautet schließlich der Saldo:

$$K_N^U{}^{EF} = f_{N-1} (1 + i^H) - k_{N-1} (1 + i^S) - Y_N.$$

Wenn in keiner Periode zur Finanzierung der Entnahme eine Kreditaufnahme notwendig ist, also in $t = 1, 2, \ldots, N - 1$ stets gilt:

Entscheidungen auf der Basis des Endvermögens   49

$K_t^U{}^{EF} > 0$

so entwickelt sich das Vermögen der Unterlassensalternative bis zum Planungshorizont wie folgt:

$t = 1: K_1^U{}^{EF} = f_0 (1 + i^H) - Y_1$

$t = 2: K_2^U{}^{EF} = f_1 (1 + i^H) - Y_2$

$\qquad = [f_0 (1 + i^H) - Y_1](1 + i^H) - Y_2$

$\qquad = f_0 (1 + i^H)^2 - Y_1 (1 + i^H)^1 - Y_2 (1 + i^H)^0$

$\qquad = f_0 (1 + i^H)^2 - \sum_{t=1}^{2} Y_t (1 + i^H)^{2-t}$

⋮

$t = N: K_N^U{}^{EF} = f_0 (1 + i^H)^N - \sum_{t=1}^{N} Y_t (1 + i^H)^{N-t}$

$\qquad = K_0 (1 + i^H)^N - \sum_{t=1}^{N} Y_t (1 + i^H)^{N-t}.$

Bei konstanten Entnahmen im Zeitablauf

$Y_1 = Y_2 = \cdots = Y_N$

läßt sich die Definition des Endvermögens durch Verwendung des Rentenendwertfaktors vereinfachen.

$$K_N^U{}^{EF} = K_0 (1 + i^H)^N - Y \frac{(1 + i^H)^N - 1}{i^H}.$$

Unter Vernachlässigung von Entnahmen ergibt sich:

$K_N^U{}^{EF} = K_0 (1 + i^H)^N.$

Da das Endvermögen der Unterlassensalternative nunmehr positiv ist, lautet das Kriterium für die Vorteilhaftigkeit der Investitionsalternative im Falle der ausschließlichen Eigenfinanzierung (siehe dazu auch Tab. 7):

$\Delta K_N^{EF} = K_N^I{}^{EF} - K_N^U{}^{EF} > 0.$

Die Entnahmen mindern das Endvermögen von Investitions- und Unterlassensalternative im gleichen Umfang; sie sind also für die Endvermögensdifferenz und damit für die Beurteilung der Vorteilhaftigkeit irrelevant.

Zur Erläuterung möge wiederum das Standardbeispiel dienen. Dabei wird unterstellt, daß Eigenkapital genau in Höhe der Anschaffungsauszahlung der Sachinvestition zur Verfügung steht. Entnahmen werden in Höhe von jährlich 200 berücksichtigt. Daraus ergibt sich der folgende vollständige Finanzplan für die Investitionsalternative:

Sachinvestition	$t = 0$	$t = 1$	$t = 2$	$t = 3$
Eigenkapital	+ 1000			
direkte Zahlungen	– 1000	+ 500	+ 400	+ 750
Reinvestition		– 300	+ 300	
Habenzinsen (5 %)			+ 15	
Reinvestition			– 515	+ 515
Habenzinsen (5 %)				+ 26
Entnahmen	0	– 200	– 200	– 200
Endvermögen				+1091

Tab. 5: Vollständiger vermögensorientierter Finanzplan einer eigenfinanzierten Sachinvestition (Standardbeispiel)

Bei Verzicht auf die Sachinvestition verfügt der Investor am Planungshorizont nur noch über ein Vermögen von 527, wie aus dem vollständigen Finanzplan der Unterlassensalternative hervorgeht.

Finanzinvestition	$t = 0$	$t = 1$	$t = 2$	$t = 3$
Eigenkapital	+ 1000			
Finanzinvestition	– 1000	+ 1000		
Habenzinsen (5 %)		+ 50		
Finanzinvestition		– 850	+ 850	
Habenzinsen (5 %)			+ 42	
Finanzinvestition			– 692	+ 692
Habenzinsen (5 %)				+ 35
Entnahmen	0	– 200	– 200	– 200
Endvermögen				+ 527

Tab. 6: Vollständiger vermögensorientierter Finanzplan einer eigenfinanzierten Finanzinvestition

Da sich für die Endvermögensdifferenz bei ausschließlicher Eigenfinanzierung

$$\Delta K_3^{EF} = 1091 - 527 = 564$$

ergibt, erweist sich die Sachinvestition als vorteilhaft.

Da in den vollständigen Finanzplänen von Investitions- und Unterlassensalternative keine Kreditaufnahme erfolgt, hätte die Endvermögensdifferenz auch einfach durch Aufzinsung der direkten Zahlungen mit dem Habenzinsfuß ermittelt werden können.

$$\Delta K_3^{EF} = \sum_{t=0}^{3} \ddot{u}_t \cdot 1{,}05^{3-t}$$

$$= -1000 \cdot 1{,}05^3 + 500 \cdot 1{,}05^2 + 400 \cdot 1{,}05^1$$

$$+ 750 \cdot 1{,}05^0 = 564.$$

3.2.4 Zusammenfassung

Abschließend soll der allgemeine Berechnungsmodus zur Endvermögens-Ermittlung anhand von Flußdiagrammen graphisch dargestellt werden (vgl. Abb. 11 und 12); diese basieren auf dem Fall der Mischfinanzierung. Die bislang erörterte ausschließliche Eigenfinanzierung sowie Fremdfinanzierung sind darin als Spezialfälle enthalten.

FF: $K_0 = 0 \quad Y_t = 0$

EF: $K_0 \geqslant a_0 \quad Y_t \geqslant 0$.

Es gelten die in 3.2.1 gesetzten allgemeinen Annahmen.

Außerdem werden die Endvermögensdefinitionen bei allgemeiner und vereinfachter Berechnung gegenübergestellt (vgl. Tab. 7). Es sei jedoch der ausdrückliche Hinweis erlaubt, daß im konkreten Fall häufig nicht vorherzusehen ist, ob die Voraussetzungen der vereinfachten Berechnung gegeben sind oder nicht. So läßt sich für die in Tab. 11 a und b abgebildeten Sachinvestitionen, die sich kaum von dem Standardbeispiel unterscheiden, das jeweilige Endvermögen nur über den allgemeinen Berechnungsmodus bestimmen (Ursache dafür in Tab. 11 durch [+] gekennzeichnet).

Das vorgestellte, recht einfach strukturierte Modell läßt sich ohne große Probleme modifizieren; so können Finanzanlagemöglichkeiten mit längerer Laufzeit, Darlehen mit unterschiedlichen Tilgungsmodalitäten (Tilgungs-, Fest-, Abzahlungsdarlehen), verschieden hohe Soll-/Habenzinsfüße in Abhängigkeit von Kredit-/Anlagesumme, Aufnahme-/Anlagezeitpunkt und/oder Laufzeit sowie Kreditrestriktionen eingebaut werden. Allerdings macht jede Erweiterung das Modell unübersichtlicher und die Optimumbestimmung unhandlicher [siehe dazu *Kruschwitz*, 1978a und b].

Ergänzende und vertiefende Literatur zu Abschnitt 3.2: *Henke* [1973]; *Kruschwitz* [1975b, 1976a, 1978a und b, S. 61ff.].

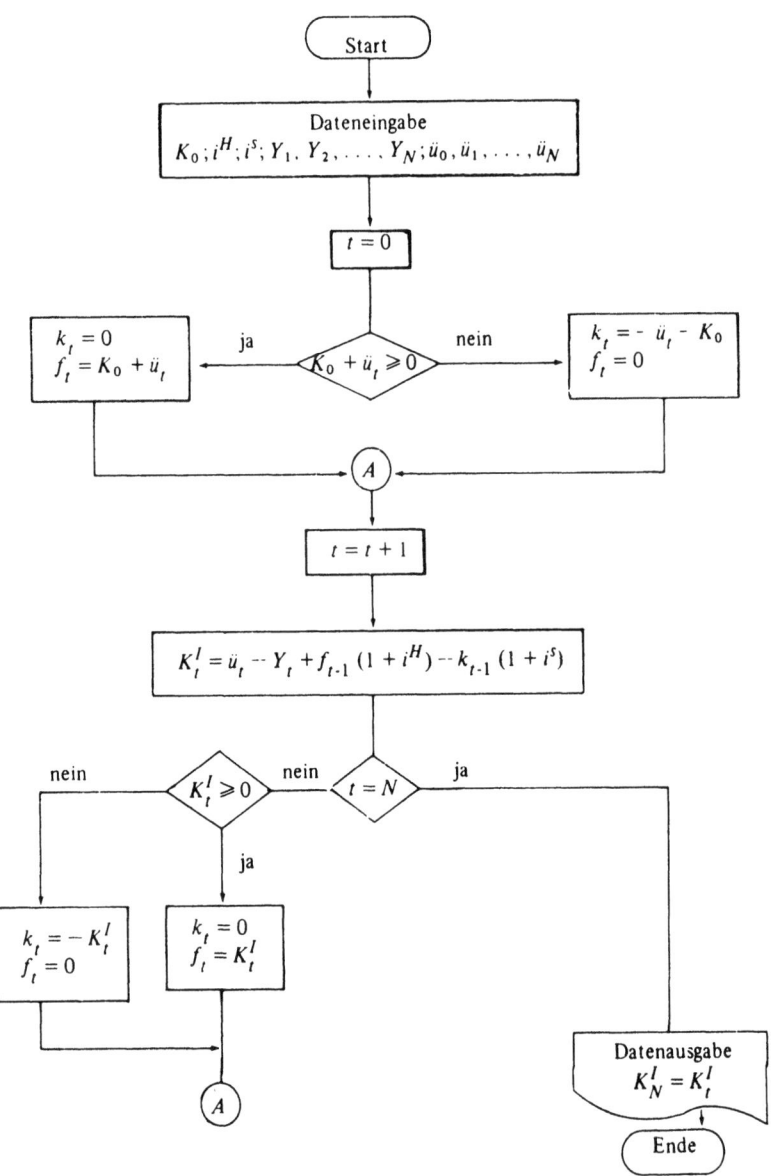

Abb. 11: Berechnung des Endvermögens der Investitionsalternative

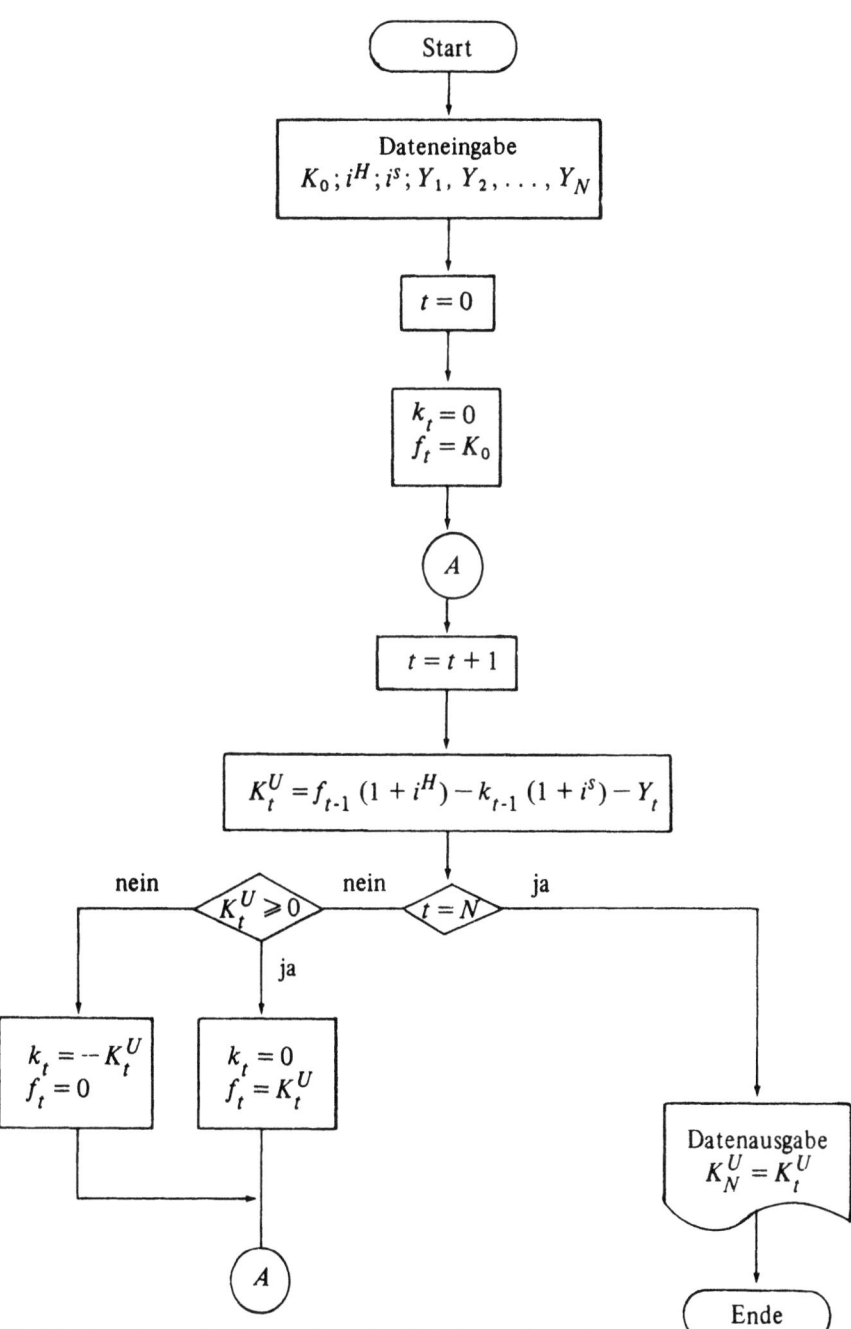

Abb. 12: Berechnung des Endvermögens der Unterlassensalternative

54 Vorteilhaftigkeitsbestimmung eines einzelnen Investitionsobjektes

		Investitionsalternative (I)	Unterlassensalternative (U)	Alternativenvergleich ($I–U$)
ausschließliche Fremdfinanzierung (FF)	allgemeine Berechnung	$K_N^{I\,\mathrm{FF}} = \bar{u}_N + f_{N-1}(1+i^H) - k_{N-1}(1+i^S)$	$K_N^{U\,\mathrm{FF}} = 0$	$\Delta K_N^{\mathrm{FF}} = K_N^{I\,\mathrm{FF}}$
	vereinfachte Berechnung, wenn $K_t^{I\,\mathrm{FF}} < 0$	$K_N^{I\,\mathrm{FF}} = \sum_{t=0}^{N} \bar{u}_t (1+i^S)^{N-t}$		
ausschließliche Eigenfinanzierung (EF)	allgemeine Berechnung	$K_N^{I\,\mathrm{EF}} = \bar{u}_N - Y_N + f_{N-1}(1+i^H) - k_{N-1}(1+i^S)$	$K_N^{U\,\mathrm{EF}} = -Y_N + f_{N-1}(1+i^H) - k_{N-1}(1+i^S)$	$\Delta K_N^{\mathrm{EF}} = \bar{u}_N + f_{N-1}^I(1+i^H) \\ - k_{N-1}^I(1+i^S) \\ + f_{N-1}^U(1+i^H) \\ - k_{N-1}^U(1+i^S)$
	vereinfachte Berechnung, wenn $K_t^{I\,\mathrm{EF}} > 0$ $K_t^{U\,\mathrm{EF}} > 0$	$K_N^{I\,\mathrm{EF}} = \sum_{t=0}^{N} \bar{u}_t (1+i^H)^{N-t} - \sum_{t=1}^{N} Y_t (1+i^H)^{N-t} + K_0 (1+i^H)^N$	$K_N^{U\,\mathrm{EF}} = K_0(1+i^H)^N - \sum_{t=1}^{N} Y_t (1+i^H)^{N-t}$	
	sowie Y_t konstant	$K_N^{I\,\mathrm{EF}} = \sum_{t=0}^{N} \bar{u}_t (1+i^H)^{N-t} - Y\frac{(1+i^H)^N - 1}{i^H} + K_0 (1+i^H)^N$	$K_N^{U\,\mathrm{EF}} = K_0(1+i^H)^N - Y\frac{(1+i^H)^N - 1}{i^H}$	
	und $Y = 0$	$K_N^{I\,\mathrm{EF}} = \sum_{t=0}^{N} \bar{u}_t (1+i^H)^{N-t} + K_0 (1+i^H)^N$	$K_N^{U\,\mathrm{EF}} = K_0(1+i^H)^N$	$\Delta K_N^{\mathrm{EF}} = \sum_{t=0}^{N} \bar{u}_t (1+i^H)^{N-t}$
Mischfinanzierung (MF)	allgemeine Berechnung	$K_N^{I\,\mathrm{MF}} = \bar{u}_N - Y_N + f_{N-1}(1+i^H) - k_{N-1}(1+i^S)$	$K_N^{U\,\mathrm{MF}} = -Y_N + f_{N-1}(1+i^H) - k_{N-1}(1+i^S)$	$\Delta K_N^{\mathrm{MF}} = \bar{u}_N + f_{N-1}^I(1+i^H) \\ - k_{N-1}^I(1+i^S) \\ + f_{N-1}^U(1+i^H) \\ - k_{N-1}^U(1+i^S)$

Tab. 7: Endvermögensdefinitionen

3.3 Entscheidungen auf der Basis der Entnahme

3.3.1 Definition und Kriterium

Der Investor verfolgt nun die Absicht, sein Einkommensniveau (Y) auf der Basis einer von ihm präferierten Zeitstruktur ($Z_1, Z_2, \ldots, Z_N$) zu maximieren, wobei ein bestimmtes Endvermögen (K_N) nicht unterschritten werden soll. Diese Ausprägung des Ziels der langfristigen Gewinnmaximierung wird als Einkommensstreben, Maximierung der Breite des Entnahmestromes oder einfach Entnahmemaximierung bezeichnet. Die Begriffe Einkommen und Entnahme werden im folgenden synonym verwendet.

Die Festlegung eines Mindest-Endvermögens durch den Investor soll sicherstellen, daß auch nach Ablauf des Planungszeitraums Eigenkapital für Investitionszwecke und damit zur Einkommenserzielung zur Verfügung steht. Dabei lassen sich Investitions- und Unterlassensalternative nur dann sinnvoll vergleichen, wenn beide Handlungsmöglichkeiten durch das gleiche Mindest-Endvermögen gekennzeichnet sind.

$$K_N^I = K_N^U.$$

Der periodische Entnahme (Y_t) ist als Produkt von Entnahmeniveau (Y) und Entnahmestrukturfaktor (Z_t) definiert.

$$Y_t = Y \cdot Z_t.$$

Die Entnahmen können im Zeitablauf eine gleichbleibende, steigende, fallende oder unregelmäßige Tendenz aufweisen. Zum Beispiel erzielt der Investor im Falle $Z_t = 1$ ein konstantes Einkommen, im Falle $Z_t = 2^{t-1}$ verdoppelt sich das Einkommen von Periode zu Periode. Da die Entnahmestruktur vorgegeben wird, führt die Maximierung des Entnahmeniveaus zugleich zur höchstmöglichen periodischen Entnahme. Investitions- und Unterlassensalternative lassen sich nur dann sinnvoll vergleichen, wenn beide Handlungsmöglichkeiten die gleiche Entnahmestruktur aufweisen.

Die Investitionsalternative I ist der Unterlassensalternative U überlegen (unterlegen), wenn die Vornahme der Sachinvestition zu einem höheren (niedrigeren) Entnahmeniveau als der Verzicht auf die Sachinvestition führt,

$$Y^I > Y^U \qquad (Y^I < Y^U)$$

anders ausgedrückt:
Eine Sachinvestition ist vorteilhaft (unvorteilhaft), wenn die Entnahmeniveaudifferenz positiv (negativ) ist.

$$\Delta Y = Y^I - Y^U > 0 \qquad (\Delta Y = Y^I - Y^U < 0).$$

Bei

$$\Delta Y = 0.$$

liegt Indifferenz zwischen Investitions- und Unterlassensalternative vor.

Abgesehen von der unterschiedlichen Zielsetzung entspricht das Entnahme-Modell allgemein und konkret für das Standardbeispiel dem in 3.2 dargestellten Endvermögens-Modell.

3.3.2 Vollständiger Finanzplan bei ausschließlicher Fremdfinanzierung

Zur Ermittlung des Entnahmeniveaus der Investitionsalternative können die zuvor in 3.2.4 entwickelten Rechenregeln in leicht veränderter Form Anwendung finden. Mit dem dort beschriebenen Modus wurde das Vermögen bzw. Defizit am Planungshorizont bei gegebenen Entnahmen berechnet. Geht man nun von irgendeinem beliebigen Entnahmeniveau aus, so wird sich ein Endvermögen (K_N^{I*}) ergeben, das größer (kleiner) als das gewünschte Mindest-Endvermögen (K_N^I) ist. Nun wird das Entnahmeniveau (Y) erhöht (verringert), die Prozedur wiederholt und das errechnete mit dem vorgegebenen Endvermögen verglichen. Der Suchprozeß auf der Grundlage veränderter Entnahmeniveaus wird so lange fortgesetzt, bis jenes Entnahmeniveau gefunden ist, bei dem das Endvermögen die vom Investor geforderte Mindesthöhe aufweist.

Wenn in keiner Periode eine Finanzinvestition erfolgt, also in $t = 1, 2, \ldots, N-1$ stets gilt:

$$K_t^{I\,FF} < 0$$

und konstante Entnahmen im Zeitablauf

$$Y_1 = Y_2 = \ldots = Y_N$$

gewünscht werden, so läßt sich das Endvermögen der Investitionsalternative wie folgt definieren:

$$K_N^{I\,FF} = \sum_{t=0}^{N} \ddot{u}_t (1 + i^s)^{N-t} - Y^{I\,FF} \frac{(1 + i^s)^N - 1}{i^s}.$$

Strebt der Investor kein Endvermögen an,

$$K_N^{I\,FF} = 0$$

so ergibt sich durch Umformung der folgende Ausdruck für die Entnahme:

$$Y^{I\,FF} = \sum_{t=0}^{N} \ddot{u}_t (1+i^s)^{N-t} \frac{i^s}{(1+i^s)^N - 1}.$$

Für das Entnahmeniveau der Unterlassensalternative gilt:

$$Y^{U\,FF} = 0.$$

Damit lautet das Kriterium für die Vorteilhaftigkeit der Investitionsalternative im Falle der ausschließlichen Fremdfinanzierung (siehe dazu auch Tab. 10):

$$\Delta Y^{FF} = Y^{I\,FF} > 0.$$

Das Standardbeispiel möge wiederum zur Veranschaulichung dienen; dabei wird nun unterstellt, daß der Investor gleichbleibende Entnahmen bei einem Mindest-Endvermögen von Null anstrebt.

Bei Vornahme der Sachinvestition ergibt der oben beschriebene Suchprozeß eine Entnahme von 140. Daraus folgt als vollständiger Finanzplan:

Sachinvestition	$t=0$	$t=1$	$t=2$	$t=3$
Eigenkapital	0			
direkte Zahlungen	− 1000	+ 500	+ 400	+ 750
Anschaffungskredit	+ 1000	− 1000		
Sollzinsen (10 %)		− 100		
Kredit		+ 740	− 740	
Sollzinsen (10 %)			− 74	
Kredit			+ 554	− 554
Sollzinsen (10 %)				− 56
Entnahmen	0	− 140	− 140	− 140
Endvermögen				0

Tab. 8: Vollständiger entnahmeorientierter Finanzplan einer fremdfinanzierten Sachinvestition (Standardbeispiel)

Da die Entnahme bei der Unterlassensalternative Null beträgt, gilt für die Entnahmedifferenz bei ausschließlicher Fremdfinanzierung:

$$\Delta Y^{FF} = Y^{I\,FF} = 140.$$

Die Sachinvestition ist also vorteilhaft.

Da im vollständigen Finanzplan keine Finanzinvestition vorkommt, hätte die bei Vornahme der Sachinvestition erzielbare periodische Entnahme und damit die Entnahmedifferenz auch einfach durch Aufzinsung der direkten

58 Vorteilhaftigkeitsbestimmung eines einzelnen Investitionsobjektes

Zahlungen und anschließende Multiplikation mit dem Tilgungsfaktor, jeweils mit dem Sollzinsfuß, berechnet werden können.

$$\Delta Y^{FF} = \sum_{t=0}^{3} \ddot{u}_i \cdot 1{,}10^{3-t} \cdot \frac{0{,}10}{1{,}10^3 - 1}$$

$$= (-1000 \cdot 1{,}1^3 + 500 \cdot 1{,}1^2 + 400 \cdot 1{,}1^1$$

$$+ 750 \cdot 1{,}1^0) \cdot 0{,}30211$$

$$= 140.$$

3.3.3 Vollständiger Finanzplan bei ausschließlicher Eigenfinanzierung

Bei beiden Handlungsmöglichkeiten vollzieht sich der Suchprozeß zur Ermittlung des Entnahmeniveaus auf die in 3.3.2 beschriebene Weise anhand der in 3.2.4 entwickelten Rechenregeln.

Allerdings läßt sich diese Prozedur sowohl bei der Investitions- als auch bei der Unterlassensalterantive vermeiden, wenn zur Finanzierung der Entnahmen in keiner Periode eine Kreditaufnahme notwendig ist, also in $t = 1, 2, \ldots, N-1$ stets gilt:

$$K_t^{I\ EF} > 0 \quad \text{sowie} \quad K_t^{U\ EF} > 0.$$

Die Entnahmedefinitionen können nun für 2 Spezialfälle, unmittelbar aus den in 3.2.3 entwickelten Endvermögensgleichungen abgeleitet werden.

Strebt der Investor im Zeitablauf gleichbleibende Entnahmen

$$Y_1 = Y_2 = \ldots = Y_N$$

und Erhaltung des Anfangs-Eigenkapitals an,

$$K_N = K_0$$

so folgt für die Investitionsalternative aus

$$\sum_{t=0}^{N} \ddot{u}_t (1 + i^H)^{N \cdot t} - Y \frac{(1 + i^H)^N - 1}{i^H}$$

$$+ K_0 (1 + i^H)^N = K_0$$

die Entnahmedefinition:

$$Y^{I\ EF} = \left[\sum_{t=0}^{N} \ddot{u}_t (1 + i^H)^{N \cdot t} \right] \frac{i^H}{(1 + i^H)^N - 1} + i^H \cdot K_0$$

und für die Unterlassensalternative aus

$$K_0 (1 + i^H)^N - Y \frac{(1 + i^H)^N - 1}{i^H} = K_0$$

die Entnahmedefinition:

$$Y^U \text{ EF} = i^H \cdot K_0.$$

Soll überhaupt kein Eigenkapital erhalten werden,

$$K_N = 0$$

so lautet die Entnahmedefinition für die Investitionsalternative:

$$Y^I \text{ EF} = \left[\sum_{t=0}^{N} \ddot{u}_t (1 + i^H)^{N-t} \right] \frac{i^H}{(1 + i^H)^N - 1}$$
$$+ K_0 \frac{i^H (1 + i^H)^N}{(1 + i^H)^N - 1}$$

und für die Unterlassensalternative:

$$Y^U \text{ EF} = K_0 \frac{i^H (1 + i^H)^N}{(1 + i^H)^N - 1}.$$

Damit läßt sich das Kriterium für die Vorteilhaftigkeit der Investitionsalternative im Falle der ausschließlichen Eigenfinanzierung wie folgt beschreiben (siehe dazu Tab. 10):

$$\Delta Y^{\text{EF}} = Y^I \text{ EF} - Y^U \text{ EF} > 0.$$

Die Höhe des geforderten Mindest-Eigenkapitals am Planungshorizont beeinflußt zwar den Umfang der Entnahmen; da diese Wirkung jedoch Investitions- und Unterlassensalternative gleichermaßen betrifft, wird die Entnahmedifferenz und damit die Beurteilung der Vorteilhaftigkeit davon nicht berührt.

Zur Veranschaulichung soll nun das Standardbeispiel herangezogen werden. Der Investor strebt nach gleichbleibenden Entnahmen bei einem Mindest-Endvermögen in Höhe des Anfangs-Eigenkapitals, das genau der Anschaffungsauszahlung für die Sachinvestition entspricht.

Der oben beschriebene Suchprozeß ergibt für die Investitionsalternative eine Entnahme von 229; die vereinfachte Berechnung für die Unterlassensalternative eine Entnahme von 50.

Da

$$\Delta Y^{EF} = Y^I \, EF - Y^U \, EF = 179$$

ist die Sachinvestition vorteilhaft.

Sachinvestition	$t=0$	$t=1$	$t=2$	$t=3$
Eigenkapital	+ 1000			
direkte Zahlungen	− 1000	+ 500	+ 400	+ 750
Reinvestition		− 271	+ 271	
Habenzinsen (5 %)			+ 14	
Reinvestition			− 456	+ 456
Habenzinsen (5 %)				+ 23
Entnahmen	0	− 229	− 229	− 229
Endvermögen				+ 1000

Tab. 9: Vollständiger entnahmeorientierter Finanzplan einer eigenfinanzierten Sachinvestition (Standardbeispiel)

Da aufgrund der Zahlungsstruktur und der Präferenzen des Investors in keiner Periode eine Kreditaufnahme notwendig ist, hätte die Entnahmedifferenz auch einfach durch Aufzinsung der direkten Zahlungen und anschließende Multiplikation mit dem Tilgungsfaktor, jeweils mit dem Habenszinsfuß, ermittelt werden können.

$$\Delta Y^{EF} = \left[\sum_{t=0}^{3} \ddot{u}_t \cdot 1{,}05^{3-t} \right] \frac{0{,}05}{1{,}05^3 - 1}$$

$$= (-1000 \cdot 1{,}05^3 + 500 \cdot 1{,}05^2 + 400 \cdot 1{,}05^1$$

$$+ 750 \cdot 1{,}05^0) \cdot 0{,}31721$$

$$= 179.$$

3.3.4 Zusammenfassung

Abschließend soll der Berechnungsmodus zur Entnahme-Ermittlung anhand von Flußdiagrammen graphisch dargestellt werden (vgl. Abb. 13), denen der Fall der Mischfinanzierung zugrunde liegt. Die ausschließliche Eigenfinanzierung sowie Fremdfinanzierung sind darin als Spezialfälle enthalten.

FF: $K_0 = 0$

EF: $K_0 \geqslant a_0$.

Es gelten die gleichen Annahmen wie in 3.2.1.

Entscheidungen auf der Basis der Entnahme 61

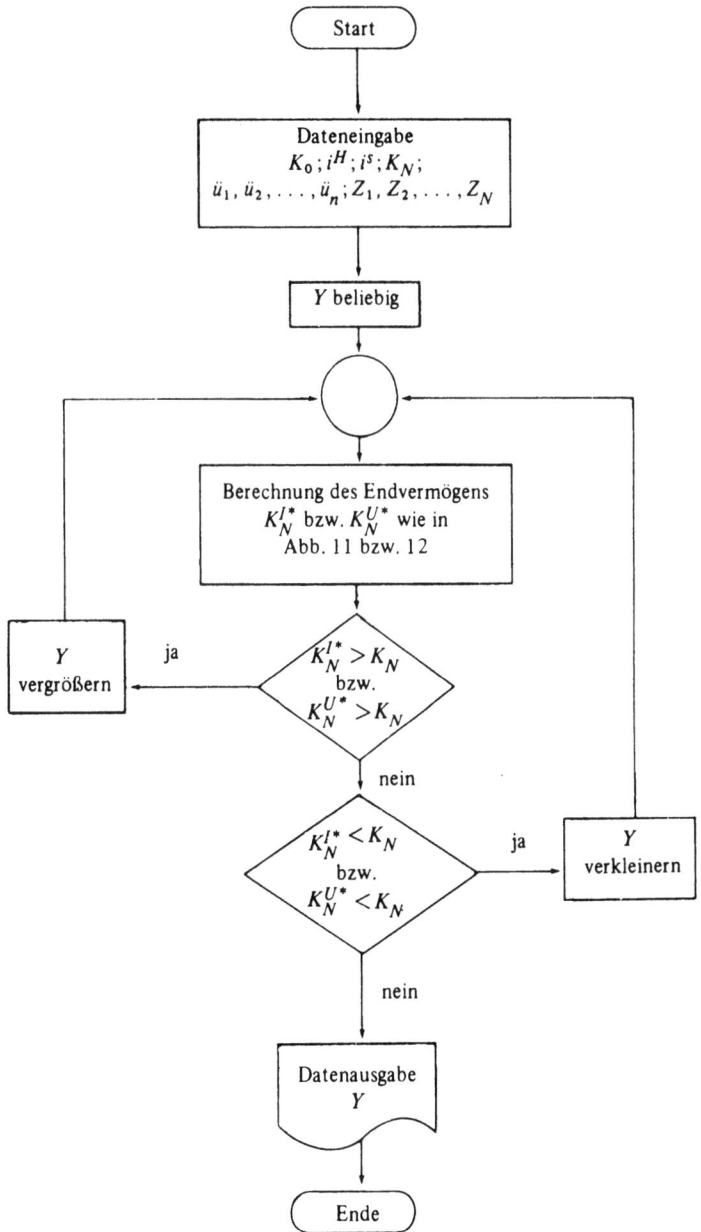

Abb. 13: Berechnung des Entnahmeniveaus von Investitions- bzw. Unterlassensalternative

		Investitionsalternative (I)	Unterlassensalternative (U)	Alternativenvergleich ($I - U$)
ausschließliche Fremdfinanzierung (FF)	allgemeine Berechnung	$Y^{I\,FF}$ (lt. Suchprozeß nach Flußdiagramm)	$Y^{U\,FF} = 0$	$\Delta Y^{FF} = Y^{I\,FF}$
	vereinfachte Berechnung, wenn $K_t^{I\,FF} < 0$ sowie Y_t konstant und $K_N^{I\,FF} = 0$	$Y^{I\,FF} = [\sum_{t=0}^{N} \ddot{u}_t (1+i^S)^{N-t}] \dfrac{i^S}{(1+i^S)^N - 1}$		
ausschließliche Eigenfinanzierung (EF)	allgemeine Berechnung	$Y^{I\,EF}$ (lt. Suchprozeß nach Flußdiagramm)	$Y^{U\,EF}$ (lt. Suchprozeß nach Flußdiagramm)	$\Delta Y^{EF} = Y^{I\,EF} - Y^{U\,EF}$
	vereinfachte Berechnung, wenn $K_t^{I\,EF} > 0$ $K_t^{U\,EF} > 0$ sowie Y_t konstant und $K_N = K_0$	$Y^{I\,EF} = [\sum_{t=0}^{N} \ddot{u}_t (1+i^H)^{N-t}] \dfrac{i^H}{(1+i^H)^N - 1} + i^H \cdot K_0$	$Y^{U\,EF} = i^H \cdot K_0$	$\Delta Y^{EF} = [\sum_{t=0}^{N} \ddot{u}_t (1+i^H)^{N-t}] \cdot \dfrac{i^H}{(1+i^H)^N - 1}$
	und $K_N = 0$	$Y^{I\,EF} = [\sum_{t=0}^{N} \ddot{u}_t (1+i^H)^{N-t}] \dfrac{i^H}{(1+i^H)^N - 1} + K_0 \dfrac{i^H (1+i^H)^N}{(1+i^H)^N - 1}$	$Y^{U\,EF} = K_0 \dfrac{i^H (1+i^H)^N}{(1+i^H)^N - 1}$	
Mischfinanzierung (MF)	allgemeine Berechnung	$Y^{I\,MF}$ (lt. Suchprozeß nach Flußdiagramm)	$Y^{U\,MF}$ (lt. Suchprozeß nach Flußdiagramm)	$\Delta Y^{MF} = Y^{I\,MF} - Y^{U\,MF}$

Tab. 10: Entnahmedefinitionen

Entscheidungen auf der Basis der Entnahme

Ausgangsdaten (oben): modifizierte Sachinvestition

$-1000 \quad +150 \quad +700 \quad +800$
$t_0 \quad t_1 \quad t_2 \quad t_3$

gleiche Summe der direkten Zahlungen und gleiche Nutzungsdauer wie im Standardbeispiel

b) vermögensorientierter Finanzplan (EF)

	$t=0$	$t=1$	$t=2$	$t=3$
Eigenkapital	+1000			
direkte Zahlungen	−1000	+150	+700	+800
Kredit$^+$		+50	−50	
Sollzinsen (10 %)			−5	
Reinvestition$^+$				+445
Habenzinsen (5 %)				+22
Entnahmen	0	−200	−200	−200
Endvermögen				+1067

d) entnahmeorientierter Finanzplan (EF)

	$t=0$	$t=1$	$t=2$	$t=3$
Eigenkapital	+1000			
direkte Zahlungen	−1000	+150	+700	+800
Kredit$^+$		+71	−71	
Sollzinsen (10 %)			−7	
Reinvestition$^+$				+401
Habenzinsen (5 %)				+20
Entnahmen	0	−221	−221	−221
Endvermögen				+1000

Ausgangsdaten (unten): modifizierte Sachinvestition

$-1000 \quad +800 \quad +700 \quad +150$
$t_0 \quad t_1 \quad t_2 \quad t_3$

gleiche Summe der direkten Zahlungen und gleiche Nutzungsdauer wie im Standardbeispiel

a) vermögensorientierter Finanzplan (FF)

	$t=0$	$t=1$	$t=2$	$t=3$
Eigenkapital	0			
direkte Zahlungen	−1000	+800	+700	+150
Anschaffungskredit	+1000	−1000		
Sollzinsen (10 %)		−100		
Kredit		+300	−300	
Sollzinsen (10 %)			−30	
Reinvestition$^+$		−370	−370	+370
Habenzinsen (5 %)				+19
Entnahmen	0	0	0	0
Endvermögen				+539

c) entnahmeorientierter Finanzplan (FF)

	$t=0$	$t=1$	$t=2$	$t=3$
Eigenkapital	0			
direkte Zahlungen	−1000	+800	+700	+150
Anschaffungskredit	+1000	−1000		
Sollzinsen (10 %)		−100		
Kredit		+468	−468	
Sollzinsen (10 %)			−47	
Reinvestition$^+$			−17	+17
Habenzinsen (5 %)				+1
Entnahmen	0	−168	−168	−168
Endvermögen				0

Tab. 11: Vollständige Finanzpläne auf der Grundlage des allgemeinen Berechnungsmodus

64 Vorteilhaftigkeitsbestimmung eines einzelnen Investitionsobjektes

Ferner werden die Entnahmedefinitionen bei allgemeiner und vereinfachter Berechnung gegenübergestellt (vgl. Tab. 10). Anhand der in Tab. 11c und d abgebildeten Sachinvestitionen, die sich nur unwesentlich vom Standardbeispiel unterscheiden, wird verdeutlicht, daß die Voraussetzungen der vereinfachten Berechnung häufig nicht gegeben sind (Ursache dafür in Tab. 11 durch $^+$ gekennzeichnet), so daß nur die Anwendung des allgemeinen Berechnungsmodus in Frage kommt. In bezug auf Erweiterungsmöglichkeiten sei auf 3.2.4 verwiesen.

Ergänzende und vertiefende Literatur zum Abschnitt 3.3: *Holz* [1973]; *Koch* [1970]; *Kruschwitz* [1975b, 1976a, 1978a und b, S. 83ff.]; *Moxter* [1964a]; *Schulte* [1975 und 1976].

3.4 Entscheidungen auf der Basis des Kapitalwertes

3.4.1 Definition und Kriterium

Der Kapitalwert (C_0) eines Investitionsobjektes wird durch die Differenz zwischen dem Barwert sämtlicher Einzahlungen (C_{E_0}) und dem Barwert sämtlicher Auszahlungen (C_{A_0}) – jeweils bezogen auf den Investitionszeitpunkt (t_0) – gebildet.

$$C_0 = C_{E_0} - C_{A_0}.$$

Das Kriterium für die Vorteilhaftigkeit einer Sachinvestition lautet:

$$C_0 > 0.$$

Eine Sachinvestition ist vorteilhaft (unvorteilhaft), wenn ihr Kapitalwert positiv (negativ) ist. Bei $C_0 = 0$ liegt Entscheidungsindifferenz vor.

Bei der folgenden Definition des Kapitalwertes wird ein für alle Perioden einheitlicher Kalkulationszinsfuß unterstellt; diese Voraussetzung dient der Vereinfachung, ist jedoch nicht kriteriumimmanent [so *Bailey* bereits 1959; vgl. dazu auch *Hax*, 1979, S. 14].

Die Ermittlung des Barwertes sämtlicher Einzahlungen erfolgt durch Diskontierung der laufenden Einzahlungen (e_t für $t = 1, 2, \ldots, n$) sowie des Restverkaufslöses (R) der Anlage am Ende ihrer Nutzungsdauer (n) mit dem Kalkulationszinsfuß (i).

$$C_{E_0} = \sum_{t=1}^{n} e_t \cdot q^{-t} + R_n \cdot q^{-n}.$$

In den Barwert sämtlicher Auszahlungen gehen die laufenden Auszahlungen (a_t für $t = 1, 2, \ldots, n$) sowie die Anschaffungsauszahlung (a_0) ein.

$$C_{A_0} = \sum_{t=1}^{n} a_t \cdot q^{-t} + a_0 = \sum_{t=0}^{n} a_t \cdot q^{-t}.$$

Die positive (negative) Differenz zwischen laufenden Einzahlungen und laufenden Auszahlungen einer Periode läßt sich als Einzahlungsüberschuß (Auszahlungsüberschuß) bezeichnen und mit $ü_t$ (für $t = 1, 2, \ldots, n$) symbolisieren.

$$ü_t = e_t - a_t.$$

Daraus ergibt sich dann die herkömmliche Definition des Kapitalwertes:

$$C_0 = \sum_{t=1}^{n} ü_t \cdot q^{-t} + R_n \cdot q^{-n} - a_0.$$

Der Barwert sämtlicher Rückflüsse (Einzahlungsüberschüsse, Restverkaufserlös) wird als Ertragswert ($\bar{E}_0$) bezeichnet.

$$\bar{E}_0 = \sum_{t=1}^{n} ü_t \cdot q^{-t} + R_n \cdot q^{-n}.$$

Der Kapitalwert läßt sich also verkürzt auch als Differenz zwischen Ertragswert und Anschaffungsauszahlung ausdrücken.

$$C_0 = \bar{E}_0 - a_0.$$

Bei gleichbleibenden Einzahlungsüberschüssen bis zum Ende der Nutzungsdauer läßt sich der Kapitalwert unter Verwendung des Rentenbarwertfaktors vereinfacht wie folgt schreiben:

$$C_0 = ü \cdot \frac{(1+i)^n - 1}{i(1+i)^n} + R_n \cdot q^{-n} - a_0.$$

Führt eine Sachinvestition für sehr lange Zeit, also quasi ad infinitum, zu konstanten Einzahlungsüberschüssen („ewige Rente") (z.B. bei Verpachtung eines Grundstücks), so läßt sich der Kapitalwert besonders einfach berechnen, weil der Rentenbarwertfaktor für $n \to \infty$ sich zu $1/i$ verkürzt. Zum Beweis wird von der mit dem Rentenbarwertfaktor gebildeten Gleichung ausgegangen und dabei zunächst folgende Umformung vorgenommen:

$$\frac{(1+i)^n - 1}{i(1+i)^n} = \frac{(1+i)^n}{i(1+i)^n} - \frac{1}{i(1+i)^n} = \frac{1}{i} - \frac{1}{i(1+i)^n}.$$

Der Kapitalwert lautet dann:

$$C_0 = \ddot{u}\left[\frac{1}{i} - \frac{1}{i(1+i)^n}\right] + R_n(1+i)^{-n} - a_0.$$

Strebt die Nutzungsdauer gegen unendlich, so ergibt sich für den Kapitalwert:

$$C_0 = -a_0 + \lim_{n \to \infty}\left\{\ddot{u}\left[\frac{1}{i} - \frac{1}{i(1+i)^n}\right] + R_n(1+i)^{-n}\right\}$$

$$= -a_0 + \ddot{u} \cdot \frac{1}{i} \lim_{n \to \infty}\left[1 - \frac{1}{(1+i)^n}\right] + R_n \lim_{n \to \infty}(1+i)^{-n}$$

$$= -a_0 + \ddot{u} \cdot \frac{1}{i}(1-0) + R_n \cdot 0$$

$$= -a_0 + \frac{\ddot{u}}{i}.$$

Der Ertragswert verkürzt sich also bei einer unendlichen Investitionslaufzeit auf den Quotienten aus „ewiger Rente" und Kalkulationszinsfuß.

Der Kalkulationszinsfuß hat im Kapitalwert-Kalkül zunächst die Aufgabe, in unterschiedlichen Zeitpunkten anfallende Zahlungen durch Abzinsung vergleichbar zu machen; um diesen Zweck zu erfüllen, könnte der Kalkulationszinsfuß in beliebiger Höhe angesetzt werden. Nun besteht aber zwischen Kapitalwert und Kalkulationszinsfuß der Zusammenhang, daß der Kapitalwert umso höher (niedriger) ist, je niedriger (höher) der Kalkulationszinsfuß angesetzt wird. Ob eine Sachinvestition einen positiven oder negativen Kapitalwert aufweist, hängt demnach auch von der Höhe des Kalkulationszinsfußes ab. „Der Ausleseprozeß zwischen den betrieblich in Frage kommenden Investitionsobjekten (wird also) durch den Kalkulationszinsfuß reguliert" [*Gutenberg*, 1973, S. 351f.]. Damit stellt sich die Frage nach den Bestimmungsfaktoren des Kalkulationszinsfußes.

3.4.2 Der Kalkulationszinsfuß als Kapitalkostensatz

Die zweite Aufgabe des Kalkulationszinsfußes besteht darin, die vom Investor geforderte Verzinsungsuntergrenze für das eingesetzte Kapital zu repräsentieren. Dieser Grenzwert wird nun offenbar von der Art der Investitionsfinanzierung und den damit verbundenen Kapitalkosten beeinflußt.

Auf einem vollkommenen und unbeschränkten Kapitalmarkt, der sich durch die Merkmale

− keine Differenzierung zwischen Eigen- und Fremdkapital

- einheitlicher konstanter Marktzinssatz (Sollzinsfuß = Habenzinsfuß)
- unbeschränkte Kapitalaufnahme- und anlagemöglichkeiten
- vollkommene Markttransparenz

auszeichnet, stellt die Bestimmung des Kalkulationszinsfußes kein Problem dar: er ist Marktdatum; Finanzierungsprobleme gibt es nicht.

Leider existiert ein solcher Kapitalmarkt nur in der Theorie; die Realität ist nämlich durch unterschiedliche Zinssätze für Guthaben und Kredite sowie durch Kapitalaufnahmeobergrenzen gekennzeichnet. Soll- und Habenzinsfuß variieren in Abhängigkeit von dem Kapitalvolumen, der Laufzeit, der Bonität, der Konjunktur usw. Auf dem unvollkommenen Kapitalmarkt ist also eine breite Palette von Finanzanlage- sowie Finanzierungsmöglichkeiten und damit eine Fülle von Zinssätzen anzutreffen.

Im Hinblick auf seine Aufgabe als Verzinsungsuntergrenze liegt es nun nahe, den Kalkulationszinsfuß an der individuellen Finanzierung der betrachteten Sachinvestition zu orientieren und ihn

- bei ausschließlicher Finanzierung mit Fremdkapital (k_0) als Sollzinsfuß (i^s)
- bei ausschließlicher Finanzierung mit Eigenkapital (K_0) als Habenzinsfuß (i^H) einer alternativen Finanzinvestition (Opportunitätskostensatz)
- bei Finanzierung mit Eigen- und Fremdkapital als Mischzinssatz ($i^{H/s}$)

$$\frac{K_0 \cdot i^H + k_0 \cdot i^s}{K_0 + k_0}$$

anzusetzen.

Eine solche Ausrichtung des Kalkulationszinsfußes am Kapitalkostensatz im Investitionszeitpunkt erscheint plausibler als andere Vorschläge, auf die aus methodischen Gründen erst später eingegangen wird (vgl. 3.4.5).

Die Auswirkungen der Finanzierungsart auf die Höhe des Kapitalwertes sollen nun anhand des Standardbeispiels verdeutlicht werden; dabei wird im Falle der ausschließlichen Fremdfinanzierung $i = i^s = 0{,}10$, im Falle der ausschließlichen Eigenfinanzierung $i = i^H = 0{,}05$ gesetzt.

$$C_0(i^s) = 500 \cdot 1{,}10^{-1} + 400 \cdot 1{,}10^{-2} + 300 \cdot 1{,}10^{-3}$$
$$+ 450 \cdot 1{,}10^{-3} - 1000$$
$$= 500 \cdot 0{,}9091 + 400 \cdot 0{,}8264 + 750 \cdot 0{,}7513$$
$$- 1000 = 349$$

$$C_0(i^H) = 500 \cdot 1{,}05^{-1} + 400 \cdot 1{,}05^{-2} + 300 \cdot 1{,}05^{-3}$$

$$+ 450 \cdot 1{,}05^{-3} - 1000$$
$$= 500 \cdot 0{,}9524 + 400 \cdot 0{,}9070 + 750 \cdot 0{,}8638$$
$$- 1000 = 487.$$

Wird der Kalkulationszinsfuß als Sollzinsfuß bzw. Habenzinsfuß angesetzt und ergibt sich für die Sachinvestition ein positiver (negativer) Kapitalwert, so läßt sich daraus schließen, daß die Investitionsalternative nach dem Kapitalwert-Kriterium vorteilhafter (unvorteilhafter) als die Unterlassensalternative ist, denn die Unterlassensalternative weist einen Kapitalwert von Null auf.

Bei Fremdfinanzierung erscheint diese Behauptung unmittelbar plausibel, da die Unterlassung der Sachinvestition mit einem Verzicht auf jegliche Ein- und Auszahlungen einhergeht.

Bei Eigenfinanzierung könnte der Investor jedoch sein Eigenkapital (K_0) alternativ auf dem Kapitalmarkt zum Habenzinsfuß (i^H) anlegen und am Planungshorizont (N) dann über das Vermögen

$$K_N^{U \text{ EF}} = K_0 (1 + i^H)^N$$

verfügen.

Bei Verwendung von i^H als Kalkulationszinsfuß beträgt der Kapitalwert dieser Zahlungsreihe aus $-K_0$ in t_0 und K_N^U in t_N Null, wie allgemein aus

$$K_N^U (1 + i^H)^N - K_0 = K_0 (1 + i^H)^N (1 + i^H)^{-N} - K_0 = 0$$

und für das Standardbeispiel aus

$$1000 \cdot 1{,}05^3 \cdot 1{,}05^{-3} - 1000 = 0$$

hervorgeht.

Das Kapitalwert-Kriterium berücksichtigt bei Eigenfinanzierung die Unterlassensalternative also implizit über den Kalkulationszinsfuß. Durch die Diskontierung vergleicht man „die zu beurteilende Investition mit einer anderen sich hinter dem Kalkulationszins verbergenden Alternative" [*Drukarczyk*, 1970, S. 34]. Bei Fremdfinanzierung wird durch die Abzinsung den Sollzinsen Rechnung getragen. Der Kapitalwert signalisiert also eine „vergleichsweise Vorteilhaftigkeit".

3.4.3 Der Kalkulationszinsfuß als Pauschalannahme über die Verzinsung von zwischenzeitlichen Wiederanlagen/Kreditaufnahmen

In die Berechnung des Kapitalwertes gehen nur die direkt mit einer Sachinvestition verbundenen Zahlungen ein; die Verwendung von Einzahlungsüber-

Entscheidungen auf der Basis des Kapitalwertes

schüssen und/oder der Ausgleich von Auszahlungsüberschüssen wird nicht explizit berücksichtigt.

Nun werden Einzahlungsüberschüsse jedoch regelmäßig wiederangelegt, und zwar als Finanzinvestition (Reinvestition) oder als Kredittilgung; dadurch lassen sich Habenzinsen erzielen oder Sollzinsen vermeiden. Auszahlungsüberschüsse erfordern den Ausgleich durch einen Kredit oder durch Eigenkapital; daraus resultieren Sollzinsen oder entgangene Habenzinsen.

Die genannten indirekten Zahlungen werden beim Kapitalwert-Kriterium implizit erfaßt, indem unterstellt wird, daß sie sich zum Kalkulationszinsfuß verzinsen und damit einen Kapitalwert von Null aufweisen.

Zur Verdeutlichung sei wiederum das Standardbeispiel herangezogen, wobei exemplarisch die Wiederanlage von Einzahlungsüberschüssen ($ü_1$, $ü_2$) als Reinvestition (f_1, f_2) zum Habenzinsfuß (i^H) untersucht werden soll. Aus dem vollständigen Finanzplan

		$+ 400\ (ü_2)$	
		$+ 500\ (f_1)$	
		$+\ 25\ (i^H \cdot f_1)$	$+ 750\ (ü_3 + R_3)$
$- 1000\ (K_0)$	$+ 500\ (ü_1 = K_1^I)$	$+ 925\ (K_2^I)$	$+ 925\ (f_2)$
$- 1000\ (a_0)$	$- 500\ (f_1)$	$- 925\ (f_2)$	$+\ 46\ (i^H \cdot f_2)$
0	0	0	$+ 1721\ (K_3^I)$

|———————|———————|———————|———————|
t_0 t_1 t_2 t_3

läßt sich nun der Kapitalwert der Wiederanlagen (in Form der Reinvestition) bei $i = i^H$ wie folgt allgemein

$$-f_1 (1 + i^H)^{-1} + f_1 (1 + i^H)^1 (1 + i^H)^{-2}$$
$$-f_2 (1 + i^H)^{-2} + f_2 (1 + i^H)^1 (1 + i^H)^{-3}$$
$$= -f_1 (1 + i^H)^{-1} + f_1 (1 + i^H)^{-1} - f_2 (1 + i^H)^{-2}$$
$$+ f_2 (1 + i^H)^{-2} = 0$$

und für das Standardbeispiel

$$-500 \cdot 1{,}05^{-1} + 525 \cdot 1{,}05^{-2} - 925 \cdot 1{,}05^{-2} + 971 \cdot 1{,}05^{-3} = 0$$

errechnen.

Wenn also die Wiederanlage von Einzahlungsüberschüssen zum Kalkulationszinsfuß erfolgt, wird derselbe Zinssatz für die Ermittlung der Habenzinsen und die Diskontierung benutzt; daraus ergibt sich zwangsläufig ein Kapitalwert der Wiederanlagen von Null.

Damit entspricht der Kapitalwert des gesamten Projektbündels aus direkten und indirekten Zahlungen dem Kapitalwert der Sachinvestition, in den explizit allein die direkten Zahlungen eingehen.

3.4.4 Äquivalenz von Kapitalwert und Endvermögensdifferenz

Wie oben gezeigt, wurden die Finanzierungsart sowie die Verwendung von Einzahlungsüberschüssen und der Ausgleich von Auszahlungsüberschüssen bei der Endvermögenskonzeption explizit im vollständigen Finanzplan, bei der Kapitalwertkonzeption dagegen implizit mit Hilfe des Kalkulationszinsfußes erfaßt. Damit stellt sich die Frage, unter welchen Bedingungen Kapitalwert und Endvermögensdifferenz äquivalente, d.h. wirtschaftlich gleichwertige Zielgrößen darstellen, m.a.W. es gleichgültig ist, welches der beiden Kriterien zur Wirtschaftlichkeitsrechnung herangezogen wird.

Der Kapitalwert ist bei ausschließlicher Fremdfinanzierung definiert als:

$$C_0(i^s) = \sum_{t=1}^{n} \ddot{u}_t (1 + i^s)^{-t} + R_n (1 + i^s)^{-n} - a_0$$

oder, wenn man — wie in 3.2 und 3.3 geschehen — R_n in $\ddot{u}_n$ einbezieht und $a_0 = \ddot{u}_0$ sowie $n = N$ setzt, als:

$$C_0(i^s) = \sum_{t=0}^{N} \ddot{u}_t (1 + i^s)^{-t}.$$

Die Endvermögensdifferenz kann bei ausschließlicher Fremdfinanzierung im Falle $K_t^{I\,FF} < 0$ (für $t = 1, 2, \ldots, N-1$) einfach durch Aufzinsung der direkten Zahlungen zum Sollzinsfuß ermittelt werden, wie aus Tab. 7 hervorgeht.

$$\Delta K_N^{FF} = \sum_{t=0}^{N} \ddot{u}_t (1 + i^s)^{N-t}.$$

Daraus läßt sich nun unschwer erkennen, daß in diesem Fall beide Zielgrößen äquivalent sind, da sich aus der Endvermögensdifferenz durch Abzinsung der Kapitalwert bzw. aus dem Kapitalwert durch Aufzinsung die Endvermögensdifferenz ergibt.

$$C_0(i^s) = \Delta K_N^{FF} (1 + i^s)^{-N}$$

bzw.

$$\Delta K_N^{FF} = C_0(i^s)(1 + i^s)^N.$$

Diese Äquivalenz gilt allein im Falle $K_t^{I\,FF} < 0$, d.h. wenn Einzahlungsüberschüsse nur zur Tilgung von Krediten verwandt, d.h. zum Sollzinsfuß angelegt werden. Hier stimmen also expliziter Ansatz (bei der Endvermögenskonzeption) und implizite Prämisse (bei der Kapitalwertkonzeption) überein.

Die Äquivalenz zwischen Kapitalwert und Endvermögensdifferenz läßt sich bei ausschließlicher Eigenfinanzierung im Falle $K_t^{I\,EF} > 0$ sowie $K_t^{U\,EF} > 0$ (für $t = 1, 2, \ldots, N - 1$) analog nachweisen (siehe dazu ebenfalls Tab. 7),

$$C_0(i^H) = \Delta K_N^{EF} (1 + i^H)^{-N}$$

bzw.

$$\Delta K_N^{EF} = C_0(i^H) (1 + i^H)^N,$$

wenn also Einzahlungsüberschüsse nur zur Reinvestition verwandt, d.h. zum Habenzinsfuß angelegt werden. Auch hier besteht kein Unterschied zwischen explizitem Ansatz (bei der Endvermögenskonzeption) und impliziter Prämisse (bei der Kapitalwertkonzeption).

Beide Fälle haben gemeinsam, daß im Endvermögen-Modell lediglich ein einziger Zinssatz vorkommt und dieser dem Kalkulationszinsfuß des Kapitalwert-Modells entspricht.

Daß bei vollkommenem Kapitalmarkt grundsätzlich immer Äquivalenz zwischen Kapitalwert und Endvermögensdifferenz herrscht, versteht sich fast von selbst.

Wenn die Äquivalenzbedingungen erfüllt sind, läßt sich der Kapitalwert einer Sachinvestition als Barwert der Endvermögensdifferenz im Investitionszeitpunkt interpretieren.

Das Standardbeispiel bestätigt die obigen Ausführungen:

$$\Delta K_N^{FF} (1 + i^s)^{-N} = 464 \cdot 1{,}10^{-3} = 349 = C_0(i^s)$$

sowie

$$\Delta K_N^{EF} (1 + i^H)^{-N} = 563 \cdot 1{,}05^{-3} = 487 = C_0(i^H).$$

Umgekehrt folgt aus den durchgeführten Überlegungen, daß Kapitalwert und Endvermögensdifferenz nicht äquivalent sind, wenn in einer Periode zwischen $t = 1$ und $t = N - 1$ gilt:

$$K_t^{I\,FF} > 0 \text{ bzw. } K_t^{I\,EF} < 0 \quad \text{und/oder} \quad K_t^{U\,EF} < 0.$$

So läßt sich für die modifizierte Sachinvestition aus Tab. 11a) zeigen (ebenso

auch für b)), daß sich die Endvermögensdifferenz nicht in den Kapitalwert überführen läßt und umgekehrt.
Wegen

$K_2^I \text{ FF} = 370 > 0$ ergibt sich:

$\Delta K_N^I \text{ FF} (1 + i^s)^{-N} = 539 \cdot 1{,}1^{-3} = 405 \neq C_0(i^s) = 418.$

Der Kapitalwert überschätzt hier die Vorteilhaftigkeit der Sachinvestition, da er unterstellt, $K_2^I \text{ FF} = 370$ ließe sich zu 10 % anlegen, während der vollständige Finanzplan von 5 % ausgeht.

Als Fazit läßt sich festhalten:
1. Unter bestimmten Voraussetzungen sind Kapitalwert und Endvermögensdifferenz äquivalent; ob diese vorliegen, läßt sich zumeist erst nach der Aufstellung eines vollständigen Finanzplans beurteilen. Eine Kapitalwert-Berechnung ist dann aber überflüssig.
2. Bei fehlender Äquivalenz kann die Anwendung des Kapitalwert-Kriteriums zu Fehlentscheidungen führen.
3. Die Endvermögenskonzeption ist weit eher zur Abbildung der Realität geeignet. Das Dilemma des Kapitalwertes liegt letztlich in dem Aufgabenpluralismus und der damit zwangsläufigen Überforderung des Kalkulationszinsfußes.

3.4.5 Diskussion um den Kalkulationszinsfuß

Nach den bisherigen Ausführungen in diesem Abschnitt mag es ebenso überflüssig wie sinnvoll erscheinen, noch einmal auf das Problem des Kalkulationszinsfußes einzugehen; überflüssig, weil die durch den Kalkulationszinsfuß bedingten Schwächen des Kapitalwertes möglicherweise oben überzeugend offengelegt wurden, sinnvoll, weil es vielleicht einen Kalkulationszinsfuß in Form eines „deus ex machina" gibt, der die Kapitalwert-Konzeption „rettet".

Aus zwei Gründen soll die Bestimmung des Kalkulationszinsfußes – nach *Albach* [1959, S. 37] eine „schillernde" Größe – wieder aufgegriffen werden. Zum einen haben sich Wirtschaftlichkeitsrechnungen auf der Basis von Endvermögen und Entnahme, die ohne einen Kalkulationszinsfuß auskommen, bislang weder in Lehrbüchern [bis auf *Kruschwitz*, 1978 und dieses Buch] noch in der Praxis durchgesetzt; zum anderen wird das Problem des Kalkulationszinsfußes im Schrifttum seit Jahrzehnten diskutiert, so daß eine kurze Zwischenbilanz nicht schaden kann.

Entscheidungen auf der Basis des Kapitalwertes 73

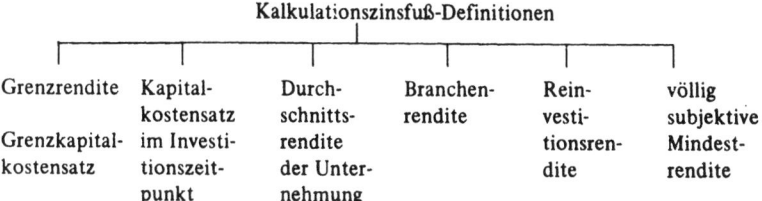

Abb. 14: Kalkulationszinsfuß-Definitionen

Im Rahmen der Investitionstheorie gelang der Nachweis, daß sich aus einem Totalmodell, in dem sämtliche Investitions- und Finanzierungsmöglichkeiten explizit erfaßt sind, *theoretisch* richtige Kalkulationszinsfüße ableiten lassen, deren Verwendung im Rahmen des einfachen Kapitalwert-Kalküls zur gleichen Beurteilung der Vorteilhaftigkeit von Investitionsobjekten wie im Totalmodell führt [vgl. dazu *Franke/Laux; Hax*, 1979, S. 97ff.; *Hax/ Laux*, 1969, S. 227ff.; *Hellwig*, 1973 und 1976].

Diese sogenannten „endogenen" Kalkulationszinsfüße werden durch die Grenzrendite oder den Grenzkapitalkostensatz jener Investitions- und Finanzierungsprojekte gebildet, die gerade nicht mehr vollständig zur Durchführung gelangen; sie erweisen sich jedoch als praktisch unbrauchbar, da sie erst – quasi als Kuppelprodukte – mit der Optimallösung des Totalmodells anfallen und somit gar kein Erfordernis mehr besteht, die einzelnen Investitionsobjekte noch einmal nach dem Kapitalwertkriterium zu untersuchen.

Der in Partialmodellen auf der Basis von Kapitalwert, Annuität und internem Zinsfuß *praktisch* anwendbare Kalkulationszinsfuß ist daher notwendigerweise mit Mängeln behaftet. Insofern können sich die Vorschläge zur Bestimmung eines praktikablen Kalkulationszinsfußes nur im Grad ihrer Unvollkommenheit unterscheiden. Nun zu den Konzepten im einzelnen.

Von *Albach* stammt der Vorschlag einer völligen Loslösung des Kalkulationszinsfußes von den Finanzierungskosten; stattdessen befürwortet er als Kalkulationszinsfuß einen Satz zu wählen, „welcher die langfristige durchschnittliche Rentabilität der Unternehmung widerspiegelt" [*Albach*, 1962, S. 86]. In diesem Zusammenhang kritisiert *Moxter*, daß *Albach* die Durchschnittsrendite der Unternehmung nicht definiert und insbesondere offenbleibt, „ob sie die Rendite des gesamten Kapitals oder nur des Eigenkapitals umfassen soll und ob sie ex post oder ex ante gedacht ist" [*Moxter*, 1963, S. 301]. In seiner Entgegnung auf *Moxter* präzisiert *Albach* seinen Vorschlag: Die Durchschnittsrendite beziehe sich auf das Gesamtkapital und sei als langfristig erwartete durchschnittliche Rentabilität zu verstehen [*Albach*, 1974, S. 465; ähnlich 1961, S. 300]. Einen Anhaltspunkt dafür gebe die durchschnittliche Vergangenheitsrendite [*Albach*, 1964, S. 465; 1965, S. 78]. Damit rückt *Albach* von seiner früheren [*Albach*, 1960, S. 589] und auch von *Renshaw* [1974, S. 85] vertretenen Auffassung ab, die ex post-Rendite der Vergangenheit determiniere den Kalkulationszinsfuß.

Bei der Beurteilung der Vorschläge *Albach*s muß nach dem zeitlichen Bezug der Durchschnittsrendite differenziert werden.

Bei Ansatz des Kalkulationszinsfußes in Höhe der Durchschnittsrendite der Vergangenheit (r_u) werden nur solche Investitionen realisiert, „welche die durchschnittliche Rentabilität der Unternehmung nicht vermindern" [*Lücke*, 1975, S. 191].

Dieser sehr plausibel klingende Vorschlag weist jedoch einige Tücken auf. Liegt etwa die folgende Datenkonstellation vor,

$$r_u = 0{,}03 \quad r = 0{,}04 \quad i^H = 0{,}05$$

so wird nach der Entscheidungsregel *Albach*s die Sachinvestition durchgeführt, obwohl ihre Rendite (r) den Kapitalkostensatz (i^H) unterschreitet.

Wenn dagegen

$$r_u = 0{,}10 \quad r = 0{,}09 \quad i^H = 0{,}05$$

so verzichtet die Unternehmung nach der Entscheidungsregel *Albach*s auf die Vornahme der Sachinvestition (Rendite 9 %); die vorhandenen Finanzmittel können jedoch anderweitig nur als Finanzinvestition (Rendite 5 %) angelegt werden. Die Fragwürdigkeit einer solchen „Alles oder Nichts"-Investitionspolitik ist evident.

Setzt der Investor den Kalkulationszinsfuß als durchschnittliche Unternehmensrendite an, so ist diese Rendite nur gedanklich, nicht de facto vorhanden [*Heister*, 1961, S. 348]. Kommt es nämlich zur Ablehnung von Investitionsobjekten, so sieht sich der Investor nicht in der Lage, die vorhandenen Finanzmittel zum in der Wirtschaftlichkeitsrechnung angesetzten Kalkulationszinsfuß anzulegen [*Däumler*, 1978a, S. 58]. Da der Kalkulationszinsfuß im Zeitablauf ständig zunimmt, wenn nur noch über der durchschnittlichen Vergangenheitsrendite liegende Investitionen durchgeführt werden, besteht zudem die Gefahr, daß von irgendeinem Zeitpunkt an keine zufriedenstellenden Investitionsvorhaben mehr bestehen; hierauf haben in der damaligen Diskussion vor allem *Hax* [1964], *Jacob* [1964] und *Moxter* [1963] hingewiesen.

Gegen den Ansatz des Kalkulationszinsfußes in Höhe der langfristig zu erwartenden Rentabilität der Unternehmung lassen sich die oben genannten Einwände ebenfalls vorbringen. Ein weiterer Kritikpunkt zielt auf die Interdependenz zwischen dem betrachteten Investitionsvorhaben und der langfristigen Unternehmensverzinsung. Da die ex ante-Rendite von der Entscheidung über die zu beurteilenden Investitionen abhängt, kann dieser Zinssatz nicht schon bereits bei der Investitionsrechnung, also vor der Entscheidung selbst, Verwendung finden, wie *Moxter* [1964b, S. 471] zu Recht feststellt.

Ebenfalls von *Albach* [1959, S. 38] stammt der Vorschlag, als Kalkulationszinsfuß die branchenübliche Verzinsung anzusetzen; eine solche Rendite müsse die Unternehmung mindestens erreichen, um konkurrenzfähig zu bleiben. Auch hier besteht jedoch die Gefahr, daß infolge eines zu hohen (niedrigen) Anspruchsniveaus rentable (unrentable) Investitionsobjekte unterlassen (durchgeführt) werden. Außerdem führt die Verwendung eines an der branchenüblichen Verzinsung orientierten Kalkulationszinsfußes immer dann zu „grotesken Ergebnissen" [*Frischmuth*, S. 95], wenn sich eine Unternehmung in mehreren Branchen betätigt; die Finanzmittel würden dann vor allem den schlechteren Branchen zufließen. Abgesehen davon dürfte die durchschnittliche Branchenrendite praktisch kaum zu ermitteln sein.

Ferner findet sich in der Literatur der Vorschlag, den Kalkulationszinsfuß an der Reinvestitionsrendite von Einzahlungsüberschüssen zu orientieren [*Kreis*, S. 574; *Solomon*, 1956, S. 77]; dann besteht jedoch die Gefahr, daß die Kapitalkosten im Investitionszeitpunkt im Modell falsch abgebildet werden.

Häufig wird der Kalkulationszinsfuß auch als subjektiv bestimmte Mindestverzinsung angesehen, wobei zumeist versucht wird, eine objektivierte Basis zu finden, auf die dann subjektive Aufschläge durch den Investor erfolgen sollen; diese können in der Praxis nicht selten dem Basiszins nahekommen [*Däumler*, 1978a, S. 54]. Daneben existiert jedoch auch der Vorschlag, der Investor solle den Kalkulationszinsfuß völlig subjektiv bestimmen. Wenn jedoch ein Investor, „ohne seine Vernunft zu Hilfe zu nehmen, sich für eine bestimmte Mindestrendite entscheidet", dann ist der Kalkulationszinsfuß – hier ist *D. Schneider* [1975, S. 276] recht zu geben – „ökonomisch nicht erklärbar. Das Problem, ihn zu bestimmen, ist vom Tisch. So einfach darf es sich die Theorie jedoch nicht machen".

Angesichts der Problematik der oben erörterten Vorschläge erscheint der Ansatz des Kalkulationszinsfußes als Kapitalkostensatz im Investitionszeitpunkt als am wenigsten bedenklich, da die Finanzierung auf die Vorteilhaftigkeit eines Investitionsobjektes einen erheblichen Einfluß ausübt.

Ergänzende und vertiefende Literatur zum Abschnitt 3.4.5: *Biergans* [1973a, S. 248]; *Bröhl* [1966, S. 48, 62ff.]; *Engels* [1962, S. 143]; *Groos* [1964, S. 160]; *Heister* [1961]; *Jacob* [1964, S. 583]; *Jonas* [1961, S. 3]; *Keifer* [1970]; *Krause* [1973, S. 153ff.]; *Moxter* [1961, S. 186]; *Schaub* [1968]; *Sehmer* [1967]; *Seicht* [1976, S. 97ff.]; *Sieben* [1967, S. 133]; *Solomon* [1964]; sowie im Text zitierte Quellen.

76 Vorteilhaftigkeitsbestimmung eines einzelnen Investitionsobjektes

3.5 Entscheidungen auf der Basis der Annuität

3.5.1 Exakte Annuität

3.5.1.1 Definition und Kriterium

Die allgemeine Definition (vgl. 2.2.3.1) der Annuität soll nun wie folgt spezifiziert werden: Die Annuität (D) stellt den Betrag von n gleichbleibenden Zahlungen in den Zeitpunkten $t_1, t_2, \ldots, t_n$ dar, deren Kapitalwert gleich dem der Zahlungsreihe des Investitionsobjektes ist. Für diese aus dem Kapitalwert abgeleitete Annuität finden sich in der Literatur auch die Termini „äquivalente Annuität" [so z.B. bei *Hax*, 1976] „Kapitalwertannuität" [so z.B. bei *Leffson*] oder „Gewinnannuität" [so z.B. bei *Swoboda*, 1971]; zumeist wird jedoch einfach der Ausdruck „Annuität" verwendet.

Die Annuität (D) läßt sich ermitteln, indem man den Kapitalwert der ursprünglichen Zahlungsreihe mit dem Wiedergewinnungsfaktor multipliziert.

$$D = C_0 \cdot \frac{i(1+i)^n}{(1+i)^n - 1}$$

Das Kriterium für die Vorteilhaftigkeit einer Sachinvestition lautet:

$$D > 0.$$

Eine Sachinvestition ist vorteilhaft (unvorteilhaft), wenn ihre Annuität positiv (negativ) ist. Bei $D = 0$ liegt Entscheidungsindifferenz vor.

Die Annuität läßt sich in die Einzahlungsannuität (E) und die Auszahlungsannuität (A) aufteilen.

$$D = E - A.$$

Die Einzahlungsannuität (E) wird durch Multiplikation des auf t_0 bezogenen Barwertes sämtlicher Einzahlungen mit dem Wiedergewinnungsfaktor gebildet.

$$E = C_{E_0} \cdot \frac{i(1+i)^n}{(1+i)^n - 1}$$

$$C_{E_0} = \sum_{t=1}^{n} e_t \cdot q^{-t} + R_n \cdot q^{-n}.$$

Analog ergibt sich für die Auszahlungsannuität (A):

$$A = C_{A_0} \cdot \frac{i(1+i)^n}{(1+i)^n - 1}$$

$$C_{A_0} = \sum_{t=1}^{n} a_t \cdot q^{-t} + a_0.$$

Die Annuität läßt sich auch als Differenz zwischen der Annuität des Ertragswertes (Q) und der Annuität der Anschaffungsauszahlung (F) ausdrücken

$$D = Q - F$$

$$Q = \bar{E}_0 \cdot \frac{i(1+i)^n}{(1+i)^n - 1}$$

$$F = a_0 \cdot \frac{i(1+i)^n}{(1+i)^n - 1}.$$

Die Berechnung der Annuität vereinfacht sich, wenn in der ursprünglichen Zahlungsreihe gleich große Glieder enthalten sind.
Bei konstanten Einzahlungsüberschüssen

$$ü_t = ü \quad (\text{für } t = 1, 2, \ldots, n)$$

lautet die Definition der Annuität:

$$D = ü + (R_n \cdot q^{-n} - a_0) \cdot \frac{i(1+i)^n}{(1+i)^n - 1}.$$

Bei Konstanz der Einzahlungsüberschüsse ad infinitum streben der Wiedergewinnungsfaktor gegen i und der Abzinsungsfaktor gegen Null (analog zu 3.4.1), so daß sich als Annuität ergibt:

$$D = ü - i \cdot a_0.$$

Für das Standardbeispiel beläuft sich bei $i = 0{,}05$ bzw. $i = 0{,}10$ die Annuität auf

$$487 \cdot 0{,}36722 = 179$$

bzw.

$$349 \cdot 0{,}40211 = 140$$

3.5.1.2 Die Rolle des Kalkulationszinsfußes

Da sich die exakte Annuität durch Multiplikation von Kapitalwert und Wiedergewinnungsfaktor ergibt und letzterer im ökonomisch relevanten Bereich ($i > 0, n > 0$) stets positiv ist, müssen die Vorzeichen von Kapitalwert und exakter Annuität immer übereinstimmen, d.h. beide Kriterien zu derselben Beurteilung der Vorteilhaftigkeit eines Investitionsobjektes führen. Aus dieser Überlegung heraus bedarf es wohl keines Beweises zur Stützung der Aussage, daß der Kalkulationszinsfuß bei der exakten Annuität die gleichen Aufgaben erfüllt wie beim Kapitalwert, so daß ein Verweis auf 3.4.2 und 3.4.5 genügen mag.

3.5.1.3 Der Kapitaldienst

Die Definition des Kapitaldienstes hängt vom Vorhandensein oder Fehlen eines Restverkaufserlöses ab. Der Einfachheit halber wird zunächst $R_n = 0$ unterstellt. Der Kapitaldienst (F) wird in diesem Fall durch das Produkt aus Anschaffungsauszahlung (a_0) und Wiedergewinnungsfaktor gebildet.

$$F = a_0 \cdot \frac{i(1+i)^n}{(1+i)^n - 1}.$$

Bei Fremdfinanzierung gibt diese Größe jenen konstanten Betrag an, der in jedem Jahr für Zins- und Tilgungszahlungen aufgebracht werden muß. Für das Standardbeispiel beträgt der Kapitaldienst für $i^s = 0{,}10$:

$$F = 1000 \cdot 0{,}40211 = 402.$$

Werden die Jahreszinsen – wie zumeist üblich – jeweils auf die Restschuld am Ende des Vorjahres berechnet, so gilt der folgende Zins- und Tilgungsplan:

1	2	3	4	5	6
Jahre	Fremdkapital am Ende des Vorjahres	Zinsen (2) · 0,10	Tilgungszahlung (5) – (3)	Kapitaldienst (3) + (4)	Fremdkapital am Jahresende (2) – (4)
1	1000	100	302	402	698
2	698	70	332	402	366
3	366	36	366	402	–

Tab. 12: Zins- und Tilgungsplan für eine fremdfinanzierte Sachinvestition

Da mit laufender Tilgung die verbleibende Schuld und damit der Zinsbetrag abnimmt, muß bei konstantem Kapitaldienst der Tilgungsanteil von Jahr zu Jahr steigen.

Bei Eigenfinanzierung gibt der Kapitaldienst jenen konstanten Betrag an, dessen jeweils verzinsliche Anlage zur Wiedergewinnung und Verzinsung des

Entscheidungen auf der Basis der Annuität 79

eingesetzten Eigenkapitals führt. Für das Standardbeispiel beläuft sich der Kapitaldienst bei $i^H = 0{,}05$ auf:

$$F = 1000 \cdot 0{,}36722 = 367$$

Die periodische Anlage dieses Betrages zum Kalkulationszinsfuß ergibt das gleiche Endvermögen wie eine Finanzinvestition des Eigenkapitals in t_0.

Durch Umformung kann man den Kapitaldienst in 2 Komponenten aufspalten.

$$F = a_0 \cdot \frac{i(1+i)^n}{(1+i)^n - 1} = a_0 \cdot \frac{i(1+i)^n - i + i}{(1+i)^n - 1}$$

$$= a_0 \cdot \frac{i(q^n - 1) + i}{q^n - 1} = a_0 \left[\frac{i(q^n - 1)}{q^n - 1} + \frac{i}{q^n - 1} \right]$$

$$= a_0 \left[i + \frac{i}{q^n - 1} \right]$$

$$F = i \cdot a_0 + a_0 \cdot \frac{i}{(1+i)^n - 1}.$$

Der Kapitaldienst besteht also aus den Zinsen auf die Anschaffungsauszahlung und einer als „Abschreibung" bezeichneten Größe [*Moxter*, 1966, S. 81].

Bei Fremdfinanzierung gibt die „Abschreibung" jenen konstanten Betrag an, der in jedem Jahr für Tilgungszahlungen aufgebracht werden muß, sofern die Zinsen von der gesamten Kreditsumme berechnet werden. Für das Standardbeispiel beläuft sich bei $i^S = 0{,}10$ die „Abschreibung" auf 302.

Bei Eigenfinanzierung gibt die „Abschreibung" jenen konstanten Betrag an, dessen jeweils verzinsliche Anlage zur Wiedergewinnung des eingesetzten Eigenkapitals führt. Für das Standardbeispiel beträgt die „Abschreibung" 317. Existiert am Ende der Nutzungsdauer einer Sachinvestition voraussichtlich ein Restverkaufserlös, so kann dieser als negative Auszahlung in den Kapitaldienst (G) einbezogen werden.

Die Ausgangsgleichung des „Netto-Kapitaldienstes" [*Keun/Wiese*, S. 153]

$$G = (a_0 - R_n \cdot q^{-n}) \cdot \frac{i(1+i)^n}{(1+i)^n - 1}$$

läßt sich wie folgt umformen:

Da

$$-R_n \cdot q^{-n} \cdot \frac{i(1+i)^n}{(1+i)^n - 1} = -R_n \cdot \frac{i \cdot q^n}{q^n(q^n - 1)}$$

Vorteilhaftigkeitsbestimmung eines einzelnen Investitionsobjektes

$$= -i \cdot R_n \cdot \frac{1}{q^n - 1} = -i \cdot R_n \cdot \frac{q^n - q^n + 1}{q^n - 1}$$

$$= -i \cdot R_n \left[\frac{q^n}{q^n - 1} - \frac{q^n - 1}{q^n - 1} \right] = -i \cdot R_n \left[\frac{q^n}{q^n - 1} - 1 \right]$$

$$= -R_n \cdot \frac{i \cdot q^n}{q^n - 1} + i \cdot R_n$$

läßt sich für den Kapitaldienst auch schreiben:

$$G = (a_0 - R_n) \cdot \frac{i(1+i)^n}{(1+i)^n - 1} + i \cdot R_n.$$

Einerseits reduziert der Restverkaufserlös den Tilgungsbetrag, andererseits stellt er während der gesamten Nutzungsdauer gebundenes und daher zu verzinsendes Kapital dar.

Durch weitere Umformungen

$$G = a_0 \cdot \frac{i \cdot q^n}{q^n - 1} - R_n \cdot \frac{i \cdot q^n}{q^n - 1} + i \cdot R_n$$

$$= a_0 \cdot \frac{i \cdot q^n}{q^n - 1} - R_n \cdot \frac{i \cdot q^n + i - i}{q^n - 1} + i \cdot R_n$$

$$= a_0 \cdot \frac{i \cdot q^n}{q^n - 1} - R_n \cdot \frac{i + i(q^n - 1)}{q^n - 1} + i \cdot R_n$$

$$= a_0 \cdot \frac{i \cdot q^n}{q^n - 1} - R_n \cdot \frac{i}{q^n - 1} - i \cdot R_n \cdot \frac{q^n - 1}{q^n - 1} + i \cdot R_n$$

$$= a_0 \cdot \frac{i \cdot q^n}{q^n - 1} - R_n \cdot \frac{i}{q^n - 1}$$

$$= i \cdot \frac{q^n \cdot a_0 - R_n}{q^n - 1} = i \cdot \frac{q^n \cdot a_0 - a_0 + a_0 - R_n}{q^n - 1}$$

$$= i \left[\frac{a_0 (q^n - 1)}{q^n - 1} + \frac{a_0 - R_n}{q^n - 1} \right]$$

Entscheidungen auf der Basis der Annuität

ergibt sich schließlich ein anderer Ausdruck für den Kapitaldienst:

$$G = i \cdot a_0 + (a_0 - R_n) \cdot \frac{i}{(1+i)^n - 1}.$$

Während die Zinsen unverändert von a_0 berechnet werden, verringert sich der im Kapitaldienst enthaltene „Abschreibungsanteil" bei Vorliegen eines Restverkaufserlöses.

Für das Standardbeispiel ergibt sich bei $i = 0,05$ bzw. $i = 0,10$ ein Netto-Kapitaldienst von 224 bzw. 266.

Mit zunehmender Laufzeit wird der Tilgungsfaktor immer geringer und nähert sich asymptotisch dem Grenzwert 0. Daher beträgt der Kapitaldienst für $n \to \infty$:

$$F = G = i \cdot a_0.$$

3.5.2 Approximative Annuität

3.5.2.1 Definition und Kriterium

Wird die Annuität nicht auf der Basis von Zinseszinsen, sondern von einfachen Zinsen definiert, so führt dieses Vorgehen zu einer Approximation des exakten Ergebnisses in bezug auf die Vorteilhaftigkeitsbestimmung.

Die approximative Annuität ($\hat{D}$) ergibt sich als Differenz zwischen der Einzahlungsannuität ($\hat{E}$), die den durchschnittlichen laufenden Einzahlungen entspricht,

$$\hat{E} = e$$

und der Auszahlungsannuität ($\hat{A}$), die sich aus den durchschnittlichen laufenden Auszahlungen (a) und dem approximativen Kapitaldienst ($\hat{F}$ bzw. $\hat{G}$) zusammensetzt.

$$\hat{A} = a + \hat{F}$$

bzw.

$$\hat{A} = a + \hat{G}.$$

Bezüglich der laufenden Ein- und Auszahlungen wird entweder von vornherein Konstanz im Zeitablauf angenommen oder diese durch einfache Durchschnittsbildung aus den periodenspezifischen Beträgen hergestellt.

Analog zur exakten Annuität lautet das Vorteilhaftigkeitskriterium:

$$\hat{D} = \hat{E} - \hat{A} > 0.$$

3.5.2.2 Der Kapitaldienst

Der approximative Kapitaldienst läßt sich verbal analog zur exakten Annuität definieren, wobei nun mit einfachen Zinsen gerechnet wird; er setzt sich aus der linearen Abschreibung, die hier jenen konstanten Betrag verkörpert, der jährlich zur Tilgung (Wiedergewinnung) des Fremdkapitals (Eigenkapitals) aufgebracht werden muß, und den durchschnittlichen Zinsen zusammen.

Der Einfachheit halber wird zunächst ein Restverkaufserlös von Null unterstellt. Die Abschreibung beträgt in diesem Fall a_0/n und fällt jeweils am Jahresende an.

Den Ausgangspunkt der Zinsermittlung bilden die jeweiligen Restbuchwerte (B) zu Beginn der einzelnen Jahre (t). Da der Anfang einer Periode praktisch mit dem Ende der Vorperiode zusammenfällt, entspricht der Restbuchwert zu Beginn der Periode t dem Restbuchwert im Zeitpunkt $t-1$.

Da der Restbuchwert zu Beginn des ersten Jahres demzufolge $B_0 = a_0$ und zu Anfang der letzten Periode $B_{n-1} = a_0/n$, also der letzten Abschreibungsrate entspricht, ergibt sich im Durchschnitt der Perioden als arithmetisches Mittel:

$$\frac{a_0 + a_0/n}{2} = \frac{a_0}{2} + \frac{a_0}{2n} = \frac{a_0}{2} \cdot \left[1 + \frac{1}{n}\right] = \frac{a_0}{2} \cdot \frac{n+1}{n}.$$

Für das Standardbeispiel geht der Restbuchwertverlauf aus Abb. 15 hervor.

Der durchschnittlich gebundene Restbuchwert wird mit dem durchschnittlich gebundenen Kapital gleichgesetzt und als Bezugsgröße für die Zinsberechnung verwendet.

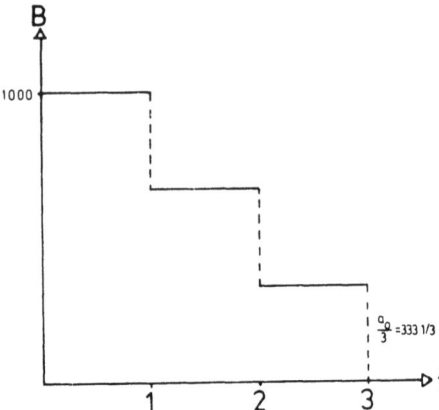

Abb. 15: Restbuchwertverlauf bei Abschreibung jeweils am Jahresende und fehlendem Restverkaufserlös

Entscheidungen auf der Basis der Annuität

Die durchschnittlichen Zinsen je Periode belaufen sich also auf

$$i \cdot \frac{a_0}{2} \cdot \frac{n+1}{n}.$$

Der approximative Kapitaldienst aus Abschreibungen und Zinsen beträgt somit:

$$\hat{F} = \frac{a_0}{n} + i \cdot \frac{a_0}{2} \cdot \frac{n+1}{n}$$

oder

$$\hat{F} = a_0 \left[\frac{1}{n} + \frac{i}{2} \cdot \frac{n+1}{n} \right].$$

Der Klammerausdruck läßt sich zum Kapitaldienstfaktor

$$\frac{2 + i(n+1)}{2n}$$

umformen; dieser stellt die Approximation des Wiedergewinnungsfaktors dar. Der Quotient $(n+1)/n$ kann vernachlässigt werden, wenn
- bei dem in Abb. 15 unterstellten diskontinuierlichen Abschreibungsverlauf die Investition eine lange Nutzungsdauer aufweist; für große n konvergiert der Quotient gegen 1 [*Lücke*, 1975, S. 12; *Zimmermann*, S. 77]. Streng genommen strebt jedoch a_0/n für $n \to \infty$ gegen Null, so daß dieser Quotient entfallen könnte; das Vorgehen der Literatur ist insofern zumindest inkonsequent.
- ein kontinuierlicher Abschreibungsverlauf wie in Abb. 16 unterstellt wird [*Biergans*, 1973a, S. 163; *Jacob*, 1976a, S. 626; *Zimmermann*, S. 78].

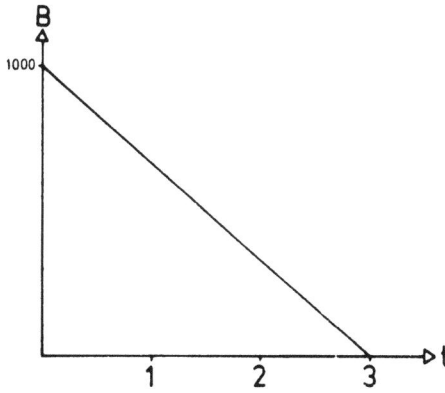

Abb. 16: Restbuchwertverlauf bei kontinuierlichen Abschreibungen und fehlendem Restverkaufserlös

Aus

$$\hat{F} = \frac{a_0}{n} + i \cdot \frac{a_0}{2} = a_0 \cdot \left[\frac{1}{n} + \frac{i}{2}\right]$$

ergibt sich durch Umformung für den Kapitaldienstfaktor:

$$\frac{2 + n \cdot i}{2n}.$$

Unter Verwendung dieses Quotienten errechnet sich für das Standardbeispiel ein approximativer Kapitaldienst ($i = 0,10$) von 383.

Nun soll beim approximativen Kapitaldienst der Restverkaufserlös als negative Auszahlung berücksichtigt werden; dies führt einerseits zu einer reduzierten Abschreibung.

$$\frac{a_0 - R_n}{n}.$$

Andererseits müssen die Zinsen steigen, da der Wert des im Durchschnitt gebundenen Kapitals höher ist als bei $R_n = 0$. Da der Restbuchwert zu Anfang der letzten Periode nunmehr $B_{n-1} = (a_0 - R_n)/n + R_n$ beträgt, ergibt sich im Durchschnitt der Perioden als arithmetisches Mittel:

$$\frac{a_0 + (a_0 - R_n)/n + R_n}{2}.$$

Für das Standardbeispiel sieht der Restbuchwertverlauf wie folgt aus:

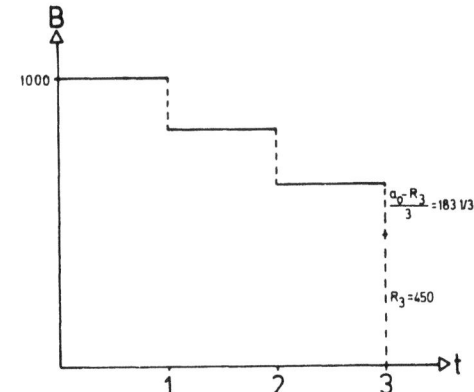

Abb. 17: Restbuchwertverlauf unter Berücksichtigung eines Restverkaufserlöses bei Abschreibungen jeweils am Jahresende

Für die Zinsen auf das durchschnittlich gebundene Kapital ergibt sich aus

$$i \cdot \frac{a_0 + (a_0 - R_n)/n + R_n}{2}$$

nach einigen Umformungen

$$i \left[\frac{a_0}{2} + \frac{a_0 - R_n}{2n} + \frac{R_n}{2} \right] = i \cdot \frac{a_0 \cdot n + a_0 - R_n + R_n \cdot n}{2n}$$

$$= i \cdot \frac{a_0(n+1) - R_n(n+1) + R_n \cdot 2n}{2n}$$

schließlich:

$$i \cdot \frac{a_0 - R_n}{2} \cdot \frac{n+1}{n} + i \cdot R_n.$$

Die Gleichung für den approximativen Kapitaldienst ($\hat{G}$) lautet dann:

$$\hat{G} = \frac{a_0 - R_n}{n} + i \cdot \frac{a_0 - R_n}{2} \cdot \frac{n+1}{n} + i \cdot R_n$$

oder, bei Verwendung des Kapitaldienstfaktors:

$$\hat{G} = (a_0 - R_n) \cdot \frac{2 + i(n+1)}{2n} + i \cdot R_n.$$

Unter Berücksichtigung eines Restverkaufserlöses ist der Kapitaldienst stets kleiner als bei $R_n = 0$; für das Standardbeispiel ergibt sich bei $i = 0{,}10$ ein Wert von 265.

Bei Vernachlässigung des Quotienten $(n+1)/n$ reduziert sich der approximative Kapitaldienst durch Umformung

$$\hat{G} = \frac{a_0 - R_n}{n} + \frac{i(a_0 - R_n)}{2} + \frac{2 \cdot i \cdot R_n}{2} = \frac{a_0 - R_n}{n} + \frac{i \cdot a_0 - i \cdot R_n + 2 \cdot i \cdot R_n}{2}$$

$$= \frac{a_0 - R_n}{n} + \frac{i(a_0 - R_n + 2 \cdot R_n)}{2}$$

auf:

$$\hat{G} = \frac{a_0 - R_n}{n} + i \cdot \frac{a_0 + R_n}{2}$$

oder, unter Verwendung des Kapitaldienstfaktors, auf:

$$\hat{G} = (a_0 - R_n) \cdot \frac{2 + i \cdot n}{2n} + i \cdot R_n.$$

Für das Standardbeispiel ergibt sich hier ein **approximativer Kapitaldienst von 256**.

3.5.3 Vergleich von exakter und approximativer Annuität

Nunmehr sollen Aussagen über die Größenordnung des Fehlers gewonnen werden, der bei Verwendung der approximativen Annuität

$$\hat{D} = \ddot{u} - (a_0 - R_n) \cdot \frac{2 + i(n+1)}{2n} - i \cdot R_n$$

gegenüber der Rechnung mit der exakten Annuität

$$D = \ddot{u} - (a_0 - R_n) \frac{i(1+i)^n}{(1+i)^n - 1} - i \cdot R_n$$

auftreten kann. Der Vergleich reduziert sich auf eine Gegenüberstellung von exaktem Wiedergewinnungsfaktor

$$\frac{q^n \cdot i}{q^n - 1}$$

und approximativem Kapitaldienstfaktor.

$$\frac{2 + i(n+1)}{2n}.$$

Die relative (prozentuale) Abweichung zwischen beiden Faktoren beträgt:

$$\frac{q^n \cdot i/(q^n - 1) - [2 + i(n+1)]/2n}{q^n \cdot i/(q^n - 1)} \cdot (100).$$

Der Prozentsatz gibt an, um wieviel Prozent des exakten Wertes der Näherungswert den exakten Wert unterschreitet.

Entscheidungen auf der Basis der Annuität

Durch Umstellen

$$\left[\frac{q^n \cdot i}{q^n - 1} - \frac{2 + i(n+1)}{2n}\right] \cdot \frac{q^n - 1}{q^n \cdot i}$$

und Kürzen ergibt sich für die relative Abweichung:

$$1 - \frac{2 + i(n+1)}{2n} \cdot \frac{q^n - 1}{q^n \cdot i}.$$

Die relative Abweichung zwischen exakten und approximativen Werten hängt von i und n, die absolute Abweichung darüber hinaus von a_0 und R_n ab. Über die Richtung der Divergenz besteht in der Literatur Einigkeit; je größer i und/oder n, umso mehr übersteigt der exakte den approximativen Wert. Dagegen liegen über den genauen Verlauf der relativen Abweichung im Schrifttum widersprüchliche Äußerungen vor: nach *E. Schneider* [1973, S. 31] und *Däumler* [1978a, S. 205] wächst die Divergenz mit steigendem Kalkulationszinsfuß und/oder zunehmender Nutzungsdauer progressiv, nach *Lücke* [1975, S. 13] und *Keun/Wiese* [1977, S. 169] jedoch degressiv. Keine der beiden Seiten hat allerdings Recht; die Wahrheit liegt – wie so oft – in der Mitte. Die relative Abweichung nimmt nämlich zunächst progressiv zu, geht – für praktisch kaum denkbare Konstellationen von i und n – in ein degressives Wachstum über und nähert sich einem Grenzwert von 0,5, d.h. 50 %.

Statt eines umfangreichen mathematischen Beweises sei zur Bestätigung der Ansicht auf die nachfolgenden Tabellen verwiesen, in denen die prozentualen Abweichungen für einerseits 2 gegebene Zinsfüße in Abhängigkeit von der Nutzungsdauer, andererseits 2 gegebene Investitionslaufzeiten in Abhängigkeit vom Zinsfuß aufgeführt sind. Der Bereich, in dem der Wendepunkt liegt, ist mit w gekennzeichnet.

i \ n	2	10
0,05	0,057	1,548
0,10	0,207	4,759
0,15	0,425	8,407
0,20	0,694	11,958
0,25	1,000	15,201 } w
0,50	2,778	26,301
1	6,250	35,063
10	20,661 } w	44,000
1000	24,950	44,990

n \ i	0,05	0,20
1	0	0
5	0,422	4,300
10	1,548	11,958
15	3,123	18,958
20	4,976	24,521 } w
25	6,980	28,755
50	16,936 } w	39,007
100	30,036	44,500
1000	47,950	49,450

Tab. 13: Prozentuale Abweichungen zwischen exaktem Wiedergewinnungs- und approximativem Kapitaldienstfaktor

Ferner zeigen die Tabellen, daß sich die Abweichungen bei der Mehrzahl der in der Praxis vorkommenden Investitionen in engen Grenzen halten. Da die exakte Annuität einerseits Zinseffekte genauer berücksichtigt, andererseits ebenso einfach zu berechnen ist, kann ihr im allgemeinen der Vorzug gegenüber dem approximativen Vorgehen eingeräumt werden.

3.5.4 Äquivalenz von Annuität und Entnahmedifferenz

Analog zu Kapitalwert und Endvermögensdifferenz ist nun der Frage nachzugehen, unter welchen Bedingungen Annuität und Entnahmedifferenz äquivalente Zielgrößen darstellen; bei dem Vergleich soll primär auf die exakte Annuität abgestellt werden.

Die exakte Annuität ist bei ausschließlicher Fremdfinanzierung definiert als:

$$D(i^s) = C_0(i^s) \cdot \frac{i^s (1 + i^s)^n}{(1 + i^s)^n - 1}$$

oder nach einer Umformung analog zu 3.4.4 als:

$$D(i^s) = [\sum_{t=0}^{N} \ddot{u}_t (1 + i^s)^{-t}] \cdot \frac{i^s (1 + i^s)^N}{(1 + i^s)^N - 1}.$$

Die konstante Entnahmedifferenz kann bei ausschließlicher Fremdfinanzierung im Falle $K_t^{I\,FF} < 0$ (für $t = 1, 2, \ldots, N-1$) einfach durch Multiplikation der durch Aufzinsung gewonnenen Endvermögensdifferenz mit dem Tilgungsfaktor, jeweils auf der Grundlage des Sollzinsfußes, ermittelt werden, wie aus Tab. 10 hervorgeht.

$$\Delta Y^{FF} = [\sum_{t=0}^{N} \ddot{u}_t (1 + i^s)^{N-t}] \cdot \frac{i^s}{(1 + i^s)^N - 1}.$$

Durch Umformung

$$\Delta Y^{FF} = (1 + i^s)^N [\sum_{t=0}^{N} \ddot{u}_t (1 + i^s)^{-t}] \cdot \frac{i^s}{(1 + i^s)^N - 1}$$

ergibt sich:

$$\Delta Y^{FF} = D(i^s).$$

Exakte Annuität und Entnahmedifferenz sind also nicht nur äquivalent, sondern völlig identisch, wenn Einzahlungsüberschüsse allein zur Tilgung von Krediten verwandt werden.

Die völlige Übereinstimmung zwischen exakter Annuität und konstanter Entnahmedifferenz läßt sich bei ausschließlicher Eigenfinanzierung im Falle $K_t^{I\ \mathrm{EF}} > 0$ und $K_t^{U\ \mathrm{EF}} > 0$ (für $t = 1, 2, \ldots, N-1$) analog nachweisen (siehe dazu ebenfalls Tab. 10), wenn also nur Geldanlagen zum Habenzinsfuß erfolgen.

$$D(i^H) = [\sum_{t=0}^{N} \ddot{u}_t (1 + i^H)^{-t}] \cdot \frac{i^H (1 + i^H)^N}{(1 + i^H)^N - 1}$$

$$= [\sum_{t=0}^{N} \ddot{u}_t (1 + i^H)^{N-t}] \cdot \frac{i^H}{(1 + i^H)^N - 1}$$

$$= \Delta Y^{\mathrm{EF}}.$$

Beide Fälle sind dadurch gekennzeichnet, daß im Entnahme-Modell lediglich ein einziger Zinssatz vorkommt und dieser dem Kalkulationszinsfuß des Annuität-Modells entspricht; expliziter Ansatz und implizite Prämisse stimmen überein. Bei vollkommenem Kapitalmarkt ist die Identität von Annuität und Entnahmedifferenz grundsätzlich immer gegeben.

Das Standardbeispiel bestätigt die durchgeführten Überlegungen:

$$D(i^s) = 349 \cdot 0{,}40211 = 140 = 464 \cdot 0{,}30211 = \Delta Y^{\mathrm{FF}}$$

sowie

$$D(i^H) = 487 \cdot 0{,}36721 = 179 = 563 \cdot 0{,}31721 = \Delta Y^{\mathrm{EF}}.$$

Umgekehrt folgt aus den obigen Ausführungen, daß exakte Annuität und Entnahmedifferenz voneinander abweichen, wenn in einer Periode zwischen $t = 1$ und $t = N-1$ gilt:

$$K_t^{I\ \mathrm{FF}} > 0 \text{ bzw. } K_t^{I\ \mathrm{EF}} < 0 \text{ und/oder } K_t^{U\ \mathrm{EF}} < 0.$$

Als Beispiel dafür sind die modifizierten Sachinvestitionen aus Tab. 11c) und d) zu nennen.

Da die approximative Annuität nur einfache Zinsen berücksichtigt, läßt sich keine Identität mit der Entnahmedifferenz feststellen.

Als Fazit läßt sich festhalten:

1. Unter bestimmten Voraussetzungen sind Annuität und Entnahmedifferenz identisch; ob diese vorliegen, läßt sich zumeist erst nach der Aufstellung eines vollständigen Finanzplanes beurteilen. Die Berechnung der Annuität ist dann aber überflüssig.
2. Bei fehlender Identität kann die Anwendung des Annuitäts-Kriteriums zu Fehlentscheidungen führen.

90 Vorteilhaftigkeitsbestimmung eines einzelnen Investitionsobjektes

3. Die Entnahmekonzeption ist weit eher zur Abbildung der Realität geeignet, da der bei der Annuität erforderliche Kalkulationszinsfuß nicht benötigt wird.

3.6 Entscheidungen auf der Basis des internen Zinsfußes

3.6.1 Definition und Kriterium

Der Kapitalwert einer Investition hängt von der Höhe und zeitlichen Struktur der Ein- und Auszahlungen, der Nutzungsdauer und dem Kalkulationszinsfuß ab. Bei der internen Zinsfuß-Methode spielt die Zinsabhängigkeit des Kapitalwertes eine besondere Rolle. Der interne Zinsfuß (r) einer Investition ist nämlich als derjenige Zinssatz definiert, bei dem der Kapitalwert den Wert Null annimmt.

$$C_0(i) = 0.$$

Da mit dieser Bedingung der Zinssatz determiniert ist, kann r für i gesetzt und der Kapitalwert nun wie folgt formuliert werden:

$$C_0 = 0 = \sum_{t=1}^{n} \ddot{u}_t (1+r)^{-t} + R_n (1+r)^{-n} - a_0.$$

Die Gleichung muß zur Bestimmung des internen Zinsfußes nach der gesuchten Größe r aufgelöst werden.

Das Kriterium für die Vorteilhaftigkeit einer Sachinvestition nach dem internen Zinsfuß-Kriterium lautet (im Normalfall):

$$r > i.$$

Eine Sachinvestition ist vorteilhaft (unvorteilhaft), wenn ihr interner Zinsfuß den Kalkulationszinsfuß übersteigt (unterschreitet). Bei $r = i$ liegt Entscheidungsindifferenz vor.

Für das Standardbeispiel ergibt sich durch Nullsetzen und Auflösung der Kapitalwertgleichung nach r:

$$C_0 = 500(1+r)^{-1} + 400(1+r)^{-2} + 300(1+r)^{-3} +$$
$$+ 450(1+r)^{-3} - 1000$$
$$r = 0{,}275.$$

Bei einem Kalkulationszinsfuß von $i^H = 0{,}05$ bzw. $i^S = 0{,}10$ erweist sich diese Sachinvestition also als vorteilhaft.

Graphisch kann der gesuchte Wert r als der Abszissenwert der Nullstelle der

Kapitalwertfunktion interpretiert werden. Für das Standardbeispiel ergibt sich ein streng monotoner Verlauf (vgl. Abb. 18).

Der Ordinatenschnittpunkt der Kapitalwertfunktion ergibt sich als einfache Differenz sämtlicher Ein- und Auszahlungen. Mit wachsendem Zinssatz nähert sich der Kapitalwert asymptotisch der Anschaffungsauszahlung a_0.

Bevor auf Schwierigkeiten eingegangen wird, die bei der Anwendung des internen Zinsfuß-Kriteriums auftreten können, sollen die ökonomische Interpretation und die Verzinsungsimplikationen im Vordergrund stehen.

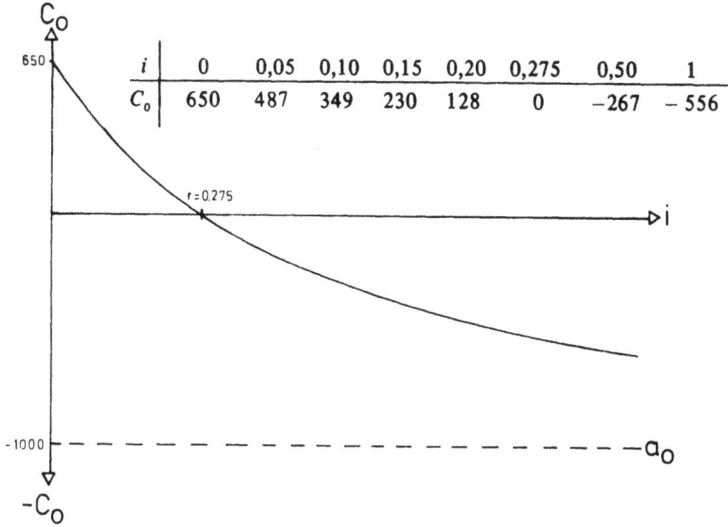

Abb. 18: Kapitalwertfunktion und interner Zinsfuß des Standardbeispiels

3.6.2 Ökonomische Interpretation des Kriteriums

Der interne Zinsfuß ist eine die Sachinvestition kennzeichnende Maßgröße. Eine Aussage über die Vorteilhaftigkeit läßt sich mittels r allein nicht treffen, sondern setzt einen Vergleich mit der Unterlassensalternative voraus; diese wird wiederum durch den Kalkulationszinsfuß repräsentiert.

Ein interner Zinsfuß, der höher (niedriger) ist als der Kalkulationszinsfuß, zeigt damit an, daß die Rendite der Sachinvestition bei Eigenfinanzierung den Habenzinsfuß einer alternativen Finanzinvestition bzw. bei Fremdfinanzierung den Sollzinsfuß übersteigt (unterschreitet).

Für eine wie in Abb. 18 verlaufende Kapitalwertfunktion läßt sich zwischen Kapitalwert, internem Zinsfuß und Kalkulationszinsfuß der folgende Zusammenhang herstellen.

92 Vorteilhaftigkeitsbestimmung eines einzelnen Investitionsobjektes

$r > i$ $C_0 > 0$
$r = i$ $C_0 = 0$
$r < i$ $C_0 < 0$.

Bislang wurde der interne Zinsfuß ohne nähere Begründung als Rendite bezeichnet; nicht zuletzt wegen einiger Fehlinterpretationen in der Literatur soll diese Maßgröße nun etwas genauer untersucht werden. In diesem Zusammenhang spielt der Verlauf der Kapitalbindung eine besondere Rolle.

Das gebundene Kapital stellt den jeweiligen Bestand noch nicht abgetragener Verbindlichkeiten (bei Fremdfinanzierung) bzw. den noch nicht wiedergewonnenen Teil des Eigenkapitals (bei Eigenfinanzierung) dar. Die Kapitalbindung entspricht im Investitionszeitpunkt der Anschaffungsauszahlung und verändert sich in jedem Jahr um die Differenz zwischen den Rückflüssen und den Zinsen auf das jeweils am Ende des Vorjahres gebundene Kapital. Unter der Annahme, daß der interne Zinsfuß zugleich auch den Kapitalkostensatz darstellt, ergibt sich der folgende Verlauf der Kapitalbindung:

1	2	3	4	5	6
Jahre	gebundenes Kapital am Ende des Vorjahres	Zinsen (2) · r	Rückflüsse	Kapitalfreisetzung (4) − (3)	gebundenes Kapital am Jahresende (2) − (5)
1	1000	275	500	225	775
2	775	213	400	187	588
3	588	162	300 450	588	–
	2363	650			

Tab. 14: Kapitalbindungsverlauf beim Standardbeispiel

Mit Hilfe der Summenwerte der Spalten 2 und 3 lassen sich die durchschnittliche Kapitalbindung

$$\frac{2363}{3} = 787{,}67$$

sowie die durchschnittlichen Zinszahlungen

$$\frac{650}{3} = 216{,}67$$

bestimmen. Die Relation dieser beiden Größen entspricht genau dem internen Zinsfuß [*Bitz*, 1977a, S. 148].

$$\frac{216{,}67}{787{,}67} = 0{,}275.$$

Der interne Zinsfuß läßt sich also als Verzinsung des durchschnittlich gebundenen Kapitals [*Altrogge*, 1977, S. 402; *Hax*, 1979, S. 36f.; *Schwerna*, S. 6], nicht dagegen des eingesetzten Kapitals [so z.B. *Buchner*, 1973a, S. 237; 1973b, S. 694; *Henke*, 1973, S. 178] interpretieren, denn:

$$\frac{216{,}67}{1000} = 0{,}217 \neq r.$$

Aus dem Kapitalbindungsverlauf der Tab. 14 läßt sich noch eine weitere Erkenntnis gewinnen.

Werden die Anschaffungsauszahlung und eventuelle weitere Auszahlungsüberschüsse durch Kreditaufnahme gedeckt, so gibt der interne Zinsfuß jenen Sollzinsfuß an, bei dessen Anrechnung die Rückflüsse gerade ausreichen, Kreditbeträge zu tilgen und zu verzinsen.

Werden die Anschaffungsauszahlung und eventuelle weitere Auszahlungsüberschüsse durch Eigenkapital finanziert, so gibt der interne Zinsfuß jenen Habenzinsfuß an, bei dessen Anrechnung die Rückflüsse genau zur Wiedergewinnung und Verzinsung des eingesetzten Kapitals führen.

Ein Investitionsobjekt kann also solange als vorteilhaft gelten, wie der tatsächliche Kapitalkostensatz (i^H bzw. i^s) unterhalb dieser kritischen Grenze liegt.

3.6.3 Die Kontroverse um die „Wiederanlageprämisse"

Unter der „Wiederanlageprämisse" versteht man die von der Literaturmehrheit vertretene These, der interne Zinsfuß enthalte stillschweigend die Annahme, daß zwischenzeitliche Einzahlungsüberschüsse jeweils genau zum internen Zinsfuß angelegt und Auszahlungsüberschüsse jeweils genau zum internen Zinsfuß ausgeglichen werden. Diese (tatsächliche oder vermeintliche) Prämisse steht seit *Wright* im Mittelpunkt der Diskussion; seitdem hat die Literatur dazu ein kaum noch übersehbares Ausmaß erreicht, ohne daß sich eine Annäherung der kontroversen Standpunkte abzeichnet. In der äußerst verworrenen und durch zahllose Mißverständnisse gekennzeichneten Diskussion lassen sich – Nuancen beiseite gelassen – zwei konträre Standpunkte ausmachen:

a) Die eine Seite, als deren Hauptvertreter *Albach* [1962, S. 48,55], *Kern* [1974, S. 173], *Kruschwitz* [1977, S. 1062] und *D. Schneider* [1975, S. 175] gelten, weist auf die Gültigkeit der Wiederanlageprämisse hin, erklärt diese für unrealistisch und zieht daraus den Schluß, die Anwendung des internen Zinsfuß-Kriteriums könne oder müsse zu Fehlentscheidungen führen.

b) Die andere Seite argumentiert, der interne Zinsfuß gebe die Effektivrendite der Investition an, „und zwar ohne irgendwelche Prämissen über die Anlage frei werdender Beträge" [*Kilger*, 1965a, S. 792]; dieser Ansicht folgen u.a. *Altrogge* [1977, S. 403], *Biergans* [1973c, S. 249f.] und *E. Schneider* [1967, S. 318].

Zur Verdeutlichung der Argumentation soll wiederum das Standardbeispiel herangezogen werden. Unter der Annahme einer ausschließlichen Eigenfinanzierung sowie einer alternativen Wiederanlage der Einzahlungsüberschüsse zum Habenzinsfuß ($i^H = 0,05$) oder zum internen Zinsfuß ($r = 0,275$) geht das jeweils erreichbare Endvermögen der Investitionsalternative aus der Tab. 15 hervor.

Sachinvestition	Reinvestitionsrendite 5 %				Reinvestitionsrendite 27,5 %			
	$t = 0$	$t = 1$	$t = 2$	$t = 3$	$t = 0$	$t = 1$	$t = 2$	$t = 3$
Eigenkapital direkte Zahlungen Reinvestition Zinsen Reinvestition Zinsen	+ 1000 − 1000	+ 500 − 500	+ 400 + 500 + 25 − 925	+ 750 + 925 + 46	+ 1000 − 1000	+ 500 − 500	+ 400 + 500 + 138 − 1038	+ 750 + 1038 + 285
Endvermögen				+ 1721				+ 2073

Tab. 15: Vollständiger vermögensorientierter Finanzplan einer eigenfinanzierten Sachinvestition bei alternativen Reinvestitionsrenditen

Angenommen, der Investor berechnet nach Abschluß der Investition den internen Zinsfuß, so käme er — je nach der Verzinsung bei Reinvestition der Rückflüsse — zu folgenden Ergebnissen [vgl. auch *Tanew*]:

$$\underset{t_0}{-1000} \underset{t_3}{\rule{4cm}{0.4pt} + 1721} \quad r = 0,20$$

$$\underset{t_0}{-1000} \underset{t_3}{\rule{4cm}{0.4pt} + 2073} \quad r = 0,275.$$

Das Ergebnis zeigt, daß der interne Zinsfuß die Effektivverzinsung des eingesetzten Kapitals nur richtig widerspiegelt, wenn die „Wiederanlageprämisse" gilt. Aufgrund der Wiederanlageprämisse nehmen Reinvestitionen keinen Einfluß auf den internen Zinsfuß der Grundinvestition. „Gleiches gilt für die aus den Rückflüssen dieser 'Tochterinvestitionen' zu finanzierenden ... 'Enkelinvestitionen'. Der denkbare, sich verbreitende Baum von Zahlungsströmen wird damit auf den Stamm der Grundinvestition reduziert" (*Drukarczyk*,

1970, S. 26f). In diesem Zusammenhang sei ein besonders krasses, gerade darum aber einleuchtendes Beispiel nach *D. Schneider* [1975, S. 211] zitiert. Für eine eigenfinanzierte Investition mit der Zahlungsreihe

$$-1000 \qquad +5000 \qquad -6000$$
$$t_0 \qquad\qquad t_1 \qquad\qquad t_2$$

errechnet sich ein interner Zinsfuß von 100 % (sowie ein weiterer von 200 %; vgl. dazu 3.6.4). Da die Auszahlungen insgesamt die Einzahlungen um 2000 übersteigen, läßt sich mit *D. Schneider* feststellen: „Der Leser faßt sich mit Recht an den Kopf". Unter der Voraussetzung, daß sich der Einzahlungsüberschuß in t_1 mit einer Verzinsung von 100 % (bzw. 200 %) wiederanlegen läßt, errechnet sich aus dem Endvermögen der Investitionsalternative jedoch in der Tat ein solcher interner Zinsfuß (vgl. Tab. 16).

Sachinvestition	Reinvestitions-rendite 100 %			Reinvestitions-rendite 200 %		
	$t = 0$	$t = 1$	$t = 2$	$t = 0$	$t = 1$	$t = 2$
Eigenkapital direkte Zahlungen Reinvestition Zinsen	+ 1000 – 1000	+ 5000 – 5000	– 6000 + 5000 + 5000	+ 1000 – 1000	+ 5000 – 5000	– 6000 + 5000 + 10000
Endvermögen			+ 4000			+ 9000

Tab. 16: Vollständiger vermögensorientierter Finanzplan für das Beispiel nach *D. Schneider*

$$C_0 = 0 = 4000\,(1+r)^{-2} - 1000 \qquad r = 1$$

bzw.

$$C_0 = 0 = 9000\,(1+r)^{-2} - 1000 \qquad r = 2.$$

Nach dem internen Zinsfuß-Kriterium ist dieses Investitionsobjekt für $i < 1$ vorteilhaft. Da sich in der Praxis jedoch kaum Reinvestitionsrenditen von 100 % bzw. 200 % erzielen lassen, würde sich die Realisierung dieser Sachinvestition im Nachhinein als Fehlinvestition herausstellen. Die Wiederanlageprämisse führt also zu einer erheblichen Überschätzung der Rentabilität einer Sachinvestition, wenn der interne Zinsfuß hoch ist [*Henke*, 1973, S. 186].

Jene Autoren, die einen Zusammenhang zwischen dem internen Zinsfuß und der Wiederanlage von Einzahlungsüberschüssen und/oder der Zwischenfinanzierung von Auszahlungsüberschüssen verneinen, verweisen, um ihre Ansicht zu stützen, zumeist auf ein Beispiel von *Kilger* [1965a, S. 797], das analog zu Tab. 14 für den Fall der Fremdfinanzierung konstruiert ist. Hierzu bemerkt *D. Schneider* [1975, S. 211, Fn. 31] treffend: „Das Beispiel beweist aber genau das Gegenteil dessen, was bewiesen werden soll; denn die Unterstellung, daß das Kapital teilweise zurückgezahlt wird, ist doch schließlich eine Prämisse über die Anlage freiwerdender Beträge".

Die Interpretation des internen Zinsfußes läßt sich also nicht von der Wiederanlageprämisse trennen.

Wohl aus diesem Grunde haben einige Autoren versucht, einen Verzinsungsmaßstab zu entwickeln, für den die Wiederanlageprämisse aufgrund des expliziten Ansatzes einer Reinvestitionsrendite nicht gilt [siehe Literaturhinweise am Ende von 3.6].

Abschließend soll noch die Frage der Äquivalenz von internem Zinsfuß-Kriterium und anderen Kriterien andiskutiert werden. Eine Äquivalenz zwischen Kapitalwert-, Annuitäts- und internem Zinsfuß-Kriterium liegt vor, wenn die Kapitalwertfunktion den in Abb. 18 dargestellten Verlauf aufweist. Eine Äquivalenz zwischen internem Zinsfuß-Kriterium einerseits und Endvermögens- bzw. Entnahmemodell andererseits wäre rein zufällig gegeben, wenn implizite Wiederanlageprämisse und expliziter Ansatz im vermögens- bzw. entnahmeorientierten vollständigen Finanzplan übereinstimmen [vgl. dazu auch *Niemann*, S. 36; *D. Schneider*, 1975, S. 235f.; *Schulte*, 1975, S. 211ff.].

3.6.4 Existenz und Eindeutigkeit eines internen Zinsfußes

Die Kapitalwertfunktion als Bestimmungsgleichung zur Berechnung des internen Zinsfußes stellt ein Polynom n-ten Grades dar, so daß sich maximal n reelle oder komplexe Lösungen für den Zinsfaktor $q = (1 + r)$ ergeben können [*Witten/Zimmermann*, S. 99].

Einmal sind Zahlungsreihen denkbar, für die sich überhaupt kein interner Zinsfuß bestimmen läßt.

Beispiel:

```
+100            −200            +200
├────────────────┼────────────────┤
t₀              t₁              t₂
```

$$C_0 = 0 = +100 - 200(1+r)^{-1} + 200(1+r)^{-2}$$
$$100(1+r)^2 - 200(1+r) + 200 = 0$$
$$(1+r)^2 - 2(1+r) + 2 = 0$$
$$1 + r = 1 \pm \sqrt{1-2}$$

Entscheidungen auf der Basis des internen Zinsfußes 97

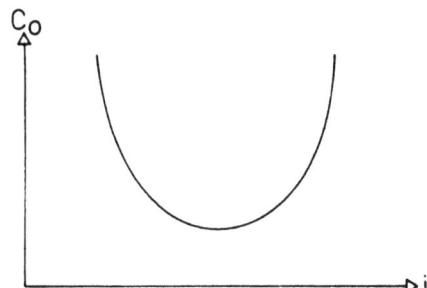

Abb. 19: Kapitalwertfunktion ohne internen Zinsfuß

Darüber hinaus können negative interne Zinsfüße auftreten.

Beispiel [Heister, 1962, S. 95]:

-5000	$+19500$	-26950	$+15405$	-2970
t_0	t_1	t_2	t_3	t_4

Ergebnis: $r_1 = -0,6 \quad r_2 = -0,1 \quad r_3 = +0,1 \quad r_4 = +0,5$

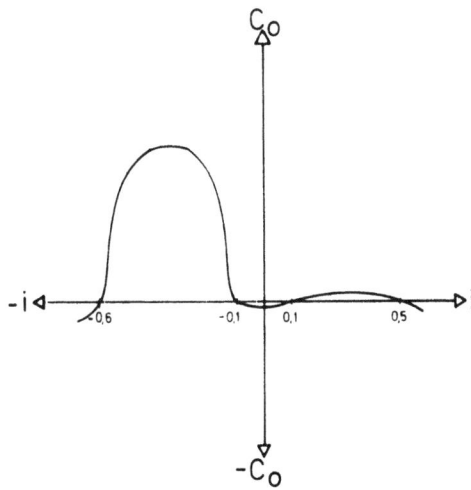

Abb. 20: Kapitalwertfunktion mit 4 internen Zinsfüßen

Im obigen Beispiel sind die negativen internen Zinsfüße größer als -1; es ist jedoch auch der Fall $r < -1$ rechnerisch denkbar.

Beispiel [Kilger, 1965b, S. 778]:

-10000	$+6000$	$+8125$
t_0	t_1	t_2

$C_0 = 0 = -10000 + 6000(1+r)^{-1} + 8125(1+r)^{-2}$

$10000(1+r)^2 - 6000(1+r) - 8125 = 0$

$(1+r)^2 - 0{,}6(1+r) - 0{,}8125 = 0$

$(1+r) = +0{,}3 \pm \sqrt{0{,}09 + 0{,}8125}$

$(1+r) = +0{,}3 \pm 0{,}95$

$r_1 = 0{,}25$

$r_2 = -1{,}65$

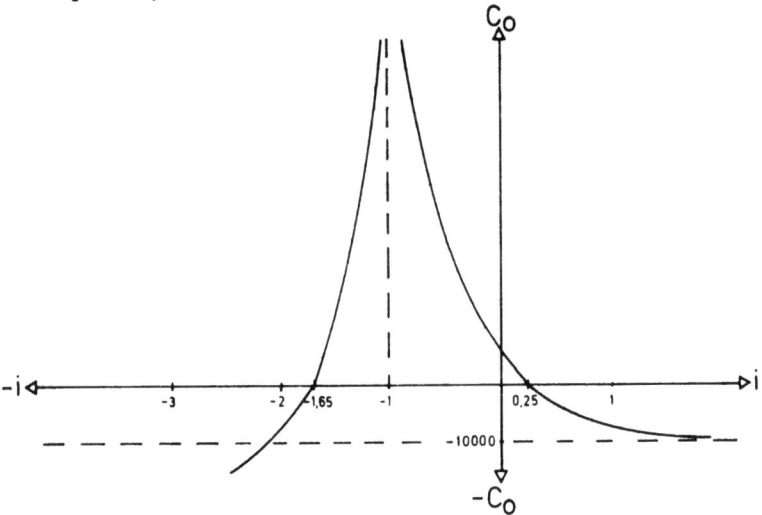

Abb. 21: Kapitalwertfunktion mit 2 internen Zinsfüßen

Ökonomisch interpretiert bedeutet ein Zinssatz von -100%, daß die Rückflüsse der Investition überhaupt keine Rückgewinnung und Verzinsung des Kapitaleinsatzes zulassen. Eine solche Lösung kann jedoch unmittelbar ausgeschieden werden, denn „mehr als 100% des gebundenen Kapitals kann auch der schlechteste Investor nicht verlieren" [*Kilger*, 1965b, S. 776f.; ähnlich *Hirshleifer*, S. 347]. Als ökonomisch sinnvoller Wertebereich verbleibt somit:

$q = 1 + r \geq 0$ bzw. $r \geq -1$.

Nach der Cartesischen Vorzeichenregel ist die Anzahl der positiven Lösungen einer algebraischen Gleichung nicht größer als die Anzahl der Vorzeichenwechsel und kann sich von dieser nur um eine gerade Zahl unterscheiden. Folglich sichert eine ungerade Zahl von Vorzeichenwechseln mindestens eine positive Lösung für den Zinsfaktor $(1+r)$ (Existenzbedingung 1).

Beispiel [*Altrogge*, 1977, S. 404f.]:

-1000	$+700$	$+1440$	$+1148$	$-3468,80$	$+1344$
t_0	t_1	t_2	t_3	t_4	t_5

Ergebnis: Bei 3 Vorzeichenwechseln 3 interne Zinsfüße im ökonomisch relevanten Bereich

$$r_1 = -0,4 \quad r_2 = -0,2 \quad r_3 = +0,4 \; ;$$

Aber auch bei einer geraden Zahl von Vorzeichenwechseln können sich positive Werte für den Zinsfaktor $(1 + r)$ ergeben.

Beispiel:

-4	$+10$	-6
t_0	t_1	t_2

Ergebnis: Bei 2 Vorzeichenwechseln 2 interne Zinsfüße im relevanten Bereich

$$r_1 = 0 \quad r_2 = 0,5.$$

Genau ein positiver Zinsfaktor $(1 + r)$ liegt immer dann vor, wenn die Kapitalwertfunktion aus dem positiven (negativen) Bereich kommend die Abszisse genau einmal schneidet [*Steiner*, 1977, S. 499] (Eindeutigkeitsbedingung 1). Die Kapitalwertfunktion braucht im relevanten Bereich [$(1 + r) > 0$] nicht monoton zu fallen (steigen).

Beispiel [*Steiner*, 1977, S. 500f.]:

Die der Zahlungsreihe

-980	$+4300$	-6080	$+2816$
t_0	t_1	t_2	t_3

entsprechende Kapitalwertfunktion weist für $i = 0,228$ mit $C_0 = 10,43$ ein **relatives Minimum** und für $i = 0,6$ mit $C_0 = 20$ ein relatives Maximum auf; bei $i = 1,023$ liegt die einzige Nullstelle (vgl. Abb. 22).

Allgemein besteht die entscheidende Voraussetzung für die Existenz genau eines internen Zinsfußes darin, „daß die entsprechende Zahlungsreihe bei wenigstens einer Anfangsauszahlung (Anfangseinzahlung) und einer Endeinzahlung (Endauszahlung) zu einer Kapitalwertfunktion führt, die genau einen Schnittpunkt mit der Abszisse ... aufweist" [*Steiner*, 1976b, S. 23].

Für den in der Praxis häufig auftretenden Fall einer Investition, bei der auf eine Anschaffungsauszahlung in t_0 nur Einzahlungsüberschüsse in späteren Zeitpunkten folgen, läßt sich die Existenz genau eines ökonomisch sinnvollen internen Zinsfußes nachweisen [*Hax*, 1979, S. 17f.].

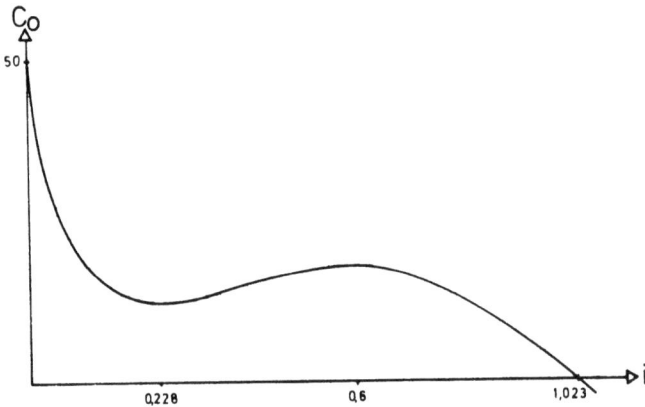

Abb. 22: Nicht monoton fallende Kapitalwertfunktion mit genau einem internen Zinsfuß

Da

$$\lim_{q \to \infty} C_0(q) = -a_0 \text{ und } \lim_{q \to 0} C_0(q) = \infty$$

und die Steigung der Kapitalwertfunktion

$$C_0 = -a_0 + ü_1 \cdot q^{-1} + ü_2 \cdot q^{-2} + \ldots + ü_n \cdot q^{-n}$$

in jedem Punkt negativ ist,

$$\frac{dC_0}{dq} = -ü_1 \cdot q^{-2} - 2 \cdot ü_2 \cdot q^{-3} - \ldots - n \cdot ü_n \cdot q^{-(n+1)}$$

muß die Kapitalwertfunktion monoton fallen, wobei sie stets aus dem positiven Bereich kommt und asymptotisch zu $-a_0$ verläuft; daher kann sie die Abszisse nur einmal schneiden.

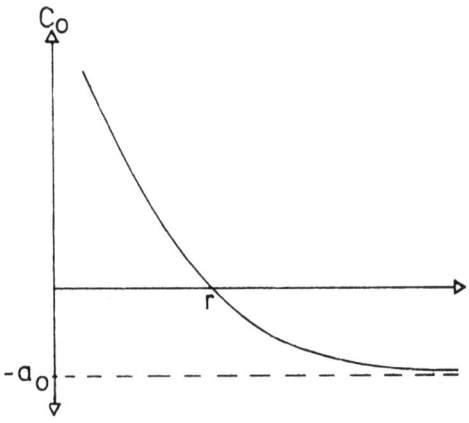

Abb. 23: Monoton fallende Kapitalwertfunktion mit genau einem internen Zinsfuß

Mit Hilfe der Cartesischen Vorzeichenregel [*Hax/Laux*, 1969, S. 241] oder des Budan'schen Theorems [*Jean*, S. 189] läßt sich auch für den allgemeinen Fall, daß bei Investitionen eine Auszahlungs*reihe* einer Einzahlungsreihe vorangeht bzw. bei Finanzierungsmaßnahmen eine Auszahlungsreihe auf eine Einzahlungsreihe folgt, die Existenz genau eines positiven Zinsfaktors $(1 + r)$ beweisen.

Weist also eine Zahlungsreihe nur einen einzigen Vorzeichenwechsel auf, so existiert genau ein ökonomisch sinnvoller interner Zinsfuß.

Bislang wurde der Fall betrachtet, unter welchen Bedingungen sich mindestens oder genau ein interner Zinsfuß im ökonomisch relevanten Bereich ergibt. Die Existenzbedingung 1 und die Eindeutigkeitsbedingung 1 garantieren jedoch keinen *positiven* Wert für r.

Eine hinreichende Bedingung für das Vorhandensein mindestens eines positiven internen Zinsfußes liegt nach dem von *Boulding* bereits 1936 formulierten Deckungskriterium [siehe auch *Kilger*, 1965b, S. 776] vor, wenn eine Zahlungsreihe mit einer Auszahlung (Einzahlung) beginnt und die Summe der nichtdiskontierten Zahlungen positiv (negativ) ist (Existenzbedingung 2).

Beispiel [*Witten/Zimmermann*, S. 102]:

-10000	$+36000$	-46750	$+22875$
t_0	t_1	t_2	t_3

Vorzeichenwechsel: 3

Deckungskriterium: erfüllt, da Auszahlung zu Beginn und Summe der nichtdiskontierten Zahlungen positiv

Ergebnis: $r = 0,5$ sowie 2 komplexe Lösungen

Zahlungsreihen mit wenigstens einer Auszahlung (Einzahlung) am Anfang und einem Vorzeichenwechsel weisen bei erfülltem Deckungskriterium genau einen positiven internen Zinsfuß auf (Eindeutigkeitsbedingung 2).

Beispiel (Standardbeispiel):

			$+300$
-1000	$+500$	$+400$	$+450$
t_0	t_1	t_2	t_3

Vorzeichenwechsel: 1

Deckungskriterium: erfüllt

Ergebnis: $r = 0,275$

Auf weitere Untersuchungen zur Existenz und Eindeutigkeit von internen Zinsfüßen soll hier nicht eingegangen werden, zumal Eindeutigkeitsaussagen eigentlich nur dann brauchbar sind, wenn sie sich auf den gesamten ökonomisch relevanten Bereich beziehen [*Altrogge*, 1977, S. 403].

3.6.5 Numerische Bestimmung des internen Zinsfußes

Da die exakte Bestimmung des internen Zinsfußes für mehr als 5 Zahlungszeitpunkte ($n > 4$) im allgemeinen nicht möglich ist [*Witten/Zimmermann*, S. 109], kann eine Lösung häufig nur "by trial and error" [*Porterfield*, S. 25] oder durch spezielle Näherungsverfahren erreicht werden.

Eine erste Möglichkeit zur approximativen Bestimmung des internen Zinsfußes könnte sich aus der Verwendung des von *Boulding* entwickelten Konzepts der Zeitzentren ergeben [siehe dazu insbesondere *Kern*, 1974, S. 177ff.].

Die Kapitalwertfunktion

$$C_0 = \sum_{t=0}^{n} e_t \cdot q^{-t} - \sum_{t=0}^{n} a_t \cdot q^{-t}$$

kann unter Berücksichtigung der Definitionsgleichungen zur Berechnung des Zeitzentrums von Ein- und Auszahlungen ($q^t z_e$ und $q^t z_a$)

$$q^t z_e^{(q)} = \frac{\sum_{t=0}^{n} e_t}{\sum_{t=0}^{n} e_t \cdot q^{-t}}$$

und

$$q^t z_a^{(q)} = \frac{\sum_{t=0}^{n} a_t}{\sum_{t=0}^{n} a_t \cdot q^{-t}}$$

wie folgt geschrieben werden:

$$C_0 = \frac{\sum_{t=0}^{n} e_t}{q^t z_e^{(q)}} - \frac{\sum_{t=0}^{n} a_t}{q^t z_a^{(q)}}.$$

Die internen Zinsfüße ergeben sich als Nullstellen der Kapitalwertfunktion. Für C_0 folgt aus der obigen Gleichung:

$$q^t z_a^{(q)} \cdot \sum_{t=0}^{n} e_t - q^t z_e^{(q)} \cdot \sum_{t=0}^{n} a_t = 0.$$

Für $q = 1 + r$ und $t_{z_e}(q) \neq t_{z_a}(q)$ erhält man daraus die *Boulding*'sche Wurzelformel:

$$r = \frac{t_{z_e}(q) - t_{z_a}(q)}{\sqrt{\frac{\sum_{t=0}^{n} e_t}{\sum_{t=0}^{n} a_t}}} - 1.$$

Da jedoch die Zeitzentren vom Zinsfaktor i abhängen, ist auch der nach der obigen Wurzelformel bestimmte interne Zinsfuß von dem zur Bestimmung der Zeitzentren jeweils angesetzten Kalkulationszinsfuß abhängig; d.h. bei unterschiedlichen Kalkulationszinsfüßen werden auch verschiedene interne Zinsfüße ermittelt. Um mittels der Wurzelformel den richtigen internen Zinsfuß zu erhalten, müßte man die gesuchte Größe als Kalkulationszinsfuß bei der Bestimmung der Zeitzentren ansetzen [*Steiner*, 1977, S. 493]. Daher kann auch die von *Witten/Zimmermann* [S. 110] nachgewiesene relativ hohe Fehlerquote kaum verwundern.

Als weitere Möglichkeit zur Bestimmung des internen Zinsfußes wird in der Literatur die rechnerisch und/oder graphisch durchführbare lineare Interpolation genannt.

Das Näherungsverfahren besteht aus der mehrfachen Wiederholung zweier Schritte: der „Einkreisung" der Nullstelle und der linearen Interpolation.

Zunächst werden 2 Zinsfüße i_1 und i_2 berechnet, deren zugehörige Kapitalwerte $C_{01}(i_1)$ und $C_{02}(i_2)$ unterschiedliche Vorzeichen aufweisen. Verbindet man diese beiden Punkte durch eine Gerade, so kann deren Abszissenschnittpunkt $\hat{r}_1$ als erste Approximation des gesuchten r angesehen werden. Für die Nullstelle der Gerade durch die 2 Punkte $(i_1; C_{01})$ und $(i_2; C_{02})$ gilt allgemein

$$\hat{r}_1 = \frac{i_2 \cdot C_{01} - i_1 \cdot C_{02}}{C_{01} - C_{02}}.$$

Im Beispiel ergibt sich für $i_1 = 0{,}10$ (mit $C_{01} = 349$) und $i_2 = 0{,}50$ (mit $C_{02} = -267$) als Näherungswert $\hat{r}_1$:

$$\hat{r}_1 = \frac{0{,}50 \cdot 349 - 0{,}10 \cdot (-267)}{349 - (-267)} = 0{,}327.$$

Nun wird der $\hat{r}_1$ entsprechende Kapitalwert berechnet und je nachdem, ob $C_{01}(i_1)$ positiv oder negativ ist, i_1 bzw. i_2 durch $\hat{r}_1$ ersetzt. Erneut wird nun ein Approximationswert $\hat{r}_2$ bestimmt.

Im Beispiel ergibt sich unter Beibehaltung von $i_1 = 0,10$ (mit $C_{01} = 349$) und Ersatz von $i_2 = 0,50$ durch $\hat{r}_1 = 0,327$ (mit $C_{01} = -75$) als Näherungswert für $\hat{r}_2$:

$$\hat{r}_2 = \frac{0,327 \cdot 349 - 0,10\,(-75)}{349 - (-75)} = 0,287$$

Dieser Zyklus kann beliebig oft wiederholt werden. Im Beispiel liegt bereits nach 2 Näherungsschritten eine genügend genaue Approximation für r vor.

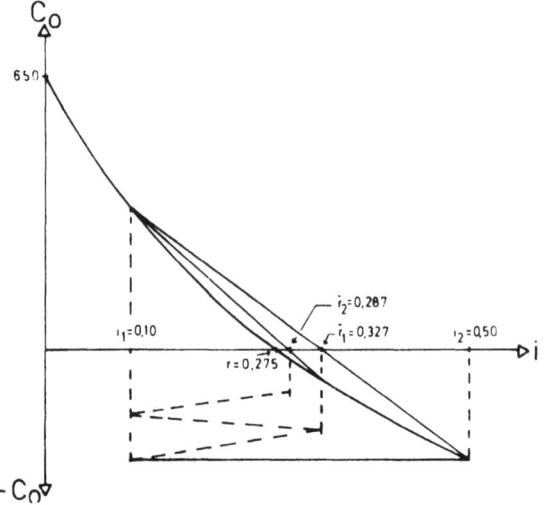

Abb. 24: Approximative Bestimmung des internen Zinsfußes

Hierbei wird allerdings innerhalb einer Funktion n-ten Grades, die i.d.R. gekrümmt verläuft, linear zwischen 2 Punkten interpoliert. Der mit diesem Vorgehen verbundene Fehler fällt umso geringer aus, je enger die Versuchszinssätze den exakten internen Zinsfuß (r) umrahmen. Zur Verbesserung der Näherungslösung werden in der Literatur einige Verfahren vorgeschlagen [*Altrogge*, 1977, S. 403; *Witten/Zimmermann*, S. 112f.], die jedoch allzu leicht eine Genauigkeit signalisieren, die in keinem Verhältnis zur Unsicherheit der Eingangsdaten steht.

Auf weitere im Schrifttum genannte Approximations- bzw. Suchverfahren soll hier nicht eingegangen werden [siehe *Hax*, 1979, S. 23f.; *Hosterbach/Seifert*, S. 876; *Swoboda*, 1971, S. 68f.].

In einigen Fällen erweist sich die Ermittlung des internen Zinsfußes dagegen als einfach:
Eine Sachinvestition besteht aus einer Anschaffungsauszahlung (a_0) und

a) einer endlichen Reihe gleich hoher Einzahlungsüberschüsse ($\bar{u}$)

$$C_0 = 0 = \ddot{u}\frac{(1+r)^n - 1}{r(1+r)^n} - a_0$$

$$\frac{r(1+r)^n}{(1+r)^n - 1} = \frac{\ddot{u}}{a_0}.$$

Aus Tabellen für den Wiedergewinnungsfaktor kann der interne Zinsfuß annähernd in der Weise bestimmt werden, daß man feststellt, bei welchem Zinssatz der Wiedergewinnungsfaktor mit der Laufzeit n dem Quotienten $\ddot{u}/a_0$ möglichst nahekommt.

b) einer unendlichen Reihe gleich hoher Einzahlungsüberschüsse ($\ddot{u}$)

$$C_0 = 0 = \frac{\ddot{u}}{r} - a_0$$

$$r = \frac{\ddot{u}}{a_0}.$$

c) unterschiedlichen Einzahlungsüberschüssen ($\ddot{u}_1, \ddot{u}_2$)

$$C_0 = 0 = \ddot{u}_1 (1+r)^{-1} + \ddot{u}_2 (1+r)^{-2} - a_0.$$

Die Auflösung der quadratischen Gleichung ergibt:

$$r = -1 + \frac{\ddot{u}_1}{2a_0} \pm \sqrt[2]{\left(\frac{\ddot{u}_1}{2a_0}\right)^2 + \frac{\ddot{u}_2}{a_0}}.$$

Sofern $a_0 > 0$ und $\ddot{u}_1, \ddot{u}_2 > 0$, existieren je ein positiver und ein negativer interner Zinsfuß; letzterer hat dann keine ökonomische Bedeutung, wenn die Summe der Einzahlungen die der Auszahlungen übersteigt.

d) einem einzigen Einzahlungsüberschuß ($\ddot{u}_n$)

$$C_0 = 0 = \ddot{u}_n (1+r)^{-n} - a_0$$

$$(1.+r)^{-n} = \frac{a_0}{\ddot{u}_n}.$$

Durch Radizieren nach r kann die Gleichung aufgelöst werden:

$$r = \pm \sqrt[n]{\frac{\ddot{u}_n}{a_0}} - 1 \qquad \text{(für gerade } n\text{)}$$

$$r = +\sqrt[n]{\frac{\ddot{u}_n}{a_0}} - 1 \qquad \text{(für ungerade } n\text{)}.$$

Näherungsweise läßt sich r auch analog zu a) aus Tabellen ermitteln.

Für den Sonderfall $n = 1$ folgt aus

$$C_0 = 0 = \bar{u}_1 (1 + r)^{-1} - a_0$$

$$r = \frac{\bar{u}_1 - a_0}{a_0}.$$

Abschließend hierzu bleibt jedoch festzuhalten, daß die Schwierigkeiten bei der Ermittlung von internen Zinsfüßen angesichts der heute verfügbaren Elektronenrechner nicht dramatisiert werden sollten [siehe dazu *Gahse*, S. 88ff.].

Ergänzende und vertiefende Literatur zum Abschnitt 3.6:
— zur Kontroverse um die „Wiederanlageprämisse" siehe Hildreth versus Lutz, wiederabgedruckt in *Albach* [1975, S. 28ff.]; Haberstock versus Hosterbach, wiederabgedruckt bei *Schmidt* [1975, S. 133ff.]; Kruschwitz [1977] versus Meyer [1974, 1975, 1977 und 1979]; sowie in 3.6.3 zitierte Quellen.
— zu modifizierten Kriterien auf der Basis des internen Zinsfußes siehe *Altrogge* [1973]; *Baldwin* [1959]; *Biergans* [1973c, S. 256ff.]; *Blohm/ Lüder* [1978, S. 107ff.]; *Buchner* [1979]; *Busse von Colbe/Laßmann* [1977, S. 322ff.]; *Göppl/Hellwig* [1973]; *Hax* [1978 und 1979, S. 24ff.]; *Henke* [1973 und 1974]; *Kloock* [1979]; *Kruschwitz* [1976a]; *Meyer* [1977 und 1978]; *Teichroew/Robichek/Montalbano* [1966].
— zur Existenz und Eindeutigkeit von internen Zinsfüßen siehe *Buchner/ Weinreich* [1979]; *Knoop* [1975]; *Küpper/Knoop* [1974]; *Meyer* [1978 und 1979], sowie in 3.6.4 zitierte Quellen.

3.7 Entscheidungen auf der Basis der Amortisationsdauer

3.7.1 Definition und Kriterium

Das Pay-off-Kriterium, auch als pay-back-, pay-out-, Amortisations-, Rückflußdauer- oder Kapitalrückflußrechnung bezeichnet, ermittelt jenen Zeitpunkt, in dem der Kapitaleinsatz über die jährlichen Einzahlungsüberschüsse wieder in die Unternehmung zurückgeflossen ist, die Investition im Sprachgebrauch der Praxis „sich amortisiert hat". Dieser „break-even-point" wird als Amortisationszeitpunkt, der Zeitraum zwischen Investitionsbeginn und Amortisationszeitpunkt als Pay-off-Periode oder Amortisationsdauer (t^*) bezeichnet.

Ein einzelnes Investitionsobjekt ist dann vorteilhaft, wenn seine Amortisationsdauer nicht länger als die vom Investor festgelegte höchst zulässige Amortisationsdauer ist; in ihr „drückt sich die psychologisch bedingte Risikoeinstellung des Unternehmers aus" [*D. Schneider*, 1961, S. 124].

$$t^* \leqslant t^*_{Max}.$$

Die Amortisationsrechnung existiert in vielen Formen. Die exakte Methode berücksichtigt Zinseszinsen, während die approximativen Methoden nur auf einfachen Zinsen basieren. Weitere Varianten treten bei beiden Methoden dadurch auf, daß zum einen periodenspezifische, zum anderen durchschnittliche Zahlungsreihen zugrunde gelegt werden [vgl. dazu u.a. *Harrmann*, 1971; *Lüder*, 1966].

Genauigkeitsgrad der Datenprognose / Berücksichtigung der Zinsen	periodenspezifische Zahlungen	durchschnittliche Zahlungen
exakt (Zinseszinsen)	exakte Kumulationsrechnung	exakte Repräsentativrechnung
approximativ (einfache Zinsen)	approximative Kumulationsrechnung	approximative Repräsentativrechnung

Tab. 17: Schematisierung der Varianten des Pay-off-Kriteriums

3.7.2 Exakte Amortisationsdauer

Der Amortisationszeitpunkt gibt jenen Zeitpunkt an, in dem der auf t_0 bezogene Barwert der laufenden Einzahlungsüberschüsse gleich der Anschaffungsauszahlung ist. Gesucht wird also der Zeitpunkt, in dem der Kapitalwert in Abhängigkeit von der Zeit den Wert Null annimmt. Im Gegensatz zu Zahlungsströmen kann die Bestimmung der Pay-off-Periode bei Zahlungsreihen immer nur näherungsweise erfolgen.

Bei der exakten Kumulationsrechnung werden die auf t_0 bezogenen Barwerte der laufenden Einzahlungsüberschüsse bis zu jenem Zeitpunkt addiert, in dem die kumulierten Barwerte dem Kapitaleinsatz entsprechen.

$$\sum_{t=1}^{t^*} \ddot{u}_t \cdot q^{-t} = a_0.$$

Für die Zahlungsreihe des Standardbeispiels beträgt die Amortisationsdauer für $i = 0{,}10$ ungefähr 2,95 Jahre; der Wert ergibt sich durch Interpolation zwischen 786 (t_2) und 1011 (t_3).

108   Vorteilhaftigkeitsbestimmung eines einzelnen Investitionsobjektes

Jahre	Barwert der laufenden Einzahlungsüberschüsse	
	jährlich	kumuliert
1	455	455
2	331	786
3	225	1011

Tab. 18: Berechnung der exakten Amortisationsdauer

Bei der exakten Repräsentativrechnung wird eine Reihe gleich hoher laufender Einzahlungsüberschüsse unterstellt und die Bestimmung des Amortisationszeitpunktes durch Auflösung der Gleichung

$$\bar{u} \cdot \frac{(1+i)^{t^*} - 1}{i(1+i)^{t^*}} = a_0$$

nach t^* vorgenommen. Nach einer Umformung

$$\frac{\bar{u}}{a_0} = \frac{i(1+i)^{t^*}}{(1+i)^{t^*} - 1}$$

läßt sich die Pay-off-Periode bei gegebenen Werten von a_0, $\bar{u}$ und i näherungsweise aus der Tabelle für die Wiedergewinnungsfaktoren entnehmen.
Für $\bar{u} = 400$ und $i = 0{,}10$ beträgt im Beispiel die Amortisationsdauer ca. 3 Jahre.

3.7.3 Approximative Amortisationsdauer

Bei der approximativen Kumulationsrechnung wird mit periodenspezifischen Einzahlungsüberschüssen und einfachen Zinsen auf das durchschnittlich gebundene Kapital gerechnet. Dabei wird der Faktor $(n+1)/n$ regelmäßig vernachlässigt, so daß sich die durchschnittlichen periodischen Zinszahlungen auf $i \cdot (a_0/2)$ belaufen. Gesucht wird nun der Zeitpunkt, in dem die kumulierten Einzahlungsüberschüsse abzüglich der kumulierten Zinszahlungen die Höhe der Anschaffungsauszahlung erreichen.

$$\sum_{t=1}^{t^*} \bar{u}_t - i \cdot \frac{a_0}{2} \cdot t^* = a_0$$

$$\sum_{t=1}^{t^*} \bar{u}_t = a_0 + i \cdot \frac{a_0}{2} \cdot t^*.$$

Entscheidungen auf der Basis der Amortisationsdauer 109

Für die Zahlungsreihe des Standardbeispiels und $i = 0{,}10$ beträgt die Amortisationsdauer ca. 2,8 Jahre;

Jahre	laufende Ein-Zahlungsüberschüsse		Zinszahlungen		Differenz
	jährlich	kumuliert	jährlich	kumuliert	kumuliert
1	500	500	50	50	450
2	400	900	50	100	800
3	300	1200	50	150	1050

Tab. 19: Berechnung der approximativen Amortisationsdauer

der Wert ergibt sich durch Interpolation zwischen 800 (t_2) und 1050 (t_3).

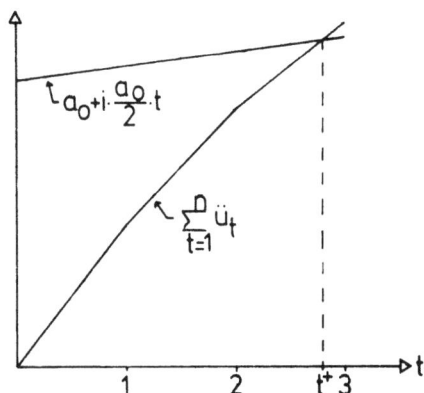

Abb. 25: Darstellung der Amortisationsdauer bei Anwendung der approximativen Kumulationsrechnung

Bei der approximativen Repräsentativrechnung wird mit konstanten Einzahlungsüberschüssen und einfachen Zinsen gerechnet. Die obige Gleichung vereinfacht sich dadurch:

$$\ddot{u} \cdot t^* - i \cdot \frac{a_0}{2} \cdot t^* = a_0$$

$$t^* \left(\ddot{u} - i \cdot \frac{a_0}{2} \right) = a_0$$

$$t^* = \frac{a_0}{\ddot{u} - i \cdot (a_0/2)}.$$

110 Vorteilhaftigkeitsbestimmung eines einzelnen Investitionsobjektes

Für das Beispiel ergibt sich bei $\bar{u} = 400$ und $i = 0{,}10$ eine Amortisationsdauer von 2,86 Jahren.

$$t^* = \frac{1000}{400 - 0{,}1 \cdot 500} = 2{,}86.$$

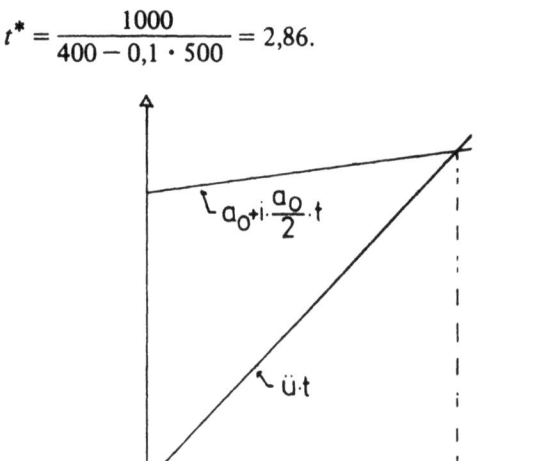

Abb. 26: Darstellung der Amortisationsdauer bei Anwendung der approximativen Repräsentativrechnung

3.7.4 Ökonomische Interpretation des Kriteriums

Das Pay-off-Kriterium wird in der Literatur auf 2 grundverschiedene Weisen interpretiert.

Zum einen findet man die Auffassung vertreten, die Kürze der Wiedergewinnungszeit sei ein Maßstab der Rendite [*Gordon; Sarnat/Levy; Weingartner*]; denn je schneller sich jeweils eine Investition amortisiere, umso größer sei die Flexibilität in der Wahrnehmung neu auftauchender Investitionschancen, der Anpassung an Nachfragewandlungen oder den technischen Fortschritt [*Byrne*, et al.]. Diese Argumente leuchten auf den ersten Blick ein, zumal eine Sachinvestition, für die sich der Amortisationszeitpunkt errechnen läßt, zumindest einen Kapitalwert von Null aufweisen muß. Der Schein, Entscheidungen auf der Basis der Amortisationsdauer stünden mit dem Kapitalwert-Kriterium in Einklang, trügt jedoch; denn mitunter werden sehr gewinnträchtige Sachinvestitionen nach dem Pay-off-Kriterium abgelehnt.

Entscheidungen auf der Basis der Amortisationsdauer 111

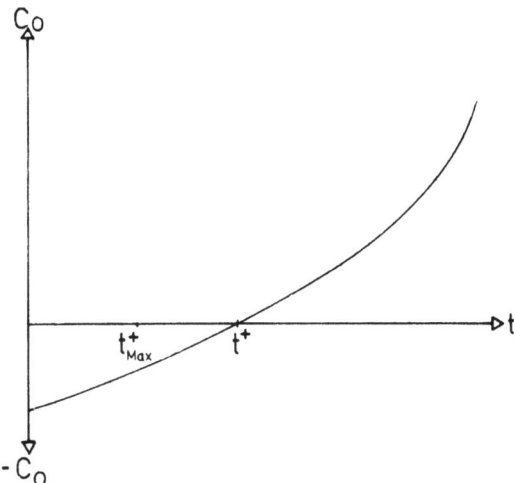

Abb. 27: Kapitalwertfunktion einer nach dem Pay-off-Kriterium abgelehnten Investition

Wer konsequent auf die Minimierung der Wiedergewinnungszeit abstellt, darf keine langfristige Werbung, keine vorsorglichen Grundstückskäufe, keine Grundlagenforschung, „also praktisch überhaupt keine langfristig gewinnwirksamen Investitionen durchführen" [*Koch*, 1969, S. 766, Fn. 4]. Daraus leitet *D. Schneider* die Folgerung ab: „Die Investitionsentscheidung allein nach der Pay-off-Methode zu fällen, widerspricht jeder wirtschaftlichen Vernunft" [*D. Schneider*, 1975, S. 295]. Zwar existieren Versuche, die Kritik am Pay-off-Kriterium durch den Vorschlag zu entschärfen, neben der Amortisationsdauer die erwartete Nutzungsdauer heranzuziehen, um aus beiden Größen zusammen Rückschlüsse auf die Rentabilität der Investition zu ziehen; es leuchtet jedoch nicht ein, warum dieser Umweg beschritten werden soll, um Aufschluß über die Rendite zu gewinnen.

Zum anderen wird die Amortisationsdauer als ein Beurteilungsmaßstab für das Risiko der mit einer Investition verbundenen Kapitalbindung angesehen. Den Ausgangspunkt bildet der Gedanke, daß die Überschaubarkeit der Zukunft und damit auch die Prognosesicherheit mit zunehmender zeitlicher Entfernung vom Planungszeitpunkt abnimmt. Je kürzer die Amortisationszeit ist, als desto größer gilt die Sicherheit der Rückgewinnung des Kapitaleinsatzes. Daher kann es empfehlenswert sein, die Amortisationsdauer als zusätzliches Entscheidungskriterium heranzuziehen, so etwa, wenn eine Sachinvestition nur einen wenig über Null liegenden Kapitalwert aufweist. Eine sehr lange Pay-off-Periode würde dann angesichts der Unsicherheit der Zukunft wahrscheinlich zur Ablehnung des Vorhabens führen.

Ergänzende und vertiefende Literatur zum Abschnitt 3.7: *Bronner* [1974]; *Eisele* [1972]; *Groos* [1964, S. 51ff.]; *Käfer* [1966, S. 17ff.]; *Moxter* [1959]; *Trechsel* [1966, S. 26f.].

3.8 Vergleich der Kriterien

Die auf dem Gewinnziel basierenden Kriterien sollen nun abschließend in bezug auf

- Eindeutigkeit
- Informations- und Optimierungsaufwand
- Anschaulichkeit

miteinander verglichen werden.

Im Gegensatz zu allen anderen Kriterien liefert das interne Zinsfuß-Kriterium nicht immer eindeutige Aussagen hinsichtlich der Vorteilhaftigkeit eines Investitionsobjektes. Weist eine Kapitalwertfunktion mehrere Nullstellen im ökonomisch sinnvollen Bereich auf, so muß zunächst der „richtige" interne Zinsfuß ausgesucht werden, bevor ein Vergleich mit dem Kalkulationszinsfuß stattfinden kann.

Beispiel [in Anlehnung an *Bierman/Smidt*, S. 42]:
Für die Zahlungsreihe

$$-7273 \quad +17091 \quad -10000$$
$$t_0 \qquad\quad t_1 \qquad\quad t_2$$

ergeben sich interne Zinsfüße von 10 % und 25 %.

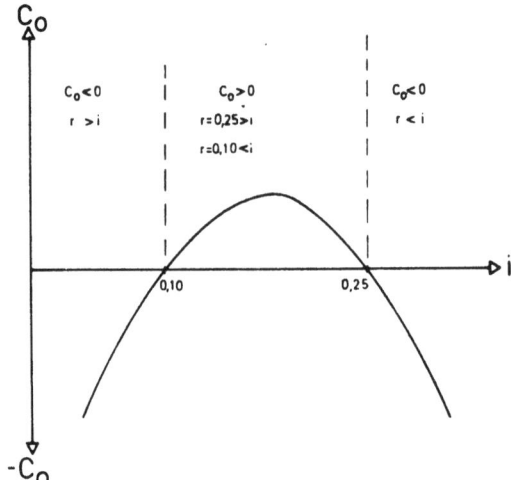

Abb. 28: Kapitalwertfunktion mit 2 internen Zinsfüßen im ökonomisch sinnvollen Bereich

Liegt der gewählte Kalkulationszinsfuß im mittleren Bereich, so hängt die Beurteilung der Sachinvestition nach dem internen Zinsfuß-Kriterium davon ab, welchen internen Zinsfuß der Investor für „richtig" hält; denn bei $r = 0{,}25$ ist die Investition vorteilhaft, bei $r = 0{,}10$ dagegen unvorteilhaft.

Für den Vergleich mit dem Kalkulationszinsfuß sollte der Investor jenen internen Zinsfuß auswählen, von dem er annimmt, daß sich die Einzahlungsüberschüsse zu annähernd diesem Zinssatz anlegen lassen.

Das Problem der Mehrdeutigkeit – erstmals 1936 von *Samuelson* und *Wright* gesehen – wird von *E. Schneider* [1967, S. 317] als nicht schwerwiegend erachtet, weil „für alle in der Praxis relevanten Investitionen ... ein und nur ein positiver interner Zinsfuß vorhanden ist"; ähnlich, wenngleich etwas abgeschwächt, äußern sich die meisten Autoren. Gegen die postulierte Allgemeingültigkeit einer Zahlungsstruktur, die mit einer Auszahlung beginnt und anschließend nur Einzahlungsüberschüsse aufweist, bringt *D. Schneider* zurecht vor, daß Investitionsobjekten, die in regelmäßigen Abständen generalüberholt werden (Zahlungsreihe: Auszahlung bzw. Auszahlungsüberschuß – Einzahlungsüberschuß – ... – Auszahlungsüberschuß – Einzahlungsüberschuß – ...), Auftragsforschung sowie Entwicklungsprojekten oder Großbauten (Zahlungsreihe: Einzahlung – Auszahlung – ... – Einzahlung) sehr wohl praktische Relevanz zukommt [*D. Schneider*, 1975, S. 215]. „Die Mehrdeutigkeit des internen Zinsfußes läßt sich also nicht einfach hinwegdiskutieren" [*Krause*, S. 122]; *Michel* [1979, S. 136] stellt dazu lapidar fest: „Die Kritik der mathematischen Mehrdeutigkeit ... läßt die Praxis kalt".

Der Informationsaufwand ist sicherlich bei Wirtschaftlichkeitsrechnungen auf der Basis der ursprünglichen Ziele am größten, da anstelle pauschaler Verzinsungsannahmen konkrete Zinssätze für Geldanlagen und Kredite in das Kalkül eingehen und daher durch Schätzung zu ermitteln sind. Mit dieser Mehrarbeit wird der größere Realitätsbezug erkauft; entsprechend aufwendiger gestaltet sich auch die Optimierung, da vollständige Finanzpläne aufgestellt werden müssen. Kalküle auf der Basis der Ersatzzielgrößen erfordern vergleichsweise weniger Informationen und der Rechenaufwand für die Optimierung hält sich – vom internen Zinsfuß-Kriterium abgesehen – in Grenzen.

In bezug auf die Anschaulichkeit scheint das interne Zinsfuß-Kriterium für die Praxis konkurrenzlos zu sein, denn aus eben diesem Grunde findet der interne Zinsfuß weit mehr in Unternehmen Anwendung als andere Kriterien der Wirtschaftlichkeitsrechnung [*Grabbe*, S. 54; *Lüder*, 1976, S. 512]; daher kann auch nicht verwundern, daß im Schrifttum die Praktiker zu den engagiertesten Verfechtern des internen Zinsfußes zählen [*Brandt*, 1970, S. 740; 1975, Sp. 186; *Hammel/Wahls; Hosterbach; Jonas*, 1964, S. 35; *Meyer; Ruppert* und *Sigel*].

4. Vorteilhaftigkeitsvergleich mehrerer Investitionsobjekte

4.1 Problemstellung

Während es bei der zuvor behandelten „Vorteilhaftigkeitsbestimmung eines einzelnen Investitionsobjektes" um die Frage der Realisierung oder Nichtrealisierung einer einzelnen Sachinvestition ging, stehen beim „Vorteilhaftigkeitsvergleich mehrerer Investitionsobjekte" neben der Unterlassensalternative mehrere Sachinvestitionen zur Auswahl. Grundprinzip und -probleme sollen am Beispiel der Sachinvestitionen A, B, C sowie der Finanzinvestition U mit den folgenden Zahlungsreihen erläutert werden:

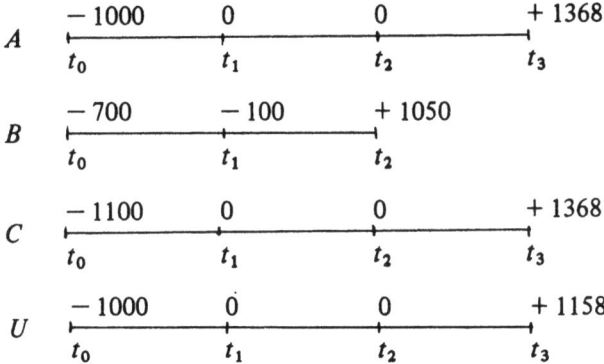

Dabei wird im folgenden auf die allgemeine Definition und die zuvor schon erörterten Prämissen der einzelnen Kriterien nicht mehr eingegangen (siehe dazu Kap. 3); vielmehr stehen die Besonderheiten beim Vergleich von mehreren Investitionsalternativen, dem sogenannten „Wahlproblem", im Vordergrund.

Eine rationale Entscheidung wird vor allem dadurch erschwert, daß Investitionsobjekte Unterschiede in den folgenden Strukturmerkmalen aufweisen können [*Schierenbeck*, 1976b, S. 267]:

— Kapitaleinsatz
— Investitionslaufzeit
— Summe der Rückflüsse
— zeitliche Verteilung der Rückflüsse.

Weichen Alternativen nur in einer dieser Eigenschaften ab, kann eine Beurteilung unmittelbar anhand des ökonomischen Prinzips vorgenommen werden.

Im Standardbeispiel ist nach der Maximumvariante des ökonomischen Prinzips A vorteilhafter als U, da A bei Identität von Kapitaleinsatz, Investitionslaufzeit und zeitlicher Verteilung der Rückflüsse einen höheren Einzahlungsüberschuß am Planungshorizont als U aufweist. Nach der Minimumvariante ist A auch C vorzuziehen, da A bei gleicher Investitionslaufzeit sowie gleicher Summe und zeitlicher Verteilung der Rückflüsse einen geringeren Kapitaleinsatz als C erfordert. A und B lassen sich dagegen nicht unmittelbar miteinander vergleichen; denn die beiden Sachinvestitionen unterscheiden sich in allen 4 Merkmalen. Um einen fundierten Vergleich vornehmen zu können, müssen die unvollständigen Handlungsmöglichkeiten in geeigneter Weise zu echten Alternativen („Projektbündeln") vervollständigt werden. Die Auswahl hat wie *Solomon* [1956, S. 127] treffend bemerkt – "not simply between two projects but between two alternative courses of action" zu erfolgen. Zu diesem Zweck werden besondere Investitionen vorgenommen, die in der Literatur als Differenz- [*Buchner; Fleig; Sabel*], Ergänzungs- [*Gutenberg; Jacob; Kruschwitz*], Komplementär- [*Leffson; Pack; Perridon/Steiner*], Supplement- [*Heister*], X- [*Lücke*] oder Zusatzinvestitionen [*Möser*] bezeichnet werden. Dabei hängt die konkrete Ausgestaltung von dem gewählten Kriterium der Wirtschaftlichkeitsrechnung ab.

4.2 Entscheidungen auf der Basis des Endvermögens

Verfolgt der Investor das Ziel der Endvermögensmaximierung, werden die gegebenen Zahlungsreihen sämtlicher Handlungsmöglichkeiten – falls erforderlich – so umstrukturiert, daß die Alternativen letztendlich nur noch aus einer gleich hohen Anfangsauszahlung und jeweils einem Finanzüberschuß am Planungshorizont, der durch die Nutzungsdauer der langlebigsten Sachinvestition gebildet wird, bestehen. Diese Prozedur erfolgt mit Hilfe von vollständigen Finanzplänen (siehe Kap. 3).

Das Vorgehen soll durch das Standardbeispiel veranschaulicht werden. Dabei wird exemplarisch unterstellt, daß im Investitionszeitpunkt ein Eigenkapital von 1000 für Investitionszwecke zur Verfügung steht und Entnahmen keine Rolle spielen.

Investitionsobjekt A stellt bereits eine vollständig formulierte Alternative dar, denn bei Zahlungssalden von Null in t_0, t_1 und t_2 verkörpert der Einzahlungsüberschuß in t_3 das Endvermögen.

$$K_3^A = 1368.$$

Um die Investitionsobjekte A und B vergleichen zu können, sind bei B eine Auszahlungskomplementärinvestition in t_0 zur Schaffung gleicher Kapitaleinsätze sowie zeitliche Komplementärinvestitionen in t_1 und t_2 zur Schaffung gleicher zwischenzeitlicher Zahlungssalden notwendig. Der Habenzinsfuß bei einjähriger Anlagedauer beträgt wiederum 5 %. Aus dem vollständigen Finanzplan ergibt sich dann als Endvermögen

$$K_3^B = 1340.$$

Investitions-alternative B	$t=0$	$t=1$	$t=2$	$t=3$
Eigenkapital	+ 1000			
direkte Zahlungen	− 700	− 100	+ 1050	
Finanzinvestition (Auszahlungskomplementärinvestition)	− 300	+ 300		
Habenzinsen (5 %)		+ 15		
Reinvestition (zeitliche Komplementärinvestition)		− 215	+ 215	
Habenzinsen (5 %)			+ 11	
Reinvestition (zeitliche Komplementärinvestition)			− 1276	+ 1276
Habenzinsen (5 %)				+ 64
Endvermögen				+ 1340

Tab. 20: Vollständiger vermögensorientierter Finanzplan der Investitionsalternative B

Wegen

$$K_3^A > K_3^B > K_3^U$$

erweist sich die Sachinvestition A bei Endvermögensmaximierung als optimal.

4.3 Entscheidungen auf der Basis der Entnahme

Möchte der Investor ein gleichbleibendes Einkommen im Zeitablauf bei Erhaltung seines Anfangs-Eigenkapitals erzielen (und nur dieser Fall soll hier betrachtet werden), so muß zur Bestimmung der entnahmemaximalen Investitionsalternative eine Angleichung der Kapitaleinsätze und eine Umstrukturierung der Zahlungsreihe jedes Investitionsobjektes erfolgen.

Im Standardbeispiel, bei dem wiederum exemplarisch ein Eigenkapital von 1000 zugrunde gelegt wird, ist bei A zur Finanzierung der Entnahme in t_1 und t_2 jeweils ein Kredit aufzunehmen (Sollzinsfuß 10 % und einjährige Laufzeit), der aus dem Einzahlungsüberschuß in t_3 zurückgezahlt werden kann. Bei B dagegen sind in jeder Periode genügend eigene Mittel zur Finanzierung der Entnahmen vorhanden; es können in t_1 und t_2 sogar **Reinvestitionen** (Habenzinsfuß 5 % und einjährige Laufzeit) erfolgen.

Die Berechnung ergibt:

$$Y^A = 111 \quad Y^B = 108 \quad Y^U = 50.$$

Damit läßt sich bei gleichem Kapitaleinsatz, gleichem Endvermögen und gleicher zeitlicher Struktur der Entnahmen mit der Sachinvestition A eine höhere Entnahme als mit B und U erzielen.

$$Y^A > Y^B > Y^U.$$

Die vollständigen Finanzpläne der beiden Investitionsalternativen bestätigen diese Aussage.

Investitionsalternative A	$t = 0$	$t = 1$	$t = 2$	$t = 3$
Eigenkapital	+ 1000			
direkte Zahlungen	– 1000	0	0	+ 1368
Kredit		+ 111	– 111	
Sollzinsen (10 %)			– 11	
Kredit			+ 233	– 233
Sollzinsen (10 %)				– 24
Entnahmen	0	– 111	– 111	– 111
Endvermögen				+ 1000

Investitionsalternative B	$t = 0$	$t = 1$	$t = 2$	$t = 3$
Eigenkapital	+ 1000			
direkte Zahlungen	– 700	– 100	+ 1050	0
Finanzinvestition	– 300	+ 300		
Habenzinsen (5 %)		+ 15		
Reinvestition		– 107	+ 107	
Habenzinsen (5 %)			+ 6	
Reinvestition			– 1055	+ 1055
Habenzinsen (5 %)				+ 53
Entnahmen	0	– 108	– 108	108
Endvermögen				+ 1000

Tab. 21: Vollständige entnahmeorientierte Finanzpläne der Investitionsalternativen A und B

Im Standardbeispiel ergibt sich also bei Entnahmemaximierung die gleiche Rangfolge wie bei Endvermögensmaximierung. Konflikte zwischen beiden Zielsetzungen sind jedoch durchaus denkbar [siehe dazu die eingehende Analyse von *Kruschwitz/Fischer*, sowie *Trilling*, 1980].

4.4 Entscheidungen auf der Basis des Kapitalwertes

4.4.1 Kriterium

Von alternativen Sachinvestitionen ist das Investitionsobjekt mit dem höchsten positiven Kapitalwert am vorteilhaftesten.

Im Standardbeispiel ist die Investition A bei einem Kalkulationszinsfuß von $i = i^H = 0,05$ der Investition B vorzuziehen.

$$C_0^A = 1368 \cdot 1,05^{-3} - 1000 = 182$$

$$C_0^B = -100 \cdot 1,05^{-1} + 1050 \cdot 1,05^{-2} - 700 = 157$$

$$C_0^A > C_0^B.$$

Bis auf *Fisher* [1932] läßt sich ein anderes, als „Differenzmethode" bezeichnetes Vorgehen zur Bestimmung der Rangfolge von Investitionsobjekten zurückführen, bei dem durch Subtraktion der Zahlungsreihen von A und B eine fiktive Differenzinvestition $(A - B)$ gebildet wird.

```
         -1000      0         0      +1368
A        |----------|---------|---------|
         t₀         t₁        t₂        t₃

         -700      -100     +1050
B        |----------|---------|
         t₀         t₁        t₂

         -300      +100     -1050    +1368
(A-B)    |----------|---------|---------|
         t₀         t₁        t₂        t₃
```

Von den alternativen Sachinvestitionen A und B ist das Investitionsobjekt A vorteilhafter als B, wenn der Kapitalwert der Differenzinvestition $(A - B)$ positiv ist.

$$C_0^{(A-B)} > 0$$

$$C_0^{(A-B)} = -300 + 100(1+i)^{-1} - 1050(1+i)^{-2} + \\ + 1368(1+i)^{-3} = 25$$

Der Kapitalwert einer Differenzinvestition ist gleich der Differenz der Einzelkapitalwerte

$$C_0^{(A-B)} = C_0^A - C_0^B = 182 - 157 = 25$$

Zur allgemeinen Beantwortung der Frage, welche von 2 alternativen Sachinvestitionen zu dem höheren Kapitalwert (relative Vorteilhaftigkeit) führt, reicht die Feststellung aus, ob der Kapitalwert der Differenzinvestition positiv oder negativ ist; darüber, ob die vorteilhafteste Sachinvestition jedoch im Vergleich zur Unterlassensalternative die beste Handlungsmöglichkeit darstellt (absolute Vorteilhaftigkeit), sagt das Kriterium nichts aus [vgl. hierzu besonders kritisch *Terborgh*, 1962, S. 73ff.]. Der positive Kapitalwert einer Differenzinvestition schließt nämlich nicht aus, daß beide Einzelkapitalwerte negativ sind (z.B. $C_0^E = -100, C_0^F = -200, C_0^{(E-F)} = +100$).

Um sicher zu gehen, müßte also für die beste Sachinvestition zusätzlich ihr Einzelkapitalwert berechnet werden, es sei denn, der Investor hat sich aus irgendeinem Grunde entschieden, auf jeden Fall eine Sachinvestition durchzuführen.

In gleicher Weise könnte auch die Annuität bzw. der interne Zinsfuß der Differenzinvestition als Kriterium herangezogen werden [vgl. dazu u.a. *Hax*, 1976, S. 41ff.]; jedoch sind auch gegen dieses Vorgehen analoge Bedenken angebracht.

Häufig kommt es vor, daß sich alternative Sachinvestitionen nur in ihren Auszahlungsreihen unterscheiden. In diesem Fall ist das Investitionsobjekt mit dem niedrigsten Kapitalwert der Auszahlungen relativ am günstigsten; seine absolute Vorteilhaftigkeit im Vergleich zur Unterlassensalternative läßt sich dagegen nur unter Berücksichtigung der Einzahlungsreihe beurteilen.

4.4.2 Verzinsung von Komplementärinvestitionen

Beim Kapitalwert-Kriterium werden Komplementärinvestitionen implizit durch die Prämisse berücksichtigt, daß sie sich zum Kalkulationszinsfuß verzinsen und damit (aufgrund des Kompensationseffektes von Auf- und Abzinsung) einen Kapitalwert von Null aufweisen. Dann ist nämlich der Kapitalwert des gesamten Projektbündels mit dem Kapitalwert der direkten Zahlungen der betrachteten Sachinvestition identisch.

Diese Feststellung läßt sich anhand des Standardbeispiels veranschaulichen. Der Kapitalwert sämtlicher Komplementärinvestitionen bei Investitionsobjekt B beträgt:

$$-300 + 300 \cdot 1{,}05^1 \cdot 1{,}05^{-1} - 215 \cdot 1{,}05^{-1}$$
$$+ 215 \cdot 1{,}05^1 \cdot 1{,}05^{-2} - 1276 \cdot 1{,}05^{-2}$$
$$+ 1276 \cdot 1{,}05^1 \cdot 1{,}05^{-3} = 0.$$

Im Einzelfall ist zu prüfen, ob die Prämisse, daß sich Komplementärinvestitionen zum Kalkulationszinsfuß verzinsen, der Realität entspricht. Für das Standardbeispiel findet sich im Endvermögen-Modell die obige Verzinsungsprämisse des Kapitalwert-Modells explizit abgebildet, so daß sich hier auf-

120   Vorteilhaftigkeitsvergleich mehrerer Investitionsobjekte

grund der Äquivalenz bei Kapitalwert- und Endvermögensmaximierung dieselbe Rangfolge der Alternativen ergeben muß. In diesem Fall hätte man also auf den expliziten Ansatz von Komplementärinvestitionen verzichten können.

Bei einer Abweichung von Verzinsungsprämisse und Realität kann das Kapitalwert-Modell zu einer – im Sinne der Endvermögensmaximierung – falschen Rangfolge führen.

4.5 Entscheidungen auf der Basis der Annuität

4.5.1 Kriterium

Von alternativen Sachinvestitionen ist das Investitionsobjekt mit der größten positiven Annuität am vorteilhaftesten. Unterscheiden sich die Investitionsalternativen nur in ihren Auszahlungsreihen, so ist das Investitionsobjekt mit der niedrigsten Auszahlungsannuität relativ am günstigsten; die absolute Vorteilhaftigkeit kann jedoch erst durch einen Vergleich mit der Einzahlungsannuität festgestellt werden.

4.5.2 Verzinsung von Komplementärinvestitionen

Die Anwendung des Annuitätskriteriums erweist sich für Sachinvestitionen mit identischer Nutzungsdauer als unproblematisch. Da wegen der gleichen zeitlichen Erstreckung für beide Investitionsobjekte derselbe Wiedergewinnungsfaktor Verwendung finden kann, bestimmt die Relation der Kapitalwerte auch die Rangfolge der Annuitäten; beide Kriterien müssen also beim Vorteilhaftigkeitsvergleich im Falle gleicher Investitionslaufzeiten zu identischen Ergebnissen führen. Damit gilt auch hier die Prämisse der Verzinsung von Komplementärinvestitionen zum Kalkulationszinsfuß.

Bei Sachinvestitionen mit unterschiedlicher Nutzungsdauer hängen die Verzinsungsannahmen sowie die Frage, ob Kapitalwert und Annuität stets zur gleichen Rangfolge führen oder auch abweichende Aussagen möglich sind, entscheidend davon ab, auf welchen Zeitraum sich die Annuitäten erstrecken.

a) Zum einen können die Annuitäten aller Investitionsalternativen auf der Basis eines gemeinsamen Zeitraums berechnet werden, der durch die Nutzungsdauer des langlebigsten Investitionsobjektes gebildet wird.
Danach ergibt sich für das Standardbeispiel:

$$n^A > n^B$$

$$D^A = C_0^A \cdot \frac{i(1+i)^{n^A}}{(1+i)^{n^A} - 1}; D^A \ (i = 0{,}05) = 182 \cdot 0{,}36721 = 67$$

$$D^B = C_0^B \cdot \frac{i(1+i)^{n^A}}{(1+i)^{n^A}-1}; D^B \ (i=0{,}05) = 157 \cdot 0{,}36721 = 58$$

Der (problemlose) Vergleich der Annuitäten.

```
         +67    +67    +67
A  |------|------|------|
   t_0    t_1    t_2    t_3

         +58    +58    +58
B  |------|------|------|
   t_0    t_1    t_2    t_3
```

führt zu dem Ergebnis, daß Investitionsobjekt A vorteilhafter als B ist.
Da zur Berechnung der Annuitäten bei allen Investitionsalternativen der gleiche Wiedergewinnungsfaktor Verwendung findet, müssen sich die nach dem Kapitalwert- und Annuitäts-Kriterium gewonnenen Ergebnisse decken. Mit diesem Vorgehen geht die Unterstellung einher, daß sich die Komplementärinvestitionen zum Kalkulationszinsfuß verzinsen.

b) Zum anderen kann die Annuität jeder Investitionsalternative auf der Basis ihrer individuellen Nutzungsdauer berechnet werden.
Danach ergibt sich für das Standardbeispiel:

$$D^A = C_0^A \cdot \frac{i(1+i)^{n^A}}{(1+i)^{n^A}-1}; D^A \ (i=0{,}05) = 182 \cdot 0{,}36721 = 67$$

$$D^B = C_0^B \cdot \frac{i(1+i)^{n^B}}{(1+i)^{n^B}-1}; D^B \ (i=0{,}05) = 157 \cdot 0{,}53781 = 84.$$

Abweichend vom Kapitalwert-Kriterium und der obigen Version des Annuitätskriteriums ist nunmehr Investitionsobjekt B vorteilhafter als A. Das Standardbeispiel widerlegt also die in der Literatur weit verbreitete Ansicht, Kapitalwert und Annuität würden stets zu identischen Ergebnissen bezüglich der Rangfolge von Sachinvestitionen führen [u.a. *Haberstock/ Dellmann*, S. 197; *Lücke*, 1975; *D. Schneider*, 1975, S. 204].
Es fragt sich jedoch, ob ein Vergleich von Annuitäten, die anhand laufzeitindividueller Wiedergewinnungsfaktoren ermittelt werden, überhaupt sinnvoll sein kann, da der einheitliche Vergleichszeitraum zu fehlen scheint.

122   Vorteilhaftigkeitsvergleich mehrerer Investitionsobjekte

```
          + 67      + 67      + 67
A  |--------|--------|--------|
   t₀       t₁       t₂       t₃


           + 84      + 84
B  |--------|--------|
   t₀       t₁       t₂
```

Nach dieser Version des Annuitätskriteriums wäre ja — um das Problem drastisch vor Augen zu führen — ein Investitionsobjekt mit einer über 2 Jahre laufenden Annuität von 100 einem Investitionsobjekt mit einer über 50 Jahre laufenden Annuität von 99 überlegen!
Ein solcher Annuitätsvergleich kann jedoch durchaus sinnvoll sein, wenn die Nutzungsdauerunterschiede durch eine plausible Prämisse „überbrückt" werden. Die diesbezüglichen Aussagen der Literatur [*Biergans*, 1973b, S. 391f.; *Buchner*, 1978, S. 509; *Frischmuth*, S. 52f.; *Jacob*, 1975, Sp. 1986; *Jacob*, 1979, S. 33; *Krause*, S. 149; *Perridon/Steiner*, S. 59] können an dieser Stelle nicht dargestellt und diskutiert werden [siehe dazu *Schulte*, 1980 und 1981, ausdrücklich anderer Ansicht *Kruschwitz*, 1974 und 1980]; vielmehr sei nur das Ergebnis der Analyse genannt: Dem Vergleich laufzeitindividueller Annuitäten liegt die Annahme zugrunde, daß den alternativen Investitionsobjekten jeweils unendlich viele Anlagen nachfolgen, die den gleichen Kapitalwert wie die Anfangsinvestition aufweisen (vgl. dazu auch 6.2.2.3).

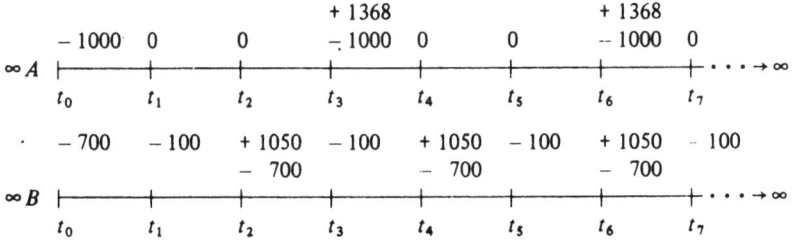

Aufgrund dieser Annahme, die den erforderlichen einheitlichen Vergleichszeitraum künstlich schafft, besitzen die jeweiligen Folgeinvestitionen die gleiche Annuität (und übrigens auch den gleichen internen Zinsfuß) wie das betrachtete Investitionsobjekt.

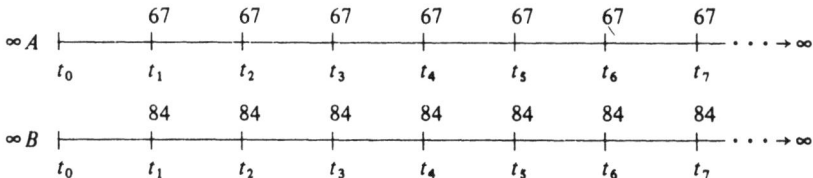

Diese Annahme ist nicht so haarsträubend wie sie zunächst erscheint; denn sie besagt eigentlich nur, daß der Investor in der Zeit nach dem Nutzungsdauerende der betrachteten Sachinvestition die gleichen Ertragschancen erwartet wie in der unmittelbar bevorstehenden Zukunft.

Die Beantwortung der Frage, ob der Investor bei Anwendung des Annuitätskriteriums einheitlich die Nutzungsdauer des langlebigsten Investitionsobjektes oder jeweils die individuelle Nutzungsdauer eines Investitionsobjektes zugrunde legen soll, hängt allein von den Erwartungen des Investors hinsichtlich der Zeit nach Ablauf der Nutzungsdauer des betrachteten Investitionsobjektes ab. Bei Version a) wird unterstellt, daß Folgeinvestitionen einen Kapitalwert von Null aufweisen, sich also zum Kalkulationszinsfuß verzinsen, bei Version b) dagegen, daß Folgeinvestitionen den gleichen internen Zinsfuß wie die betrachtete Sachinvestition aufweisen, also (i.d.R.) den Kalkulationszinsfuß übersteigende Ertragschancen bieten. Im Einzelfall ist zu prüfen, welche Prämisse der Realität eher entspricht.

Äquivalenzbeziehungen zwischen Entnahmedifferenz und Annuität lassen sich nur für die Version a) untersuchen, da die Entnahmekonzeption auf einem endlichen Planungszeitraum basiert. Für das Standardbeispiel findet sich im Entnahme-Modell die Verzinsungsprämisse des Annuitätskriteriums im vollständigen Finanzplan von B explizit abgebildet, im vollständigen Finanzplan von A dagegen nicht. Die Entnahmedifferenz von B entspricht demnach der Annuität von B; für die Entnahmedifferenz von A gilt dies nicht. Im Standardbeispiel führen beide Kriterien dennoch zur gleichen Rangfolge, was jedoch allgemein nicht immer zutrifft. Bei einer Abweichung von Verzinsungsprämisse und Realität kann das Annuitätskriterium in der Version a) zu einer – im Sinne der Entnahmemaximierung – falschen Rangfolge führen.

4.6 Entscheidungen auf der Basis des internen Zinsfußes
4.6.1 Kriterium
Von alternativen Sachinvestitionen ist das Investitionsobjekt mit dem größten internen Zinsfuß am vorteilhaftesten, sofern dieser den Kalkulationszinsfuß übersteigt.

Für das Standardbeispiel ergibt sich:

$C_0^A = 1368\,(1+r)^{-3} - 1000 = 0$

$1368 = 1000\,(1+r)^3$

$(1+r)^3 = 1{,}368.$

Der interne Zinsfuß für A beträgt:

$r^A = 0{,}11$

$C_0^B = -100\,(1+r)^{-1} + 1050\,(1+r)^{-2} - 700 = 0.$

Durch Multiplikation mit $-(1+r)^2$ ergibt sich:

$700\,(1+r)^2 + 100\,(1+r) - 1050 = 0$

$(1+r)^2 + 0{,}1429\,(1+r) - 1{,}50 = 0$

$1 + r = -0{,}0715 \pm \sqrt{0{,}0051 + 1{,}50}$

$1 + r = -0{,}0715 \pm 1{,}2268.$

Als ökonomisch relevanter interner Zinsfuß ergibt sich für B:

$r^B = 0{,}155.$

Beide Sachinvestitionen sind vorteilhaft; allerdings hat sich die Rangfolge gegenüber dem Kapitalwert-Kriterium umgekehrt.

4.6.2 Verzinsung von Komplementärinvestitionen

Beim internen Zinsfuß-Kriterium wird das Vorhandensein unterschiedlicher Strukturmerkmale durch die Annahme neutralisiert, daß sich Komplementärinvestitionen zum internen Zinsfuß des Investitionsobjektes verzinsen. Dann ist nämlich der interne Zinsfuß des gesamten Projektbündels mit dem internen Zinsfuß der direkten Zahlungen der betrachteten Sachinvestition identisch.

Ob diese Verzinsungsprämisse den realen Verhältnissen der Entscheidungssituation entspricht, ist im Einzelfall zu prüfen; die Wahrscheinlichkeit dafür ist sehr gering (siehe dazu 4.6.3). Bei einer Abweichung kann das interne Zinsfuß-Kriterium eine − im Sinne der Endvermögens- und Entnahmemaximierung − falsche Rangfolge angeben.

In diesem Zusammenhang hat sich die Literatur intensiv mit dem „Phänomen" beschäftigt, daß Kapitalwert- und internes Zinsfuß-Kriterium beim

Wahlproblem zu unterschiedlichen Aussagen führen können.

Die Abb. 29 zeigt, daß die Kapitalwerte unterschiedlich empfindlich auf Variationen des Kalkulationszinsfußes reagieren. Die Gründe für derartige Sensitivitätsunterschiede sind ebenso vielfältig (siehe Tab. 22) wie die Erklärungsversuche der Literatur. Tendenziell gilt die Regel, daß Investitionsobjekte mit hoher durchschnittlicher Kapitalbindung, d.h. mit hoher Anschaffungsauszahlung, langer Nutzungsdauer und späten Rückflüssen zinsempfindlicher als Investitionsobjekte mit geringerer Kapitalbindung sind [*Biergans*, 1973b, S. 30; *Bitz*, 1977a, S. 148; *Hax*, 1979, S. 22]; denn der „längere Diskontierungsweg" [*Heister*, 1960] bewirkt mit steigendem Kalkulationszinsfuß eine vergleichsweise starke Abzinsung der Rückflüsse. In vielen Fällen (vgl. zu den Ausnahmen Tab. 23) führen die Sensitivitätsunterschiede wie in Abb. 29 zu

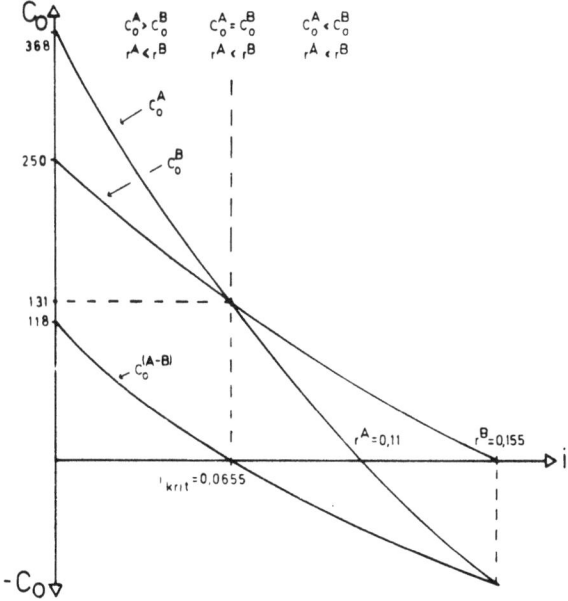

Abb. 29: Kapitalwertfunktionen in Abhängigkeit vom Kalkulationszinsfuß (Standardbeispiel)

einem Schnittpunkt der Kapitalwertfunktionen im positiven Bereich, so daß Kapitalwert- und internes Zinsfuß-Kriterium auch zu unterschiedlichen Aussagen hinsichtlich der Rangfolge gelangen können, je nachdem, ob der Kalkulationszinsfuß über oder unter dem kritischen Zinssatz liegt; dieser ist als jener Zinssatz definiert, bei dem sich die Kapitalwertkurven der beiden Investitionsalternativen schneiden. Zu seiner Berechnung werden die Funktionen gleichgesetzt und nach i_{krit} aufgelöst.

	Anschaf-fungsaus-zahlung	Nutzungs-dauer	Summe der Rück-flüsse	zeitliche Struktur der Rück-flüsse	Beispiel						
					t_0	t_1	t_2	t_3	t_4	t_5	t_6
							Standardbeispiel				
1	ungleich	ungleich	ungleich	ungleich							
2	gleich	ungleich	ungleich	ungleich	E: 35 282 F: 35 282	20 000 16 691	15 000 16 691 [*Dudley*, S. 911]	10 000 16 691	5 000 –	– –	– –
3	ungleich	gleich	ungleich	ungleich	G: – 118 H: – 32	60 5	50 10 [*Haberstock/Dellmann*, S. 198]	40 15	30 20	20 25	10 30
4	ungleich	ungleich	gleich	ungleich	I: – 60 J: – 50	100 30	50 50	– 70	– –	– –	– –
5	ungleich	ungleich	ungleich	gleich	K: – 20 L: – 250	10 100	10 100	10 100	10 –	10 –	– –
6	gleich	gleich	ungleich	ungleich	M: –1000 N: –1000	700 100	500 400 [*Frischmuth*, S. 55]	300 1 200	– –	– –	– –
7	ungleich	gleich	gleich	gleich	O: –1000 P: –1400	300 400	300 400 [*Frischmuth*, S. 48]	300 400	300 400	300 400	300 400
8	gleich	ungleich	ungleich	gleich	Q: –35 282 R: –35 282	16 691 10 949	16 691 10 949	16 691 10 949	– 10 949	– 10 949	– –
9	ungleich	gleich	gleich	ungleich	S: – 99 T: – 100	30 50	40 40	50 30	– –	– –	– –
10	ungleich	ungleich	gleich	gleich	unmögliche Datenkonstellation						

Tab. 22: Unterschiedliche Rangfolge bei Anwendung von Kapitalwert- und internem Zinsfuß-Kriterium

$$-1000 + 1368\,(1 + i_{krit})^{-3} = -700 - 100\,(1 + i_{krit})^{-1}$$
$$+ 1050\,(1 + i_{krit})^{-2}$$
$$i_{krit} = 0{,}0655.$$

Der kritische Zinssatz, bei dem nach dem Kapitalwert-Kriterium Indifferenz zwischen A und B besteht, läßt sich als interner Zinsfuß der fiktiven Differenzinvestition (A − B) interpretieren und nach *Fisher* [1932, S. 130] als Differenzgewinnrate (rate of return over cost) bezeichnen. Bei einem über i_{krit} liegenden Kalkulationszinsfuß weisen beide Kriterien B als die vorteilhaftere Investition aus; bei $i < i_{krit}$ fällt die Wahl anhand der Kapitalwerte auf A, nach dem internen Zinsfuß-Kriterium dagegen auf B.

	Anschaffungsauszahlung	Nutzungsdauer	Summe der Rückflüsse	zeitliche Struktur der Rückflüsse
1	gleich	gleich	ungleich	gleich
2	gleich	ungleich	gleich	ungleich
3	gleich	ungleich	gleich	gleich
4	gleich	gleich	gleich	ungleich
5	ungleich	gleich	gleich	gleich
6	gleich	gleich	gleich	gleich

Tab. 23: Gleiche Rangfolge bei Anwendung von Kapitalwert und internen Zinsfuß-Kriterium

Formal ist die Ursache für die Rangfolgeunterschiede darin zu sehen, daß sich die beiden Kapitalwertkurven im ökonomisch relevanten Bereich schneiden; materiell sind dafür die unterschiedlichen Pauschalannahmen von Kapitalwert und internem Zinsfuß verantwortlich. Bei niedriger Verzinsung der Komplementärinvestitionen (unterhalb 6,55 %) wirkt sich die im Vergleich zu B höhere Summe der Rückflüsse bei A stärker auf den Kapitalwert aus als die demgegenüber ungünstigere zeitliche Verteilung der Rückflüsse. Bei einer hohen Verzinsung der Komplementärinvestitionen (oberhalb 6,55 %) überkompensiert die im Vergleich zu A günstigere zeitliche Verteilung der Rückflüsse bei B die niedrigere Summe der Rückflüsse.

Ein Investor, der als Kalkulationszinsfuß einen Zinssatz unterhalb von i_{krit} gewählt und sowohl die Kapitalwerte als auch die internen Zinsfüße der

Investitionsalternativen berechnet hat, wird sich nun die Frage stellen, welches der beiden Kriterien denn nun die richtige Rangfolge liefert. Die Antwort hängt nun entscheidend von der Realitätsnähe der unterschiedlichen Annahmen über die Verzinsung von Komplementärinvestitionen ab. Erwartet der Investor eine Verzinsung

— zum Kalkulationszinsfuß, so ist das Kapitalwert-Kriterium dem internen Zinsfuß-Kriterium überlegen,
— zum internen Zinsfuß des untersuchten Investitionsobjekts, so ist das interne Zinsfuß-Kriterium dem Kapitalwert-Kriterium überlegen,
— weder zum Kalkulationszinsfuß noch zum internen Zinsfuß, so ist zu prüfen, ob die Verzinsung oberhalb oder unterhalb des kritischen Zinsfußes liegt [*Curran*, S. 101ff.; *Dudley*, S. 913; *Grunewald/Nemmers*, S. 203; *Mao*, 1969, S. 220ff.; *Perridon/Steiner*, S. 59f.; *Schierenbeck*, 1976b, S. 267]. Wird im Standardbeispiel für die bei Investitionsobjekt *B* erforderlichen Komplementärinvestitionen eine Verzinsung von 6,55 % oder niedriger angenommen, so ermittelt das Kapitalwert-Kriterium, im umgekehrten Fall das interne Zinsfuß-Kriterium die richtige Rangfolge.

Um diese Schwierigkeiten bei der Bestimmung der vorteilhaftesten Investitionsalternative zu vermeiden, steht ein einfaches Rezept zur Verfügung: die Anwendung der Endvermögens- oder Entnahmekonzeption.

4.6.3 Spezielle Einwände

Zusätzlich zu den kritischen Anmerkungen oben (siehe 3.8) werden in der Literatur weitere speziell auf den Investitionsvergleich bezogene Einwände vorgebracht.

Einige Kritiker halten dem internen Zinsfuß-Kriterium vor [erstmals *Hållsten*, S. 54ff.; ferner *Buchner*, 1973b, S. 699f.; *Haberstock/Dellmann*, S. 204; *D. Schneider*, 1975, S. 215], die Rangordnung sei nicht neutral gegenüber gleich hohen Veränderungen der Zahlungsreihen von Investitionsobjekten (mangelnde Invarianz). Als Paradebeispiel gelten die Abbruchkosten einer alten Anlage; hier kann die Entscheidung über 2 alternative Neuanlagen davon abhängen, ob die in beiden Fällen gleich hohen Abbruchkosten bei Anwendung des internen Zinsfuß-Kriteriums in das Kalkül einbezogen werden oder nicht.

So ergeben sich für die Zahlungsreihen [zu dem Beispiel vgl. *D. Schneider*, 1975, S. 215]

$$D \quad \begin{array}{cccc} -180 & +140 & +100 & +40 \\ t_0 & t_1 & t_2 & t_3 \end{array}$$

$$V \begin{array}{c|c|c|c|c} & -180 & +100 & +100 & +100 \\ \hline & t_0 & t_1 & t_2 & t_3 \end{array}$$

interne Zinsfüße von $r^D = 0,32$ und $r^V = 0,30$, bei Einbeziehung der Abbruchkosten von -40 in die Anschaffungsauszahlungen beider Investitionsobjekte dagegen von $r^D = 0,16$ und $r^V = 0,17$.

Inwiefern hierin jedoch ein Mangel des internen Zinsfuß-Kriteriums zum Ausdruck kommen soll, ist nicht einsichtig [*Biergans*, 1973a, S. 211], da Zahlungsreihen grundsätzlich vollständig formuliert werden sollten, um nicht nur die relative, sondern auch die absolute Vorteilhaftigkeit beurteilen zu können.

Weitere Einwände richten sich gegen eine prämissenbedingte Inkonsistenz des internen Zinsfuß-Kriteriums [*Drukarczyk*, 1970, S. 30]. Wie oben begründet, liefert dieses Kriterium nur dann zweifelsfrei die richtige Rangfolge, wenn die Effektivverzinsung des Objektbündels und der Investitionsalternative identisch sind. Wie ein Blick auf das Standardbeispiel bestätigt, wird damit für die Unterlassensalternative (Finanzinvestition von 1000) eine Verzinsung zum Kalkulationszinsfuß ($i^H = 0,05$), für die aus der Differenz der Anschaffungsauszahlungen resultierende Komplementärinvestition ($a_0^A - a_0^B = 300$) dagegen eine Verzinsung in Höhe des internen Zinsfußes der Investition B ($r^B = 0,155$) unterstellt [*Schulte*, 1975, S. 216]. Daß von verschieden hohen Beträgen (1000 bzw. 300), die im gleichen Zeitpunkt und für die gleiche Dauer auf dem Kapitalmarkt angelegt werden, der Teilbetrag (300) eine höhere Verzinsung erzielt, erscheint jedoch wenig einleuchtend [*Drukarczyk*, 1970, S. 30]. Als noch widersprüchlicher stellt sich diese Annahme für die Komplementärinvestitionen dar, die aus unterschiedlichen Rückflußstrukturen und/oder Nutzungsdauern resultieren (1050 in t_2), da hier für die kurzfristige (einjährige) Anlage eine höhere Verzinsung ($r^B = 0,155$) als für die langfristige (dreijährige) Finanzinvestition ($i^H = 0,05$) unterstellt ist.

Außerdem leuchtet nicht ein, daß die Verzinsung von Wiederanlagen jeweils davon abhängig sein soll, welchen internen Zinsfuß die ihr zugrundeliegende Investitionsalternative aufweist [u.a. *Ganske*, S. 389]. Auf das obige Beispiel von *D. Schneider* angewandt, bedeutet diese Annahme: die bei beiden Investitionen vorgesehene Anlage von 100 in t_2 erbringt je nachdem, ob es sich um Rückflüsse von D oder V handelt, eine Rendite von entweder 16% oder 17%. In der Realität ist die Verzinsung von Wiederanlagen jedoch völlig unabhängig davon, aus welcher Investition die Mittel stammen; diese Feststellung gilt erst recht hinsichtlich der Finanzierungskosten für die Deckung von zwischenzeitlichen Auszahlungsüberschüssen.

Da die Verzinsungserwartungen für Komplementärinvestitionen und/oder Zwischenfinanzierungen in der Realität wohl eher in der Nähe des Kalkulationszinsfußes als des jeweiligen internen Zinsfußes einer Investitionsalternative liegen werden, läßt sich tendenziell eine mangelnde Eignung des internen Zinsfuß-Kriteriums beim Vorteilhaftigkeitsvergleich konstatieren.

4.7 Entscheidungen auf der Basis der Amortisationsdauer

Von alternativen Sachinvestitionen ist das Investitionsobjekt mit der kürzesten Amortisationsdauer am vorteilhaftesten; in den Vergleich dürfen allerdings nur solche Sachinvestitionen einbezogen werden, deren Pay-off-Periode t^+_{max} nicht übersteigt.

Da sich die Anwendung des Kriteriums nicht von dem bereits erörterten Fall eines einzelnen Investitionsobjektes unterscheidet, soll gleich auf den Stellenwert dieses Konzeptes für den Vergleich alternativer Sachinvestitionen eingegangen werden. Hier führt die ausschließliche Verwendung des Pay-off-Kriteriums zu besonders gravierenden Verstößen gegen die Zielsetzung der Gewinnmaximierung. So werden etwa die beiden unten in ihrem Kapitalwertverlauf abgebildeten Investitionen W und X gleichgeschätzt, weil die Zeit nach dem Amortisationszeitpunkt völlig vernachlässigt wird.

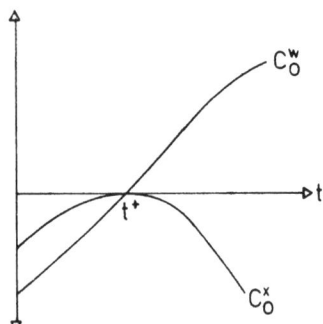

Abb. 30: Beispiel einer Diskrepanz zwischen Pay-off- und Kapitalwert-Kriterium

Außerdem werden Investitionen mit späterem Einzahlungsschwerpunkt systematisch schlechter beurteilt als Investitionen mit relativ schnellem Mittelrückfluß.

„Wer also seine Investitionsentscheidungen konsequent auf die Minimierung der Amortisationsdauer abstellt, betreibt eine sehr kurzsichtige Unternehmenspolitik" [*Koch*, 1969, S. 767].

Aller Skepsis zum Trotz [*Jaensch*, S. 56] hat sich inzwischen auch in der Praxis „die Ansicht durchgesetzt, daß die Amortisationszeit als Kriterium für die Beurteilung der Wirtschaftlichkeit von Investitionen nicht geeignet ist"

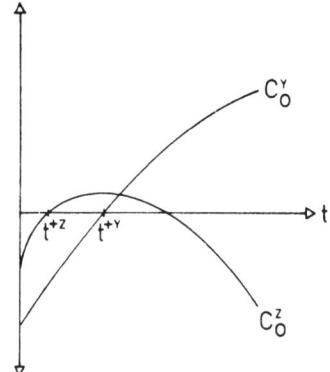

Abb. 31: **Beispiel einer Diskrepanz zwischen Pay-off- und Kapitalwert-Kriterium**

[*Lüder*, 1976, S. 512]. Wie Simulationsstudien gezeigt haben [*Haegert/Wittmann; Hertz*, 1968; *Sundem*], ist die ausschließliche Anwendung des Pay-off-Kriteriums nur bei Vorliegen sehr risikoreicher Umweltbedingungen dem Kapitalwert-Kriterium überlegen.

Gegen das Pay-off-Kriterium als zusätzlichen Beurteilungsmaßstab, so etwa, wenn alternative Sachinvestitionen annähernd den gleichen Kapitalwert aufweisen, läßt sich dagegen kaum etwas einwenden.

Ergänzende und vertiefende Literatur zum Kapitel 4: siehe im Text zitierte Quellen sowie Angaben zu den entsprechenden Abschnitten im Kapitel 3.

5. Bestimmung der optimalen Anschaffungsauszahlung eines Investitionsobjektes

5.1 Problemstellung

Bislang wurde bei der Vorteilhaftigkeitsbestimmung von Investitionsobjekten jeweils von einer gegebenen Anschaffungsauszahlung ausgegangen. Häufig stellt jedoch auch die Höhe des Kapitaleinsatzes selbst ein Problem der Investitionsplanung dar; so kann eine geplante Produktionsstätte für unterschiedliche Kapazitäten erstellt werden. Damit hängen jedoch die durch dieses Investitionsobjekt erzielbaren Einzahlungsüberschüsse nicht nur von der Zeit, sondern auch von der Betriebsgröße und damit der Anschaffungsauszahlung ab. Die doppelte Dependenz der Rückflüsse erzwingt zur Vereinfachung der Modellbetrachtung eine Prämisse über die Zahlungszeitpunkte. Der funktionale Zusammenhang zwischen den Einzahlungsüberschüssen und der Anschaf-

132 Bestimmung der optimalen Anschaffungsauszahlung eines Investitionsobjektes

fungsauszahlung einerseits sowie dem Alter des Investitionsobjektes andererseits stellt nur dann kein Problem dar, wenn für das betrachtete Investitionsobjekt entweder nur ein einziger Einzahlungsüberschuß zu einem feststehenden Zeitpunkt oder von der Zeit unabhängige Rückflüsse für eine bestimmte Nutzungsdauer oder ad infinitum (ewige Rente) angenommen werden. Lediglich der letztgenannte Fall bildet im folgenden den Gegenstand der Untersuchung.

Der Verlauf der Einzahlungsüberschüsse in Abhängigkeit von der Anschaffungsauszahlung und die Höhe des Kalkulationszinsfußes bestimmen die Lage des Optimums. Im Falle linear oder progressiv steigender Rückflüsse liegt der optimale Kapitaleinsatz bei vollkommenem Kapitalmarkt mathematisch im unendlichen und ist bei beschränktem Kapitalmarkt mit dem maximal für Investitionszwecke verfügbaren Betrag identisch.

Eher ist jedoch zu erwarten, daß die Einzahlungsüberschüsse zumindest von einer bestimmten Höhe der Anschaffungsauszahlung an nur noch degressiv zunehmen. Hier wird im folgenden von einem „ertragsgesetzlichen" Verlauf ausgegangen (vgl. Abb. 32).

Ein solcher Verlauf läßt sich wie folgt begründen: Zur Erzielung von Einzahlungsüberschüssen ist ein bestimmter Mindest-Kapitaleinsatz erforderlich. Mit steigender Anschaffungsauszahlung lassen sich technisch bessere und damit kostengünstigere Verfahren realisieren. Die bei wachsender Kapazität auftretende Kostendegression führt zunächst zu progressiven Zuwächsen bei den Einzahlungsüberschüssen. Zunehmender Marktwiderstand erzwingt schließlich Preissenkungen und erfordert eine Erhöhung des Vertriebskostenbudgets. Der progressive Anstieg geht daher in ein degressives Wachstum, u.U. sogar in eine absolute Abnahme über.

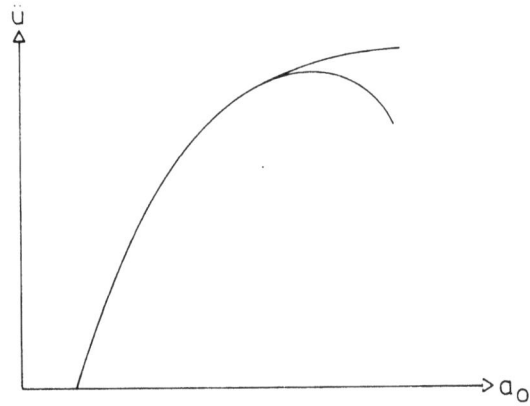

Abb. 32: Verlauf der Einzahlungsüberschüsse in Abhängigkeit von der Anschaffungsauszahlung

Eine solche Entwicklung der Einzahlungsüberschüsse läßt vermuten, daß für die Anschaffungsauszahlung ein Optimum existiert; zu seiner Bestimmung werden im folgenden das Kapitalwert- und das interne Zinsfuß-Kriterium herangezogen. Das Maximum der gewählten Zielgröße determiniert die optimale Anschaffungsauszahlung.

Damit steht jedoch noch nicht zwangsläufig fest, daß die betrachtete Sachinvestition auch vorteilhaft ist. Darüber entscheidet erst der Vergleich mit dem Kalkulationszinsfuß. Bekanntlich lohnt sich die Vornahme einer Sachinvestition nur dann, wenn

$$C_0 > 0 \quad \text{bzw.} \quad r > i.$$

5.2 Entscheidungen auf der Basis von Kapitalwert und Annuität

Gleichen zeitlicher Anfall und Höhe der Einzahlungsüberschüsse einer ewigen Rente, so läßt sich der Kapitalwert (C_0) als Differenz zwischen dem Ertragswert [$\bar{u}(a_0)/i$] und der Anschaffungsauszahlung (a_0) wie folgt formulieren:

$$C_0 = \frac{\bar{u}(a_0)}{i} - a_0.$$

Das Maximum des Kapitalwertes in Abhängigkeit von a_0 wird ermittelt, indem C_0 nach a_0 differenziert und gleich Null gesetzt wird.

$$\frac{dC_0}{da_0} = \frac{d\bar{u}(a_0)/da_0}{i} - 1 = 0.$$

Daraus folgt:

$$\frac{d\bar{u}(a_0)}{da_0} = i.$$

Im Optimum ist demnach der Kalkulationszinsfuß gleich der Änderungsrate der Einzahlungsüberschüsse bei Variation der Anschaffungsauszahlung. Das Kapitalwertmaximum liegt also vor, wenn die zuletzt investierte Geldeinheit eine interne Verzinsung in Höhe des Kalkulationszinsfußes erbringt. Der Quotient wird daher auch als Grenzverzinsung, Grenzrendite, Grenzrate des internen Zinsfußes, ausgabenmarginaler interner Zinsfuß oder Grenzleistungsfähigkeit des Kapitals (r') bezeichnet. In verkürzter Schreibweise lautet die Optimumbedingung:

$$r' = i.$$

134 Bestimmung der optimalen Anschaffungsauszahlung eines Investitionsobjektes

Damit ein Maximum vorliegt, muß die 2. Ableitung der Kapitalwertfunktion kleiner als Null sein.

$$\frac{d^2 C_0}{da_0^2} < 0.$$

Die für die Optimumbestimmung relevanten Funktionsverläufe sind in Abb. 33 dargestellt; sie entsprechen tendenziell dem Zahlenbeispiel der Tab. 24. Die graphische Darstellung basiert auf der Umwandlung des Kapitalwertes in die Annuität. Da der Wiedergewinnungsfaktor für $n \to \infty$ sich dem Grenzwert i nähert, läßt sich die Annuität wie folgt definieren:

$$i \cdot C_0 = \bar{u}(a_0) - i \cdot a_0 = D.$$

Die Annuität entspricht also den Zinsen auf den Kapitalwert und wird durch die Differenz zwischen dem konstanten Einzahlungsüberschuß und den Zinsen auf die Anschaffungsauszahlung (Kapitalkosten), interpretierbar bei Eigenfinanzierung als Habenzinsen aus anderweitiger Kapitalverwendung (Opportunitätskosten) bzw. bei Fremdfinanzierung als Fremdkapitalkosten, gebildet.

Die Funktion der Einzahlungsüberschüsse [$\bar{u}(a_0)$] weist den bereits beschriebenen „ertragsgesetzlichen" Verlauf auf. Die Zinsen auf die Anschaffungsauszahlung ($i \cdot a_0$) stellen eine im Ursprung beginnende Gerade mit der Steigung i dar.

Die Annuitätsfunktion ($i \cdot C_0$) weist 3 markante Punkte auf: eine Nullstelle im Schnittpunkt der Kurven der Einzahlungsüberschüsse und der Kapitalkosten („Gewinnschwelle") und 2 Extremstellen in den Tangentialpunkten dieser beiden Kurven. Die Funktion der Annuität ($i \cdot C_0$) und damit auch des Kapitalwertes (C_0) erreicht bei dem Wert von a_0 ihr Maximum (Minimum), bei dem die positive (negative) Differenz zwischen $\bar{u}(a_0)$ und $i \cdot a_0$ am größten ist.

Die Grenzrate des internen Zinsfußes [$r' = d\bar{u}(a_0)/da_0$] entspricht der Steigung der $\bar{u}(a_0)$-Kurve und gibt die Veränderung der Einzahlungsüberschüsse bei einer Variation der Anschaffungsauszahlung, also die interne Verzinsung einer zusätzlich investierten Geldeinheit an. Solange die Steigerungsrate der Einzahlungsüberschüsse geringer als der Kapitalkostenanstieg ist, liegt die Grenzverzinsung unterhalb des Kalkulationszinsfußes. Im Minimum der Annuität sind beide Größen gleich hoch. Bei einer weiteren Erhöhung der Anschaffungsauszahlung übersteigt die Grenzrate des internen Zinsfußes den Kalkulationszinsfuß, erreicht im Wendepunkt der Funktion der Einzahlungsüberschüsse ihr Maximum und fällt danach kontinuierlich. Solange die Grenzverzinsung den Kalkulationszinsfuß übersteigt, d.h. die interne Verzinsung einer

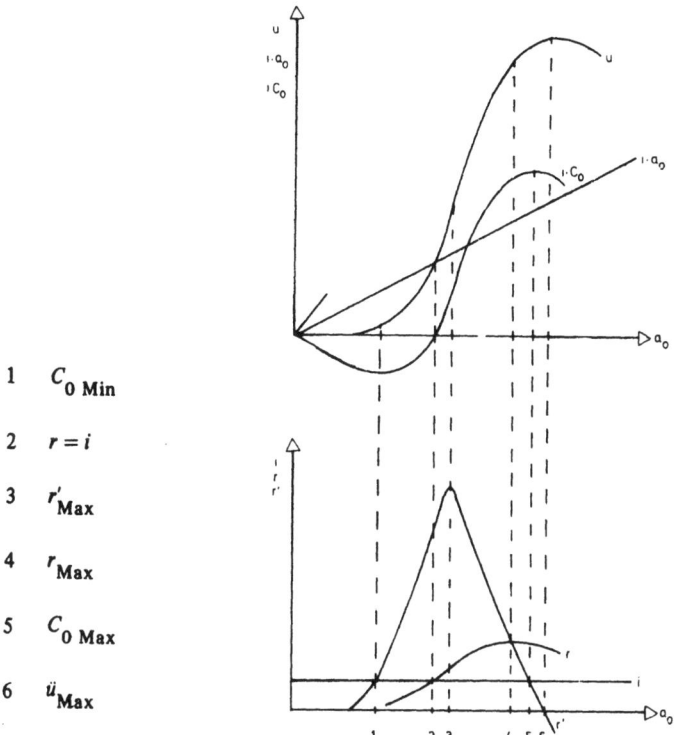

1	$C_{0\,Min}$
2	$r = i$
3	r'_{Max}
4	r_{Max}
5	$C_{0\,Max}$
6	$ü_{Max}$

Abb. 33: Graphische Bestimmung der optimalen Anschaffungsauszahlung

zusätzlich investierten Geldeinheit mehr erbringt als die durch den Kalkulationszinsfuß ausgedrückte Unterlassensalternative, nimmt auch die Annuität zu. Im Schnittpunkt der Funktionen von Grenzverzinsung und Kalkulationszinsfuß liegt das Maximum von Annuität und Kapitalwert. Bei der Anschaffungsauszahlung, die zum Maximum der Einzahlungsüberschüsse führt, nimmt die Grenzrate des internen Zinsfußes den Wert Null an und wird danach aufgrund der absoluten Abnahme der Rückflüsse negativ.

Je höher der Kalkulationszinsfuß angesetzt wird, desto geringer ist ceteris paribus die optimale Anschaffungsauszahlung.

Was die praktische Optimumbestimmung anbelangt, so wird sich die Abhängigkeit des Kapitalwertes von der Höhe der Anschaffungsauszahlung wohl kaum als stetige Funktion ausdrücken lassen; daher basiert das Zahlenbeispiel auf diskreten Veränderungen von a_0 und $ü\,(a_0)$. Die Ausgangsdaten finden sich in den Spalten 1 und 3 der Tab. 24. Bei einem Kalkulationszinsfuß von

136 Bestimmung der optimalen Anschaffungsauszahlung eines Investitionsobjektes

1	2	3	4 (3−2)	5	6	7	8	9
a_0	$i \cdot a_0$	$ü(a_0)$	$i \cdot C_0$	C_0	da_0	$dü(a_0)$	$r' = \dfrac{dü(a_0)}{da_0}$	$r = \dfrac{ü(a_0)}{a_0}$
100	10	0	−10	−100				0
					50	3	0,06	
150	15	3	−12	−120				0,020
					50	7	0,14	
200	20	10	−10	−100				0,050
					50	15	0,30	
250	25	25	0	0				0,100
					30	18	0,60	
280	28	43	15	150				0,154
					20	15	0,75	
300	30	58	28	280				0,193
					50	23	0,46	
350	35	81	46	460				0,231
					40	12	0,30	
390	39	93	54	540				0,239
					10	2	0,20	
400	40	95	55	550				0,238
					25	3	0,12	
425	42,5	98	55,5	555				0,231
					25	2	0,08	
450	45	100	55	550				0,222
					50	−5	−0,10	
500	50	95	45	450				0,190

Tab. 24: Berechnung der optimalen Anschaffungsauszahlung

$i = 0,10$ existieren zwei Anschaffungsauszahlungen, für die die Optimumbedingung

$$r' = i$$

gilt: $a_0 = 150$ sowie $a_0 = 425$. Im ersten Fall liegt jedoch ein Kapitalwertminimum vor ($C_0 = -120$). Mit $a_0 = 425$ läßt sich das Kapitalwertmaximum ($C_0 = 555$) realisieren.

5.3 Entscheidungen auf der Basis des internen Zinsfußes

Die optimale Anschaffungsauszahlung ergibt sich durch Maximierung der Funktion des internen Zinsfußes. Bei Einzahlungsüberschüssen in der Form einer ewigen Rente bildet die Kapitalwertgleichung

$$C_0 = \frac{\ddot{u}(a_0)}{i} - a_0$$

den Ausgangspunkt der Optimumbestimmung. Nach Ersetzung von i durch r wird C_0 gleich Null gesetzt und nach r aufgelöst. Dabei ergibt sich:

$$r = \frac{\ddot{u}(a_0)}{a_0}.$$

Zur Ermittlung des Maximums wird die erste Ableitung gebildet und gleich Null gesetzt.

$$\frac{dr}{da_0} = \frac{[d\ddot{u}(a_0)/da_0] \cdot a_0 - 1 \cdot \ddot{u}(a_0)}{a_0^2} = 0.$$

Durch Umstellen ergibt sich:

$$\frac{d\ddot{u}}{da_0} \cdot a_0 = \ddot{u}(a_0)$$

$$\frac{d\ddot{u}}{da_0} = \frac{\ddot{u}(a_0)}{a_0}.$$

Die linke Seite der Gleichung stellt die Grenzrate des internen Zinsfußes (r') dar, während $\ddot{u}(a_0)/a_0$ den internen Zinsfuß (r) angibt. Daher läßt sich auch schreiben:

$$r' = r.$$

Die optimale Anschaffungsauszahlung ist also durch die Gleichheit von Grenz- und Durchschnittsverzinsung (-rendite) gekennzeichnet. Auch hier gilt also der von anderen Problemen her bekannte Satz, daß ein Durchschnittswert immer dann einen Extremwert annimmt, wenn er dem Grenzwert gleich ist.

Damit ein Maximum vorliegt, muß die 2. Ableitung kleiner als Null sein.

$$\frac{d^2 r}{da_0^2} < 0.$$

Die Optimumbedingung läßt sich wie folgt interpretieren: Liegt die interne Verzinsung einer zusätzlichen Geldeinheit, also die Grenzrendite, über (unter) der Durchschnittsrendite der bisher investierten Geldeinheiten, so muß die Durchschnittsrendite steigen (sinken). Folglich erreicht der interne Zinsfuß

138 Bestimmung der optimalen Anschaffungsauszahlung eines Investitionsobjektes

sein Maximum, wenn die Grenzrendite gleich der Durchschnittsrendite ist.
Die Durchschnittsrendite ergibt sich graphisch (siehe Abb. 33) als Tangens des Winkels, den ein Fahrstrahl aus dem Ursprung an die Kurve der Einzahlungsüberschüsse mit der Abszisse bildet.

$$r = \text{tg}\alpha = \frac{\ddot{u}(a_0)}{a_0}.$$

Das Maximum des internen Zinsfußes (r) liegt bei dem Wert von a_0, bei dem der Fahrstrahl aus dem Ursprung zur Tangente an die $\ddot{u}(a_0)$-Kurve wird; hier nimmt der Tangens α den größten Wert an. Da der Tangens α im Tangentialpunkt zugleich die Steigung der Kurve der Einzahlungsüberschüsse verkörpert, entsprechen sich im Optimum Grenz- und Durchschnittsrendite.

Im Schnittpunkt der Kurven der Einzahlungsüberschüsse und der Kapitalkosten liegt die „Gewinnschwelle". Bei dem zugehörigen a_0-Wert sind Kalkulationszinsfuß und interner Zinsfuß gleich.

$$\ddot{u}(a_0) = i \cdot a_0$$
$$i = \frac{\ddot{u}(a_0)}{a_0}$$

$$i = r.$$

Für das Zahlenbeispiel der Tab. 24 liegt das Maximum der Durchschnittsrendite $r = 0{,}239$ bei $a_0 = 390$. Hier ist auch die Optimumbedingung $r' = r$ annähernd erfüllt.

5.4 Vergleich der Ergebnisse

Nach dem internen Zinsfuß-Kriterium wird die Anschaffungsauszahlung solange vergrößert, wie jede zusätzlich investierte Geldeinheit sich höher verzinst als der Durchschnitt der bereits eingesetzten Geldeinheiten. Der Anstieg des internen Zinsfußes kommt erst zum Stillstand, wenn Grenz- und Durchschnittsrendite die gleiche Höhe aufweisen. Eine weitere Vergrößerung der Anschaffungsauszahlung senkt die Durchschnittsrendite, erhöht jedoch noch solange den Kapitalwert, wie die Grenzrate des internen Zinsfußes über dem Kalkulationszinsfuß liegt. Daher übersteigt die kapitalwertmaximale Anschaffungsauszahlung bis auf eine Ausnahme die Anschaffungsauszahlung, bei der der interne Zinsfuß sein Maximum erreicht. Nur wenn $r' = r = i$, fallen die Optima zusammen; in diesem Fall ist die Sachinvestition allerdings unvorteilhaft.

Ergänzende und vertiefende Literatur zum Kapitel 5: *Buchner* [1973b, 696f.]; *Gans/Looss/Zickler* [1975, S. 55ff.]; *Jacob* [1976a, S. 640f.]; *Kauffmann* [1970, S. 133f.]; *Liebetruth* [1970, S. 17ff.]; *Lutz* [1951, S. 19f.]; *Massé* [1968, S. 39ff.]; *Zimmermann* [1977, S. 142ff.].

6. Bestimmung der optimalen Nutzungsdauer von Investitionsobjekten

6.1 Problemstellung

In den bisher dargestellten Wirtschaftlichkeitsrechnungen wurde die Nutzungsdauer eines Investitionsobjektes jeweils vorgegeben: Da sie jedoch vom Ausmaß

- des ruhenden Verschleißes (Verwittern, Korrosion),
- des Gebrauchsverschleißes (produktionsbedingte mechanische Abnutzung)
- des technischen Fortschritts
- der wirtschaftlichen Überholung (Bedarfsverschiebungen, Faktorpreissteigerungen)

abhängt, stellt ihre Bestimmung selbst ein ökonomisches Problem dar, das nur mit Hilfe einer Wirtschaftlichkeitsrechnung sinnvoll gelöst werden kann. Insbesondere der Ansatz einer technischen Nutzungsdauer im Sinne einer maximal möglichen Lebensdauer erweist sich als verfehlt, da diese nur in den seltensten Fällen (z.B. bei Glühbirnen) eindeutig bestimmbar ist und im übrigen nur den Verschleiß als Einflußgröße der Nutzungsdauer berücksichtigt. Vielmehr kommt es auf die wirtschaftliche Nutzungsdauer an, da sich Verschleiß, technischer Fortschritt und wirtschaftliche Überholung direkt in den Zahlungsströmen einer Anlage niederschlagen.

Einflußgrößen der Nutzungsdauer	Auswirkungen auf eine Anlage		
Verschleiß	Material- und Energieverbrauch ↑	→	laufende Auszahlungen ↑
	Reparaturanfälligkeit ↑	→	laufende Auszahlungen ↑
	Ausschußquote ↑	→	laufende Einzahlungen ↓
	Produktqualität ↓	→	laufende Einzahlungen ↓
	Anlagenabnutzung ↑	→	Restverkaufserlös ↓
technischer Fortschritt	kostengünstigere Produktion der Konkurrenz	→	laufende Einzahlungen ↓
	höhere Produktqualität der Konkurrenz	→	laufende Einzahlungen ↓
	Veralten der Anlage	→	Restverkaufserlös ↓
wirtschaftliche Überholung	Bedarfsverschiebung	→	laufende Einzahlungen ↓
	Faktorpreissteigerungen (Material, Löhne)	→	laufende Auszahlungen ↑

Tab. 25: Einflußgrößen der Nutzungsdauer und ihre Wirkungen

Als weitere hier nicht beachtete Determinanten der Nutzungsdauer sind der Katastrophenverschleiß sowie rechtliche Ursachen (Ablauf von Mietverträgen) zu nennen. Verschleiß, technischer Fortschritt und wirtschaftliche Überholung führen auf längere Sicht zu steigenden laufenden Auszahlungen, sinkenden laufenden Einzahlungen sowie abnehmendem Restverkaufserlös und wirken sich daher im Zeitablauf auf die Höhe der Zielgrößen der Wirtschaftlichkeitsrechnung aus; die Periode, in der die gewählte Zielgröße in Abhängigkeit von der Zeit ihr Maximum erreicht, kennzeichnet die optimale Nutzungsdauer eines Investitionsobjektes.

Das Nutzungsdauer-Problem wurde vor rund 50 Jahren „entdeckt"; seither hat die Literatur nicht aufgehört, Kalküle zur Bestimmung der optimalen Nutzungsdauer zu entwickeln. Sie unterscheiden sich vor allem hinsichtlich der gewählten Zielgrößen. In der Anfangszeit standen Kapitalwert bzw. Annuität [*Hotelling; Preinreich*, 1940; *E. Schneider*, 1942], etwas später auch der interne Zinsfuß [*Lutz*, 1946; *Hildreth*] und mit ihnen verwandte Ansätze wie die MAPI-Konzeption [*Terborgh*; siehe dazu auch *Schulte*, 1978a und b] im Mittelpunkt. Erst in neuerer Zeit beschäftigte sich die Literatur mit Nutzungsdauer-Kalkülen auf der Basis der „ursprünglichen" Zielgrößen Endvermögen [*Buchner*, 1970; *Trilling*, 1975] und Entnahme [*Schulte*, 1975, 1976].

Im folgenden soll lediglich auf die Bestimmung der optimalen Nutzungsdauer anhand des Kapitalwert-/Annuitäts- und internen Zinsfuß-Kriteriums eingegangen werden; die Anwendung solcher Kalküle kann — trotz aller Vorbehalte — in der Praxis durchaus angebracht sein, solange man sich der ihnen zugrundeliegenden Implikationen bewußt ist [*Sieben* und andere, Sp. 935].

6.2 Entscheidungen auf der Basis von Kapitalwert und Annuität

6.2.1 Optimale Nutzungsdauer einer einmaligen Investition

Eine einmalige Investition ist dadurch gekennzeichnet, daß sich nach Beendigung ihrer Nutzungsdauer keine weitere Sachinvestition anschließt, deren Beginn von dem Nutzungsdauerende der betrachteten Anlage abhängt [*Swoboda*, 1971, S. 88]; eine solche Situation liegt etwa vor, wenn der Investor mit dem Ablauf der Nutzungsdauer eines Investitionsobjektes die Produktion des darauf gefertigten Artikels aufgibt.

Bei einer einmaligen Investition ist die optimale Nutzungsdauer in der Periode erreicht, in der der Kapitalwert in Abhängigkeit von der Zeit sein Maximum annimmt.

Zunächst soll auf ein Beispiel zurückgegriffen werden, das „bereits vor Jahrzehnten gleichsam an der Wiege der Investitionstheorie gestanden" hat [*Heister*, 1962, S. 99]. 1924 wurde von *Jevons* erstmals die Bedingung für die optimale Nutzungsdauer einer Investition abgeleitet, bei der einer Auszahlung in t_0 nur ein einziger späterer Einzahlungsüberschuß in t_n gegenübersteht, dessen Höhe von dem Zeitpunkt der Investitionsbeendigung abhängt [point-input-point-output-Modell nach *Lutz*, 1951]. Als Beispiele für solche Investitionsobjekte nennt die Literatur die optimale Lebensdauer eines Waldes oder die optimale Lagerzeit von Whisky, wobei allerdings die laufenden Auszahlungen zwischen t_0 und t_n großzügig übersehen werden.

Der optimale Zeitpunkt des Einzahlungsüberschusses und damit die optimale Nutzungsdauer der Investition wird durch Maximierung des Kapitalwertes für kontinuierliche Zahlungen und Verzinsung

$$C_0 = -a_0 + ü(n) \cdot e^{*\cdot gn}$$

ermittelt. Setzt man die erste Ableitung gleich Null

$$\frac{dC_0}{dn} = -g \cdot ü(n) \cdot e^{*\cdot gn} + \frac{dü}{dn} \cdot e^{*\cdot gn} = 0,$$

so ergibt sich nach Kürzen des Abzinsungsfaktors schließlich:

$$g = \frac{dü/dn}{ü(n)} \text{ oder } g \cdot ü(n) = dü/dn.$$

Ein Maximum liegt vor, wenn die 2. Ableitung negativ ist.

$$\frac{d^2 C_0}{dn^2} < 0.$$

Die optimale Nutzungsdauer ist erreicht, wenn der aus einer Verlängerung der Nutzungsdauer (dn) resultierende zusätzliche Einzahlungsüberschuß ($dü$), bezogen auf den Einzahlungsüberschuß in t_n, der Verzinsungsintensität (g) entspricht.

Auf diskrete Zeiträume und Verzinsung übertragen, läßt sich das Ergebnis wie folgt interpretieren: solange der Einzahlungsüberschuß vom Beginn bis zum Ende eines Jahres bei Weiternutzung stärker steigt als die Verzinsung aus der Anlage des Einzahlungsüberschusses bei Nutzungsdauerbeendigung am Periodenanfang betragen würde, ist die günstigste Investitionsdauer noch nicht erreicht. Erst am Ende der Periode, in der letztmalig die Überschußzunahme größer oder gleich den Zinsen ist,

$$ü_n - ü_{n-1} \geq i \cdot ü_{n-1}$$

liegt das Optimum vor.

Schwieriger gestaltet sich die Ermittlung der optimalen Nutzungsdauer für eine Investition, bei der auf eine Anschaffungsauszahlung in t_0 laufende Ein-

142 Bestimmung der optimalen Nutzungsdauer von Investitionsobjekten

und/oder Auszahlungsüberschüsse folgen [point-input-continuous-output-Modell nach *Lutz*, 1951].

Zur Ableitung der Optimumbedingung muß der Kapitalwert wiederum als stetige Funktion geschrieben werden.

$$C_0 = \int_0^n \ddot{u}(t) \cdot e^{*\cdot gt} \, dt + R(n) \cdot e^{*\cdot gn} - a_0.$$

Das Maximum der Kapitalwertes und damit die optimale Nutzungsdauer kann durch Nullsetzen der ersten Ableitung ermittelt werden.

$$\frac{dC_0}{dn} = \ddot{u}(n) \cdot e^{*\cdot gn} + \frac{dR}{dn} \cdot e^{*\cdot gn} - g \cdot R(n) \cdot e^{*\cdot gn} = 0.$$

Setzt man $R'(n)$ für dR/dn und dividiert durch $e^{*\cdot gn}$, so ergibt sich als Bedingung für die optimale Nutzungsdauer:

$$\ddot{u}(n) + R'(n) - g \cdot R(n) = 0.$$

Um auszuschließen, daß die Optimumbedingung ein relatives Kapitalwert-Maximum angibt, muß die 2. Ableitung negativ sein; davon wird in diesem Kapitel stets ausgegangen.

Die optimale Nutzungsdauer einer einmaligen Investition ist also erreicht, wenn der zeitliche Grenzgewinn gleich Null ist und zuvor stets positiv war und danach stets negativ bleibt; denn bei positivem (negativem) zeitlichem Grenzgewinn steigt (sinkt) der Kapitalwert.

Bei auf längere Sicht tendenziell sinkenden laufenden Einzahlungen und steigenden laufenden Auszahlungen sowie im Zeitablauf degressiv abnehmendem Restverkaufserlös ergibt sich eine Kapitalwertfunktion, die lediglich ein Maximum aufweist.

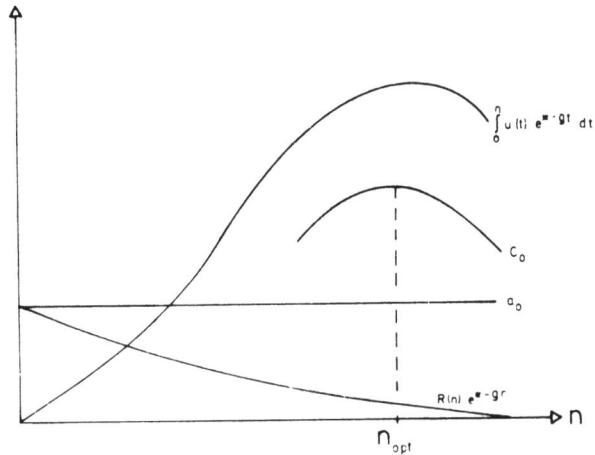

Abb. 34: Graphische Bestimmung der optimalen Nutzungsdauer einer einmaligen Investition

Entscheidungen auf der Basis von Kapitalwert und Annuität

Im folgenden werden nun durch Umformung der obigen Gleichung weitere Interpretationen der Optimumbedingung ermöglicht, wobei jeweils unterstellt ist, daß die Kapitalwertfunktion lediglich ein Maximum aufweist.

Die Bedingung für die optimale Nutzungsdauer läßt sich auch wie folgt schreiben:

$$ü(n) = g \cdot R(n) - R'(n)$$

oder, da $R(n)$ eine fallende Funktion darstellt und $R'(n)$ demzufolge immer negativ bzw. $-R'(n)$ stets positiv ist:

$$ü(n) = g \cdot R(n) + [-R'(n)].$$

Die optimale Nutzungsdauer ist erreicht, wenn der Einzahlungsüberschuß gerade noch ausreicht, um die Zinsen auf den Restverkaufserlös zuzüglich der Restverkaufserlösminderung zu decken.

Durch Auflösung der Optimumbedingung nach g ergibt sich:

$$g = \frac{ü(n) - [-R'(n)]}{R(n)}.$$

Die optimale Nutzungsdauer ist erreicht, wenn der Kalkulationszinsfuß und der zeitmarginale interne Zinsfuß einander gleich sind. Dabei wird der um die Restverkaufserlösabnahme verminderte Einzahlungsüberschuß auf den als Kapitaleinsatz zu interpretierenden Restverkaufserlös bezogen und der Quotient als Grenzrentabilität in bezug auf die Zeit aufgefaßt.

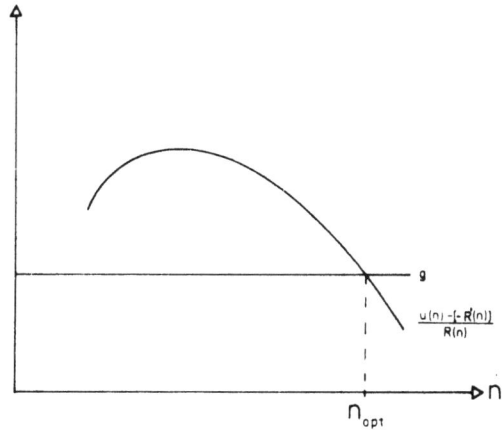

Abb. 35: Graphische Bestimmung der optimalen Nutzungsdauer einer einmaligen Investition

144 Bestimmung der optimalen Nutzungsdauer von Investitionsobjekten

Je höher der Kalkulationszinsfuß, umso kürzer die optimale Nutzungsdauer [zum Einfluß der Finanzierung vgl. auch *Rosenberg*].

Die aufgeführten marginalanalytischen Optimumbedingungen können jedoch keine Operationalität beanspruchen, da in der Praxis stetige Zahlungsströme nicht prognostiziert werden können; die Bedingungen für die optimale Nutzungsdauer müssen daher für diskontinuierliche Zahlungen und Verzinsung in zeitlicher Hinsicht vergröbert werden und lauten dann:

$$\ddot{u}_n - (R_{n-1} - R_n) - i \cdot R_{n-1} \geqslant 0$$

bzw.

$$\ddot{u}_n \geqslant i \cdot R_{n-1} + (R_{n-1} - R_n)$$

bzw.

$$\frac{\ddot{u}_n - (R_{n-1} - R_n)}{R_{n-1}} \geqslant i.$$

Die optimale Nutzungsdauer ist am Ende der Periode erreicht, in der letztmalig

— der zeitliche Grenzgewinn positiv oder gleich Null bzw.
— der Einzahlungsüberschuß größer oder gleich den Zinsen auf den Restverkaufserlös der Vorperiode zuzüglich der Restverkaufserlösminderung bzw.
— der zeitmarginale interne Zinsfuß größer oder gleich dem Kalkulationszinsfuß ist.

Eine ökonomische Begründung soll durch Gegenüberstellung der Zahlungsreihen bei Beendigung der Nutzungsdauer in t_n oder t_{n-1} versucht werden.

Beendigung der Nutzungsdauer nach $n-1$ Jahren	$\ddot{u}_{n-1}$ R_{n-1} ┠─────────────────┨ t_{n-1}	— t_n
Beendigung der Nutzungsdauer nach n Jahren	$\ddot{u}_{n-1}$ ┠─────────────────┨ t_{n-1}	$\ddot{u}_n$ R_n t_n

Entscheidungsindifferenz zwischen beiden Alternativen würde vorliegen, wenn

Entscheidungen auf der Basis von Kapitalwert und Annuität 145

$$R_{n-1}(1+i) = \ddot{u}_n + R_n$$

$$\ddot{u}_n = (R_{n-1} - R_n) + i \cdot R_{n-1}.$$

Solange also der Einzahlungsüberschuß bei Weiternutzung um eine Periode größer ist als die dadurch entgehenden Beträge (Restverkaufserlösminderung und Zinsen auf den Restverkaufserlös der Vorperiode), empfiehlt sich eine Verlängerung der Nutzungszeit.

Zum besseren Verständnis soll die praktische Optimumbestimmung anhand eines neuen Standardbeispiels demonstriert werden.

Die betrachtete Investition weist die folgende Zahlungsreihe auf:

t	a_0	e_t	a_t	$\ddot{u}_t$	R_n
0	5000	–	–	–	–
1		6250	4250	2000	3900
2		6350	4350	2000	2800
3		6000	4500	1500	1860
4		5800	4800	1000	1100
5		5700	5200	500	500

Tab. 26: Ausgangsdaten

Der Kalkulationszinsfuß beträgt $i = 0{,}10$.

Die optimale Nutzungsdauer läßt sich durch Vergleich der Kapitalwerte, die sich für alternative Nutzungsdauern von 1, 2, ..., usw. Jahren ergeben, ermitteln. Wie aus Tab. 27 hervorgeht, liegt das Maximum des Kapitalwertes in Abhängigkeit von der Nutzungsdauer bei $t = 4$. Die optimale Nutzungsdauer der einmaligen Investition beträgt also 4 Jahre.

t	$\ddot{u}_t$	$\ddot{u}_t \cdot 1{,}1^{-t}$	$\sum_{t=1}^{n} \ddot{u}_t \cdot 1{,}1^{-t}$	R_n	$R_n \cdot 1{,}1^{-n}$	$C_0(n)$
1	2000	1818	1818	3900	3546	364
2	2000	1653	3471	2800	2314	785
3	1500	1127	4598	1860	1397	995
4	1000	683	5281	1100	751	1032
5	500	310	5591	500	310	901

Tab. 27: Bestimmung der optimalen Nutzungsdauer einer einmaligen Investition durch Vergleich der Kapitalwerte

Zum anderen kann die Bestimmung der optimalen Nutzungsdauer mit Hilfe des Grenzkalküls, d.h. unter Verwendung der abgeleiteten Optimumbedingung(en) erfolgen. Wie Tab. 28 zeigt, ist der Grenzgewinn letztmalig in $t = 4$ positiv; in diesem Zeitpunkt übersteigt der zeitmarginale interne Zinsfuß auch letztmalig den Kalkulationszinsfuß.

t	R_n	$0{,}1 \cdot R_{n-1}$	$R_{n-1} - R_n$	$0{,}1 \cdot R_{n-1}$ $+ R_{n-1} - R_n$		$ü_n$	$\dfrac{ü(n) - (R_{n-1} - R_n)}{R_{n-1}}$		i
0	$a_0 = 5000$	–	–	–		–	–		–
1	3900	500	1100	1600	<	2000	0,18		> 0,10
2	2800	390	1100	1490	<	2000	0,23		> 0,10
3	1860	280	940	1220	<	1500	0,20		> 0,10
4	1100	186	760	946	<	1000	0,13		> 0,10
5	500	110	600	710	>	500	– 0,09		< 0,10

Tab. 28: Bestimmung der optimalen Nutzungsdauer einer einmaligen Investition mit Hilfe des Grenzkalküls

6.2.2 Optimale Nutzungsdauer bei Investitionsketten

6.2.2.1 Prämisse „identischer" Investitionen

Von einer Investitionskette wird gesprochen, wenn sich einem Investitionsobjekt Folgeinvestitionen lückenlos anschließen: dabei fällt jeweils das Ende der Nutzungsdauer eines Investitionsobjektes mit dem Beginn der Folgeinvestition zusammen.

In der Investitionsrechnung wird zumeist „Identität" der einzelnen Anlagen der Investitionskette unterstellt. Hierunter ist jedoch nicht eine materielle Identität im Sinne physischer oder funktionaler Gleichheit, sondern eine finanzielle Identität zu verstehen; diese liegt vor, wenn bei allen Gliedern der Investitionskette die Kapitalwerte für die Nutzungsdauer bei einmaliger Investition und die Anschaffungsauszahlungen die gleiche Höhe aufweisen, sämtliche Kettenglieder also gleich rentabel sind [D. Schneider, 1975, S. 282].

„Identität" von Investitionsobjekten muß nicht, wird aber zumeist Gleichheit der Zahlungsströme bzw. -reihen bedeuten; davon wird auch im folgenden ausgegangen. Auf die Darstellung von Kapitalwertmodellen, in denen diese Prämisse nicht gilt, sei hier verzichtet.

6.2.2.2 Endliche Investitionskette

6.2.2.2.1 Einmalige Wiederholung: Eine Investitionskette bei einmaliger Wiederholung besteht aus einer Grundinvestition – hierunter ist nach *E. Schneider* das erste Element einer Investitionskette zu verstehen – und einer Folgeinvestition. Die naheliegende Lösung, die optimalen Nutzungsdauern der beiden Anlagen durch isolierte Maximierung der einzelnen Kapitalwerte zu bestimmen, erweist sich auf den zweiten Blick als verfehlt, wie die folgende Überlegung zeigt.

Bei einer einmaligen Investition folgt auf die Grundinvestition eine Geldanlage auf dem Kapitalmarkt zum Kalkulationszinsfuß. Eine Verlängerung der Nutzungszeit ist daher auch nur solange vorteilhaft, wie die zeitliche Grenzrentabilität der Investition über dem Kalkulationszinsfuß liegt. Schließt sich dagegen der Grundinvestition eine weitere Sachinvestition an, deren interner Zinsfuß den Kalkulationszinsfuß übersteigt, so erscheint eine kürzere Nutzungsdauer der Grundinvestition plausibel, weil in der Folgezeit eine höhere Verzinsung erreichbar ist. Die optimale Nutzungsdauer einer Anlage hängt also auch davon ab, ob eine Folgeinvestition stattfindet. Um die optimalen Nutzungsdauern der einzelnen Investitionsobjekte zu ermitteln, muß das Maximum des Kapitalwertes der gesamten Investitionskette in Abhängigkeit von den Investitionslaufzeiten der Kettenglieder bestimmt werden.

Der Kapitalwert der zweigliedrigen Investitionskette (C_{0w}) setzt sich aus dem Kapitalwert der Grundinvestition und dem über deren Nutzungsdauer abgezinsten Kapitalwert der Folgeinvestition zusammen.

$$C_{0w} = C_{01}(n_1) + C_{02}(n_2) \cdot e^{*\cdot g n_1},$$

bzw. ausführlicher:

$$C_{0w} = \left[\int_0^{n_1} \ddot{u}(t) \cdot e^{*\cdot g t}\, dt + R(n_1) \cdot e^{*\cdot g n_1} - a_0 \right]$$
$$+ \left[\int_0^{n_2} \ddot{u}(t) \cdot e^{*\cdot g t}\, dt + R(n_2) \cdot e^{*\cdot g n_2} - a_0 \right] \cdot e^{*\cdot g n_1}.$$

Die Integrationsuntergrenze kennzeichnet den jeweiligen Beginn der Nutzungsdauer des einzelnen Investitionsobjektes. Da die Zahlungsreihen beider Anlagen identisch sind, kann – bis auf die Nutzungsdauer – auf die Verwendung von Indizes für Grund- und Folgeinvestition verzichtet werden.

Zunächst wird die optimale Nutzungsdauer der Folgeinvestition berechnet, indem die Kapitalwertfunktion partiell nach n_2 differenziert wird.

$$\frac{\partial C_{0w}}{\partial n_2} = e^{*\cdot g n_1} \cdot \frac{\partial C_{02}}{\partial n_2} = 0.$$

Da $e^{*\cdot g n_1} \neq 0$, ist die Bedingung erfüllt, wenn

148 Bestimmung der optimalen Nutzungsdauer von Investitionsobjekten

$$\frac{\partial C_{02}}{\partial n_2} = 0.$$

Die optimale Nutzungsdauer der letzten Anlage der Investitionskette berechnet sich also nach dem Kriterium für die einmalige Investition.

$$ü(n_2) = g \cdot R(n_2) + [-R'(n_2)].$$

Zur Bestimmung der optimalen Nutzungsdauer der Grundinvestition wird nun die Kapitalwertfunktion partiell nach n_1 differenziert, wobei n_2 gleich $n_{2\,opt}$ gesetzt wird.

$$\frac{\partial C_{0w}}{\partial n_1} = \frac{\partial C_{01}}{\partial n_1} - g \cdot C_{02}(n_{2\,opt}) \cdot e^{*\cdot g n_1} = 0$$

$$\frac{\partial C_{01}}{\partial n_1} = \left[ü(n_1) + \frac{dR}{dn_1} - g \cdot R(n_1) \right] \cdot e^{*\cdot g n_1}.$$

Nach Einsetzen in $\partial C_{0w}/\partial n_1$ und Kürzen durch $e^{*\cdot g n_1}$ ergibt sich:

$$\frac{\partial C_{0w}}{\partial n_1} = 0 = ü(n_1) + R'(n_1) - g \cdot R(n_1) - g \cdot C_{02}(n_{2\,opt}).$$

Die Bedingung für die optimale Nutzungsdauer der Grundinvestition lautet also:

$$ü(n_1) = g \cdot R(n_1) + [-R'(n_1)] + g \cdot C_{02}(n_{2\,opt}).$$

Die optimale Nutzungsdauer der Grundinvestition ist erreicht, wenn der Einzahlungsüberschuß der ersten Anlage gerade noch ausreicht, um die Zinsen auf den Restverkaufserlös, die Restverkaufserlösminderung sowie die Zinsen auf den Kapitalwert der Folgeinvestition zu decken. Ein Vergleich der Optimumbedingungen von Grund-/ und Folgeinvestition führt zu dem Ergebnis, daß die optimale Nutzungsdauer einer Investition mit Nachfolger(n) stets kürzer als die einer einmaligen Investition sein muß.

Die Ermittlung des Kapitalwertmaximums für die zweigliedrige Investitionskette soll durch Zeichnungen verdeutlicht werden. Abb. 36 zeigt den Verlauf der Kapitalwertfunktion der Folgeinvestition in Abhängigkeit von ihrer Nutzungsdauer.

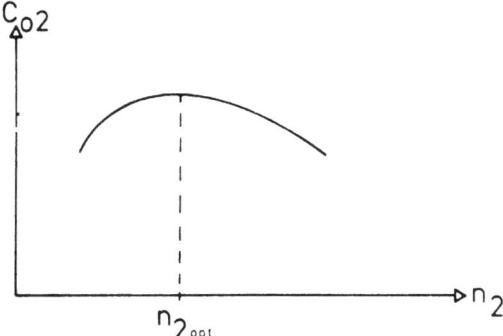

Abb. 36: Kapitalwertfunktion einer Folgeinvestition

Der maximale Kapitalwert der Folgeinvestition muß auf den Beginn der ersten Investition (t_0) diskontiert werden. Die Anzahl der Abzinsungsperioden hängt von der optimalen Nutzungsdauer der Grundinvestition ab. In Abhängigkeit von n_1 ergibt sich folgender Verlauf.

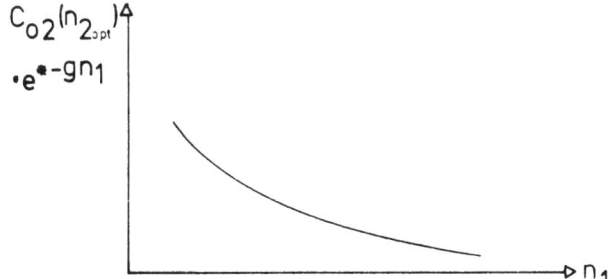

Abb. 37: Auf t_0 bezogene Kapitalwertfunktion einer Folgeinvestition

Die Kurve des Kapitalwertes der zweigliedrigen Investitionskette (C_{0w}) stellt die Summation des Kapitalwertes der Grundinvestition (C_{01}) und des auf t_0 abgezinsten Kapitalwertes der Folgeinvestition [$C_{02}(n_{2\,opt}) \cdot e^{*\cdot g n_1}$] dar.

Da annahmegemäß $C_{01} = C_{02}$, führt die vertikale Aggregation der Kurven der Abb. 36 und 37 zur gesuchten Gesamtkapitalwertfunktion.

Für diskontinuierliche Zahlungen und Verzinsung lauten die vergröberten Optimumbedingungen für die Folgeinvestition:

$$\ddot{u}_{n_2} \geq i \cdot R_{n_2-1} + (R_{n_2-1} - R_{n_2})$$

und die Grundinvestition:

$$\ddot{u}_{n_1} \geq i \cdot R_{n_1-1} + (R_{n_1-1} - R_{n_1}) + i \cdot C_{02}(n_{2opt}).$$

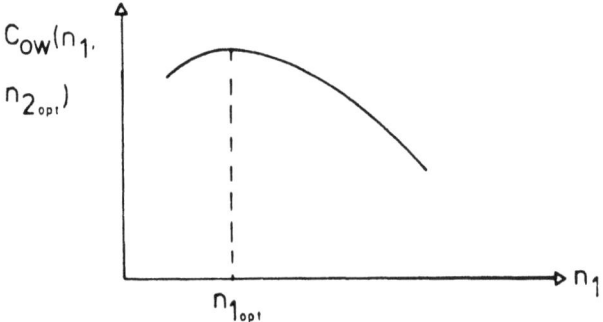

Abb. 38: Kapitalwertfunktion einer zweigliedrigen Investitionskette

Die Periode, in der letztmalig diese Bedingung erfüllt ist, kennzeichnet das Ende der optimalen Nutzungsdauer von Grund-/ Folgeinvestition.

Ökonomisch läßt sich die Optimumbedingung für die Grundinvestition wie folgt begründen: Bei einer n-jährigen Nutzung der Grundinvestition entgehen dem Investor bekanntlich die Zinsen auf den Restverkaufserlös der Vorperiode sowie die Restverkaufserlösminderung; ferner wäre bei einer Nutzungsdauer der ersten Anlagen von $n_1 - 1$ Jahren der Kapitalwert der Folgeinvestition schon eine Periode früher angefallen, so daß der Investor bei n-jähriger Nutzung der Grundinvestition auf die Zinsen auf den Kapitalwert der zweiten Anlage verzichtet. Die Zinsen auf den Kapitalwert lassen sich also als Entgelt für den Aufschub der Gewinnrealisation der Folgeinvestition interpretieren [D. Schneider, 1961, S. 55].

Zur Verdeutlichung soll wiederum anhand des Standardbeispiels die praktische Optimumbestimmung demonstriert werden.

Die optimale Nutzungsdauer der Folgeinvestition und der einmaligen Investition sind identisch. Für $n_{2opt} = 4$ ergibt sich daher $C_{02}(n_{2opt}) = 1032$ (siehe Tab. 27 und 28).

Die optimale Nutzungsdauer der Grundinvestition läßt sich analog zum sukzessiven Vorgehen bei einer einmaligen Investition einerseits bestimmen,

t	$C_{01}(n_1)$	$C_{02}(n_{2opt})$	$C_{02}(n_{2opt}) \cdot 1{,}1^{-n_1}$	$C_{0w}(n_1, n_{2opt})$
1	364	1032	938	1302
2	785	1032	853	1638
3	995	1032	775	1770
4	1032	1032	705	1737
5	901	1032	641	1542

Tab. 29: Bestimmung der optimalen Nutzungsdauer der Grundinvestition durch Vergleich der Kapitalwerte

Entscheidungen auf der Basis von Kapitalwert und Annuität

indem für alternative Nutzungsdauern von 1, 2, ..., usw. Jahren der zugehörigen Kapitalwert für die gesamte Investitionskette

$$C_{0w} = C_{01}(n_1) + 1032 \cdot 1{,}1^{-n_1}$$

errechnet wird, wobei das Maximum die optimale Nutzungsdauer der ersten Anlage angibt (siehe Tab. 29); andererseits kann die optimale Nutzungsdauer der Grundinvestition mit Hilfe des Grenzkalküls ermittelt werden (siehe Tab. 30).

1	2	3	4	5	6	7
t	R_n	$0{,}1 \cdot R_{n-1}$	$R_{n-1} - R_n$	$0{,}1 \cdot C_{02}(n_{2opt})$	(3)+(4)+(5)	$\ddot{u}_n$
0	$a_0 = 5000$	–	–	–	–	–
1	3900	500	1100	103	1703	< 2000
2	2800	390	1100	103	1593	< 2000
3	1860	280	940	103	1323	< 1500
4	1100	186	760	103	1049	> 1000
5	500	110	600	103	813	> 500

Tab. 30: Bestimmung der optimalen Nutzungsdauer der Grundinvestition mit Hilfe des Grenzkalküls

6.2.2.2.2 Mehrmalige Wiederholung: Eine Investitionskette bei mehrmaliger Wiederholung besteht aus einer Grundinvestition und endlich vielen Folgeinvestitionen. Die optimalen Nutzungsdauern der einzelnen Kettenglieder sollen nun durch Plausibilitätsüberlegungen abgeleitet werden [zum mathematischen Beweis *Heister*, 1962, S. 142ff.; *Kern*, 1974, S. 216].

Der Einzahlungsüberschuß der letzten Anlage der Investitionskette muß gerade ausreichen, um die Zinsen auf den Restverkaufserlös der Vorperiode und die Restverkaufserlösminderung zu decken. Der Einzahlungsüberschuß des vorletzten Gliedes der Investitionskette muß darüber hinaus die Zinsen auf den Kapitalwert der Folgeanlage, der Einzahlungsüberschuß des drittletzten Investitionsobjektes die Zinsen auf die Kapitalwerte beider Folgeanlagen, der Einzahlungsüberschuß der Grundinvestition letztlich die Zinsen auf die Kapitalwerte sämtlicher Folgeanlagen decken.

Daraus folgt das „General Law of Replacement" [*Preinreich*, 1953, S. 76]: Die optimale Nutzungsdauer einer Anlage ist ceteris paribus umso kürzer je mehr Investitionen ihr folgen, d.h. in einer endlichen Kette identischer Investitionen ist die optimale Nutzungsdauer jeder Anlage länger als die ihrer Vorgängerin und kürzer als die ihrer Nachfolgerin (Ketteneffekt).

6.2.2.3 Unendliche Investitionskette

Eine unendliche Investitionskette besteht aus einer Grundinvestition und unendlich vielen Folgeinvestitionen. Daraus ergibt sich, daß bei Identität der Einzel-Kapitalwerte die Zinsen auf den Kapitalwert aller Folgeinvestitionen gleich hoch sein müssen. Damit ist die optimale Nutzungsdauer aller Glieder einer unendlichen identischen Investitionskette gleich lang. Daher kann auf die Indizierung für die einzelnen Kettenglieder und Nutzungsdauern verzichtet werden.

Der Kapitalwert der unendlichen Investitionskette, d.h. der Barwert sämtlicher Kapitalwerte für die in gleichen Zeitabständen nacheinander anzuschaffenden Investitionsobjekte, ist wie folgt definiert:

$$C_{0\infty} = C_0(n) + C_0(n) \cdot e^{*\cdot gn} + C_0(n) \cdot e^{*\cdot g2n} + \ldots + C_0(n) \cdot e^{*\cdot g\infty n}.$$

Für die Summe dieser unendlichen geometrischen Reihe mit dem Steigungsfaktor $e^{*\cdot gn}$ und dem Anfangsglied $C_0(n)$ läßt sich schreiben:

$$C_{0\infty} = C_0(n) \cdot \frac{1}{1 - e^{*\cdot gn}}$$

Zur Ermittlung der optimalen Nutzungsdauer muß dieser Ausdruck differenziert und gleich Null gesetzt werden.

$$\frac{dC_{0\infty}}{dn} = \frac{\frac{dC_0(n)}{dn} \cdot (1 - e^{*\cdot gn}) - g \cdot e^{*\cdot gn} \cdot C_0(n)}{(1 - e^{*\cdot gn})^2} = 0.$$

Beide Glieder dieses Ausdrucks werden nun um $e^{*\cdot gn}$ gekürzt und um $[1 - e^{*\cdot gn}]$ erweitert. Dann ergibt sich:

$$\frac{dC_0(n)}{dn} \cdot e^{*gn} - g \cdot \frac{C_0(n)}{1 - e^{*\cdot gn}} = 0.$$

Wegen

$$\frac{dC_0(n)}{dn} = \ddot{u}(n) \cdot e^{*\cdot gn} - g \cdot R(n) \cdot e^{*\cdot gn} + R'(n) \cdot e^{*\cdot gn}$$

und

$$\frac{C_0(n)}{1 - e^{*\cdot gn}} = C_{0\infty}$$

folgt daraus:

$$\ddot{u}(n) - g \cdot R(n) + R'(n) - g \cdot C_{0\infty} = 0$$

bzw.

$$\ddot{u}(n) = g \cdot R(n) + [-R'(n)] + g \cdot C_{0\infty}.$$

Die optimale Nutzungsdauer jedes Gliedes der unendlichen identischen Investitionskette ist erreicht, wenn der Einzahlungsüberschuß einer Periode gerade gleich ist den Zinsen auf den Restverkaufserlös, der Restverkaufserlösminderung sowie den Zinsen auf den Kapitalwert der unendlichen identischen Investitionskette.

Für diskontinuierliche Zahlungen und Verzinsung lautet die Optimumbedingung:

$$\ddot{u}_n \geq i \cdot R_{n-1} + (R_{n-1} - R_n) + i \cdot C_{0\infty}.$$

Die optimale Nutzungsdauer ist am Ende der Periode erreicht, in der letztmalig diese Bedingung erfüllt ist.

Hinter den Zinsen auf den Kapitalwert einer unendlichen identischen Investitionskette verbirgt sich ein bekannter Begriff. Zur Verdeutlichung des Zusammenhangs wird zunächst die Kapitalwertgleichung im diskontinuierlichen Fall

$$C_{0\infty} = C_0(n) + C_0(n) \cdot q^{-n} + C_0(n) \cdot q^{-2n} + \ldots + C_0(n) \cdot q^{-\infty n}$$

als Summe einer unendlichen geometrischen Reihe mit dem Steigungsfaktor q^{-n} und dem Anfangsglied $C_0(n)$ wie folgt geschrieben:

$$C_{0\infty} = C_0(n) \frac{1}{1 - 1/(1+i)^n}.$$

Durch Erweiterung des Bruches mit $(1+i)^n$ ergibt sich:

$$C_{0\infty} = C_0(n) \cdot \frac{(1+i)^n}{[1 - 1/(1+i)^n] \cdot (1+i)^n} = C_0(n) \cdot \frac{(1+i)^n}{(1+i)^n - 1}.$$

Durch Multiplikation beider Seiten mit i erhält man schließlich das Endergebnis:

$$i \cdot C_{0\infty} = C_0(n) \cdot \frac{i(1+i)^n}{(1+i)^n - 1}$$

oder

$$i \cdot C_{0\infty} = D(n).$$

Die Zinsen auf den Kapitalwert der unendlichen identischen Investitionskette entsprechen also der Annuität des Kapitalwertes eines Investitionsobjektes.

Daraus resultiert zum einen eine andere Interpretation der Optimumbedingung: Die optimale Nutzungsdauer ist am Ende der Periode erreicht, in der der zeitliche Grenzgewinn letztmalig größer oder gleich dem zeitlichen Durchschnittsgewinn (der Annuität) ist.

$$ü_n - (R_{n-1} - R_n) - i \cdot R_{n-1} \geqslant D(n).$$

Zum anderen folgt daraus, daß bei einheitlichem Kalkulationszinsfuß die optimale Nutzungsdauer jeder Anlage innerhalb einer unendlichen identischen Investitionskette bei Kapitalwertmaximierung durch die Periode beschrieben wird, in der die Annuität eines Investitionsobjektes ihr Maximum erreicht. Zwischen den Zielsetzungen Maximierung der Annuität eines Investitionsobjektes und Maximierung des Kapitalwertes einer unendlichen identischen Investitionskette besteht also kein Unterschied.

In der graphischen Darstellung kennzeichnet der Schnittpunkt der Kurven von zeitlichem Grenz- und Durchschnittsgewinn die optimale Nutzungsdauer.

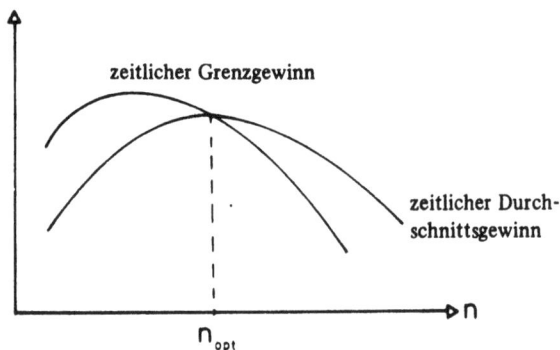

Abb. 39: Funktionsverläufe von zeitlichem Grenz- und Durchschnittsgewinn

Für das Standardbeispiel errechnet sich für jede Anlage der unendlichen identischen Investitionskette eine optimale Nutzungsdauer von 2 Jahren (siehe Tab. 31 und 32). Das Ergebnis bestätigt die obige Feststellung, daß ceteris paribus die optimale Nutzungsdauer einer Anlage umso kürzer ist, je mehr Nachfolger sie hat.

Entscheidungen auf der Basis von Kapitalwert und Annuität

t	$C_0(n)$	$D(n) = C_0(n) \cdot \dfrac{0{,}1 \cdot 1{,}1^n}{1{,}1^n - 1}$	$C_{0\infty}(n) = \dfrac{D(n)}{0{,}1}$
1	364	400	4000
2	785	452	4520
3	995	400	4000
4	1032	326	3260
5	901	238	2380

Tab. 31: Bestimmung der optimalen Nutzungsdauer einer Anlage in einer unendlichen identischen Investitionskette durch Vergleich der Annuitäten

1	2	3	4	5	6	7
t	R_n	$0{,}1 \cdot R_{n-1}$	$R_{n-1} - R_n$	$0{,}1 \cdot C_{0\infty}(n) = D(n)$	(3)+(4)+(5)	$ü_n$
0	$a_0 = 5000$	–	–	–	–	–
1	3900	500	1100	400	2000	= 2000
2	2800	390	1100	452	1942	< 2000
3	1860	280	940	400	1620	> 1500
4	1100	186	760	326	1272	> 1000
5	500	110	600	238	948	> 500

Tab. 32: Bestimmung der optimalen Nutzungsdauer einer Anlage in einer unendlichen identischen Investitionskette mit Hilfe des Grenzkalküls

Lassen sich einem Investitionsobjekt keine laufenden Einzahlungen zuordnen oder sind die laufenden Einzahlungen im Zeitablauf konstant und bei allen Gliedern der unendlichen Investitionskette gleich, so ist die optimale Nutzungsdauer am Ende der Periode erreicht, in der die Auszahlungsannuität minimal wird. Bezieht man den Restverkaufserlös als negative Komponente in das Kalkül mit ein, so ist die korrigierte Auszahlungsannuität (L) wie folgt definiert:

$$L(n) = A - R_n \cdot q^{-n} \cdot \frac{i(1+i)^n}{(1+i)^n - 1}$$

wobei

$$A = \left[\sum_{t=1}^{n} a_t \cdot q^{-t} + a_0 \right] \cdot \frac{i(1+i)^n}{(1+i)^n - 1}$$

Daraus ergibt sich als Bedingung für die optimale Nutzungsdauer [zur Ableitung der Bedingung für kontinuierliche Zahlungen und Verzinsung vgl. *Lücke*, 1975, S. 283f.]:

$$a_n + (R_{n-1} - R_n) + i \cdot R_{n-1} \leqslant L(n).$$

Schlägt man die durch die Weiternutzung entgangenen Zinsen auf den Restverkaufserlös sowie die Restverkaufserlösminderung den laufenden Auszahlungen zu, so läßt sich die Optimumbedingung wie folgt interpretieren:

Die optimale Nutzungsdauer ist am Ende der Periode erreicht, in der die zeitlichen Grenzauszahlungen letztmalig kleiner oder gleich den zeitlichen Durchschnittsauszahlungen sind.

In der graphischen Darstellung schneidet die Kurve der zeitlichen Grenzauszahlungen die Kurve der zeitlichen Durchschnittsauszahlungen in deren Minimum [zur Erklärung siehe *E. Schneider*, 1973, S. 87ff.].

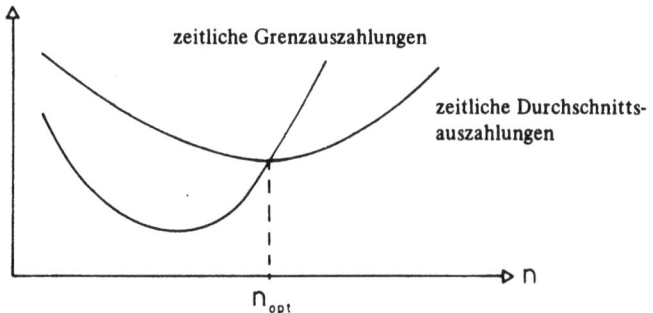

Abb. 40: Funktionsverläufe von zeitlichen Grenz- und Durchschnittsauszahlungen

Sind die Restverkaufserlöse aller Anlagen der unendlichen Investitionskette gleich Null, so ist die optimale Nutzungsdauer am Ende der Periode erreicht, in der die zeitliche Grenzauszahlungen letztmalig kleiner oder gleich den zeitlichen Durchschnittsauszahlungen sind, anders ausgedrückt, in der die laufenden Auszahlungen letztmalig kleiner oder gleich der Auszahlungsannuität sind.

$$a_n \leqslant A(n).$$

Für das Standardbeispiel ergibt sich bei Minimierung der Auszahlungsannuität unter bzw. ohne Einbeziehung von Restverkaufserlösen eine optimale Nutzungsdauer von 4 bzw. 5 Jahren (vgl. Tab. 33 und 34).

Der oben dargestellte Ansatz zur Nutzungsdaueroptimierung stimmt weitgehend mit der sog. Theorie der minimalen Periodenkosten oder Minimum-

Entscheidungen auf der Basis von Kapitalwert und Annuität

1	2	3	4	5	6
t	a_t	$a_t \cdot 1{,}1^{-t}$	$\sum_{t=1}^{n} a_t \cdot 1{,}1^{-t}$	$\left[\sum_{t=1}^{n} a_t \cdot 1{,}1^{-t}\right] \cdot \dfrac{0{,}1 \cdot 1{,}1^n}{1{,}1^n - 1}$	$a_0 \cdot \dfrac{0{,}1 \cdot 1{,}1^n}{1{,}1^n - 1}$
1	4250	3864	3864	4250	5500
2	4350	3595	7459	4298	2881
3	4500	3381	10840	4359	2011
4	4800	3278	14118	4454	1577
5	5200	3229	17347	4576	1319

7	8	9	10	11
R_n	$R_n \cdot 1{,}1^{-n}$	$R_n \cdot 1{,}1^{-n} \cdot \dfrac{0{,}1 \cdot 1{,}1^n}{1{,}1^n - 1}$	$L(n)$ (5)+(6)−(9)	$A(n)$ (5)+(6)
3900	3546	3900	5850	9750
2800	2314	1333	5846	7179
1860	1397	562	5808	6370
1100	751	237	⟨5794⟩	6031
500	310	82	5813	⟨5895⟩

Tab. 33: Bestimmung der optimalen Nutzungsdauer durch Vergleich der Auszahlungsannuitäten

Average-Cost-Theorie überein, allerdings werden bei beiden Methoden Kosten statt Auszahlungen als Rechenelement verwandt. Hierauf soll jedoch ebenso wenig eingegangen werden wie auf die sog. Theorie der minimalen Nutzleistungskosten oder Unit-Cost-Theorie, bei der nicht mit Periodenkosten, sondern mit Kosten je Nutzungseinheit gerechnet wird.

1	2	3	4	5	6	7	8	9
t	a_n	R_n	$0{,}1 \cdot R_{n-1}$	$R_{n-1} - R_n$	(2)+(4)+(5)	$L(n)$	a_n	$A(n)$
0	–	$a_0 = 5000$	–	–	–	–	–	–
1	4250	3900	500	1100	5850	= 5850	4250	< 9750
2	4350	2800	390	1100	5840	< 5846	4350	< 7179
3	4500	1860	380	940	5720	< 5808	4500	< 6370
4	4800	1100	186	760	5746	< 5794	4800	< 6031
5	5200	500	110	600	5910	> 5813	5200	< 5895

Tab. 34: Bestimmung der optimalen Nutzungsdauer mit Hilfe des Grenzkalküls ohne Berücksichtigung von laufenden Einzahlungen

Die Unterstellung einer identischen Investitionskette wird von einem Teil der Literatur heftig kritisiert. Stellvertretend sei hier *Biergans* [1973a, S. 144] zitiert, der in ihr eine „rein theoretische Konstruktion" sieht, die „vielleicht zu mathematisch recht interessanten Ergebnissen führt, in der Wirklichkeit jedoch keinen Platz hat" [ähnlich *Brandt*, 1963, S. 397f.; von *Briel*, S. 58; *Grandi*, S. 126; *Groos*, S. 68; *Scheffler*, S. 63]. Dieser Eindruck erscheint nur auf den ersten Blick einleuchtend, nicht jedoch, wenn man die Implikationen der hier vorgestellten Nutzungsdauer-Kalküle näher betrachtet.

Bei einer einmaligen Investition (bei endlich häufiger Wiederholung) rechnet der Investor nach dem Nutzungsdauerende der Investition (der letzten Investition) mit keinen den Kalkulationszinsfuß übersteigenden Anlagemöglichkeiten. Einer unendlichen identischen Investitionskette liegt implizit die Annahme zugrunde, daß die Rentabilität der Folgeinvestitionen ad infinitum der der Grundinvestition gleicht, sich die Rendite der Zukunft und der Gegenwart also entsprechen. Solange keine gegenteiligen Erwartungen vorliegen, erscheint die Unterstellung einer unendlichen identischen Investitionskette als nicht so unvernünftig, wie *D. Schneider* [1975, S. 291] zurecht betont:

„Aus diesem Dilemma zwischen theoretischer Notwendigkeit, Ersatzanlagen zu berücksichtigen, und praktischer Unmöglichkeit, ihre Zahlungsströme zu erfassen, kann man sich mit einer rigorosen Annahme helfen: Weil wir nichts besseres wissen, unterstellen wir, die künftigen Anlagen werden sich genauso rentieren wie die gegenwärtig zu investierende".

6.3 Entscheidungen auf der Basis des internen Zinsfußes

Nach dem internen Zinsfuß-Kriterium ist die optimale Nutzungsdauer in der Periode erreicht, in der der interne Zinsfuß in Abhängigkeit von der Zeit seinen maximalen Wert annimmt.

Zunächst soll wiederum auf das oben dargestellte point-input-point-output-Modell zurückgegriffen werden. Ersetzt man in der Kapitalwertgleichung g durch den kontinuierlichen zeitabhängigen internen Zinsfuß s, so ergibt sich für

$$C_0 = \ddot{u}(n) \cdot e^{*\cdot s(n) \cdot n} - a_0 = 0$$

sowie durch Logarithmierung und Auflösung nach $s(n)$:

$$s(n) = \frac{1}{n} \ln \left[\frac{\ddot{u}(n)}{a_0} \right]$$

Durch Differentiation nach n erhält man

$$\frac{ds}{dn} = -\frac{1}{n^2} \ln\left[\frac{\ddot{u}(n)}{a_0}\right] + \frac{a_0 \cdot d\ddot{u}/dn}{n \cdot \ddot{u}(n) \cdot a_0}$$

und daraus für $ds/dn = 0$ die gesuchte Bedingung für den Extremwert.

$$\frac{d\ddot{u}/dn}{\ddot{u}(n)} = \frac{1}{n} \ln\left[\frac{\ddot{u}(n)}{a_0}\right].$$

Da der Ausdruck auf der rechten Seite der Gleichung $s(n)$ entspricht, ergibt sich als Bedingung für die optimale Nutzungsdauer (sofern die 2. Ableitung < 0 ist):

$$\frac{d\ddot{u}/dn}{\ddot{u}(n)} = s(n).$$

Die optimale Nutzungsdauer ist erreicht, wenn der zeitmarginale interne Zinsfuß dem durchschnittlichen internen Zinsfuß entspricht.

Für diskontinuierliche Zahlungen und Verzinsung lautet das Kriterium:

$$\frac{\ddot{u}_n - \ddot{u}_{n-1}}{\ddot{u}_{n-1}} \geqslant r(n).$$

Da der interne Zinsfuß bei vorteilhaften Investitionen über dem Kalkulationszinsfuß liegt, muß die Nutzungsdauer, die zur Maximierung des internen Zinsfußes führt, kürzer als diejenige sein, bei der der Kapitalwert einer einmaligen Investition sein Maximum erreicht.

Für das point-input-continuous-output-Modell ergibt sich der maximale interne Zinsfuß aus der Kapitalwertgleichung

$$\dot{C}_0 = \int_0^n \ddot{u}(t) \cdot e^{*\cdot s(n) \cdot t} dt + R(n) \cdot e^{*\cdot s(n) \cdot n} - a_0.$$

Die Bedingung für den gesuchten Extremwert lautet:

$$s(n) = \frac{\ddot{u}(n) - [-R'(n)]}{R(n)}.$$

Auch hier ist also die optimale Nutzungsdauer erreicht, wenn der zeitmarginale interne Zinsfuß dem durchschnittlichen internen Zinsfuß entspricht.
Es läßt sich auch ohne Mathematik nachweisen, daß die Höhe des maxima-

len internen Zinsfußes und damit die optimale Nutzungsdauer unabhängig davon ist, ob und wie oft die Grundinvestition wiederholt wird, da „Identität" der einzelnen Investitionsobjekte nichts anderes als „gleiche Rentabilität" bedeutet. „Durch die identische Wiederholung gelingt es, das Rentabilitätsniveau der gesamten Kette auf der Höhe der maximalen internen Verzinsung der ersten Investition zu stabilisieren" [*Fleig*, 1965, S. 78].

Für diskontinuierliche Zahlungen und Verzinsung lautet das Kriterium:

$$\frac{\ddot{u}_n - (R_{n-1} - R_n)}{R_{n-1}} \geqslant r(n).$$

Im Standardbeispiel ergibt sich eine optimale Nutzungsdauer von 3 Jahren (vgl. Tab. 35).

t	$\dfrac{\ddot{u}_n - (R_{n-1} - R_n)}{R_{n-1}}$		$r(n)$
1	0,18	=	0,18
2	0,23	>	0,20
3	0,20	=	0,20
4	0,13	<	0,19
5	− 0,09	<	0,18

Tab. 35: Bestimmung der optimalen Nutzungsdauer bei Maximierung des internen Zinsfuß

Das interne Zinsfuß-Kriterium versagt bei der Nutzungsdaueroptimierung immer dann, wenn die Zahlungsströme oder -reihen eine Struktur aufweisen, die nicht zu einem Maximum des internen Zinsfußes führt.

Ergänzende und vertiefende Literatur zum Kapitel 6:
— zu den dargestellten Modellen *Buchner* [1967, 1970a]; *Buchner/Weinreich* [1975]; *Fleig* [1965]; *Moxter* [1966]; *D. Schneider* [1961]
— zu Varianten der dargestellten Modelle *von Briel* [1955]; *Grant* [1938]; *Lücke* [1975, S. 271f., S. 354ff.]
— zu Kapitalwert-Modellen auf der Basis nicht identischer Anlagen *Alchian* [1952]; *Welin* [1967] sowie die Darstellung bei *Schulte* [1975, S. 110ff.] und *Trilling* [1975, S. 65ff.].
— Zum „Ketteneffekt" bei einer wachsenden Unternehmung *Buchner* [1980]; *Lutz* [1951, S. 32ff. und S. 108f.], sowie *D. Schneider* [1961, S. 61ff., 1969, 1975, S. 286ff.].

7. Bestimmung des optimalen Ersatzzeitpunktes eines in Betrieb befindlichen Investitionsobjektes

7.1 Problemstellung

Die optimale Nutzungsdauer wird für eine geplante Investition oder Investitionsfolge im Zusammenhang mit der Vorteilhaftigkeitsbestimmung berechnet. Grundlage des Kalküls ist der Informationsstand vor Beginn des Anlagenerwerbs. Nach Inbetriebnahme können neue Informationen über die Beschaffungs- und Absatzmarktlage dazu führen, daß es für die Unternehmung vorteilhaft ist, die Nutzung zu einem anderen als dem ex-ante berechneten Zeitpunkt zu beenden. Damit stellt sich die Frage nach dem optimalen Stillegungszeitpunkt, falls kein Ersatz geplant ist (davon wird im folgenden abstrahiert) bzw. des optimalen Ersatzzeitpunktes des in Betrieb befindlichen Investitionsobjektes durch eine neue Anlage.

Die Eigenständigkeit des Ersatzzeitpunkt-Problems resultiert aus der Erfahrungstatsache, daß sich die Erwartungen des Investors hinsichtlich der zukünftigen Datenentwicklung im Zeitablauf ändern; ansonsten fielen der optimale Ersatzzeitpunkt und das Ende der optimalen Nutzungsdauer zusammen. Daher gilt es laufend zu prüfen, ob die im Investitionszeitpunkt errechnete optimale Nutzungsdauer noch „stimmt" oder ob die in Betrieb befindliche Anlage zu einem früheren oder späteren Zeitpunkt ersetzt werden sollte.

Zur Prüfung dieser Frage sollen analog zum Nutzungsdauer-Problem nur das Kapitalwert- bzw. Annuitäts-Kriterium sowie das interne Zinsfuß-Kriterium herangezogen werden.

7.2. Entscheidungen auf der Basis von Kapitalwert und Annuität

Das Ersatzzeitpunkt-Problem beinhaltet normalerweise den Vergleich zweier Handlungsmöglichkeiten [zum Ausnahmefall siehe S.165]:

- Sofortiger Ersatz des in Betrieb befindlichen Investitionsobjektes durch eine neue Anlage
- Aufschub des Ersatzes um ein Jahr.

Von der Ersatzinvestition wird angenommen, daß sie das Anfangsglied einer unendlichen identischen Investitionskette bildet, die potentiellen Nachfolger der in Betrieb befindlichen Anlage also die gleiche Rentabilität aufweisen.

Der Zeitpunkt des Ersatzvergleichs (Betrachtungszeitpunkt) T liegt unmittelbar am Ende einer Periode; die hochgestellten Indices A bzw. N stehen für die in Betrieb befindlichen Anlage (alte Anlage) bzw. die Ersatzanlage (neue Anlage). Ansonsten gelten die gleichen Symbole wie zuvor.

Der Ersatzvergleich besteht in einer Gegenüberstellung der sich bei den beiden Handlungsalternativen ergebenden Zahlungsreihen [auf die Betrachtung

162 Bestimmung des optimalen Ersatzzeitpunktes

kontinuierlicher Zahlungen und Verzinsung sei hier verzichtet]; dabei kommen die Zahlungen sämtlicher Folgeinvestitionen verkürzt in dem Kapitalwert der unendlichen identischen Investitionskette zum Ausdruck.

sofortiger Ersatz: Zeitstrahl mit t_0, T (mit R^A, $C^N_{0\infty}(n^N_{opt})$), $T+1$ (mit 0), $T+2$ (mit 0) → Zeit
(Ersatzzeitpunkt)

Aufschub des Ersatzes um ein Jahr: Zeitstrahl mit t_0, T (mit 0), $T+1$ (mit $\ddot{u}^A$, R^A, $C^N_{0\infty}(n^N_{opt})$), $T+2$ (mit 0) → Zeit.
(Ersatzzeitpunkt)

Entscheidungsindifferenz liegt offenbar vor, wenn

$$R^A_T + C^N_{0\infty}(n^N_{opt}) = [\ddot{u}^A_{T+1} + R^A_{T+1} + C^N_{0\infty}(n^N_{opt})](1+i)^{-1}$$

Durch Multiplikation mit $(1+i)$ ergibt sich:

$$(1+i)[R^A_T + C^N_{0\infty}(n^N_{opt})] = \ddot{u}^A_{T+1} + R^A_{T+1} + C^N_{0\infty}(n^N_{opt})$$

$$R^A_T + i \cdot R^A_T + C^N_{0\infty}(n^N_{opt}) + i \cdot C^N_{0\infty}(n^N_{opt}) = \ddot{u}^A_{T+1} + R^A_{T+1} +$$
$$+ C^N_{0\infty}(n^N_{opt}).$$

Schließlich erhält man als Optimumbedingung:

$$\ddot{u}^A_{T+1} < i \cdot R^A_T + (R^A_T - R^A_{T+1}) + i \cdot C^N_{0\infty}(n^N_{opt}).$$

Der optimale Ersatzzeitpunkt ist in T erreicht, wenn der Einzahlungsüberschuß der in Betrieb befindlichen Anlage im nächsten Jahr nicht mehr ausreichen würde, um die Zinsen auf den Restverkaufserlös der alten Anlage im Betrachtungszeitpunkt T, die Verringerung des Restverkaufserlöses von T bis $T+1$ und die Zinsen auf den Kapitalwert einer unendlichen identischen Kette von Ersatzanlagen zu decken, oder anders ausgedrückt, wenn der zeitliche Grenz-

Entscheidungen auf der Basis von Kapitalwert und Annuität

gewinn der alten Anlage im nächsten Jahr kleiner als der zeitliche Durchschnittsgewinn (die Annuität) der neuen Anlage sein würde.

$$\ddot{u}_{T+1}^A - i \cdot R_T^A - (R_T^A - R_{T+1}^A) < i \cdot C_{0\infty}^N (n_{opt}^N).$$

Für die Bestimmung des optimalen Ersatzzeitpunktes empfiehlt sich folgendes praktische Vorgehen. Zunächst wird die optimale Ersatzanlage als jeweiliges Anfangsglied einer unendlichen identischen Investitionskette sowie ihre jeweilige optimale Nutzungsdauer ermittelt. Hierzu wird für jedes Investitionsobjekt die maximale Annuität in Abhängigkeit von der Nutzungsdauer bestimmt. Das Investitionsobjekt mit der höchsten Annuität stellt die beste Alternative zur in Betrieb befindlichen Anlage dar. Danach erfolgt die Lösung des Ersatzzeitpunktproblems unter Verwendung der abgeleiteten Optimumbedingung.

Das Vorgehen soll durch ein Beispiel verdeutlicht werden. Im Betrachtungszeitpunkt befindet sich das in Kap. 6 untersuchte Investitionsobjekt ein Jahr in Betrieb. Nach dem Ergebnis des Nutzungsdauerkalküls im Fall der unendlichen identischen Investitionskette müßte die Anlage in einem Jahr ersetzt werden. Hinsichtlich des zeitlichen Verlaufs des Restverkaufserlöses der alten Anlage sowie der Annuität der Ersatzinvestition hegt der Investor die gleichen Erwartungen wie zuvor in t_0, jedoch rechnet er abweichend vom Nutzungsdauerkalkül im nächsten Jahr nur noch mit einem Einzahlungsüberschuß von 1800 (ursprüngliche Schätzung: 2000). Daher ist zu prüfen, ob die geänderte Erwartung nicht zu einer Vorverlegung des optimalen Ersatzzeitpunktes führt.

$$1800 - 0{,}1 \cdot 3900 - (3900 - 2800) < 452.$$

Da der Grenzgewinn bei Weiternutzung der alten Anlage um ein Jahr unter dem Durchschnittsgewinn der Ersatzinvestition liegen würde, empfiehlt sich ein sofortiger Ersatz. Der Grenzgewinn der in Betrieb befindlichen Anlage im übernächsten Jahr wäre noch niedriger, so daß sich aus der Ausdehnung des Vergleichszeitraums kein anderes Resultat ergeben kann.

Bei schwankenden Grenzgewinnen des vorhandenen Investitionsobjektes kann der Vergleich der beiden Handlungsmöglichkeiten „sofortiger Ersatz oder Aufschub um ein Jahr" dagegen zu Fehlentscheidungen führen, wenn der Grenzgewinn der in Betrieb befindlichen Anlage in einem späteren Jahr die Annuität der Ersatzinvestition übersteigt. In diesem Fall sind zur Berechnung des optimalen Ersatzzeitpunktes folgende alternative Investitionsfolgen zu betrachten:

— Sofortiger Ersatz des in Betrieb befindlichen Investitionsobjektes durch eine neue Anlage (Anfangsglied einer unendlichen identischen Investitionskette)

- Aufschub des Ersatzes um ein Jahr
- Aufschub des Ersatzes um zwei Jahre

.

.

.

- Aufschub des Ersatzes bis zum Ende des Betrachtungszeitraums.

Der optimale Ersatzzeitpunkt ist durch Maximierung des Kapitalwertes der alternativen Investitionsfolgen ($C_{0\infty}^{AN}$) bei Variation der Aufschubperioden $\bar{n}$ von 0 bis zum Ende des Betrachtungszeitraums zu bestimmen [siehe dazu auch *Dellmann/Haberstock* sowie *Geenen/Krug*]; die ablehnende Haltung zahlreicher Autoren [u.a. von *Biergans*, 1973a, S. 233; *Harrmann*, 1968, S. 786ff.; *Jacob*, 1964, S. 493; *Leffson*, S. 164 LVI 19; *Olfert*, S. 126 und *Scheer*, S. 33] gegenüber dem Kapitalwert-Kriterium erweist sich im folgenden als unbegründet.

$$C_{0\infty}^{AN}(\bar{n}) = \sum_{\bar{t}=1}^{\bar{n}} \ddot{u}_{T+\bar{t}} \cdot q^{-\bar{t}} + R_{T+\bar{n}} \cdot q^{-\bar{n}} + C_{0\infty}^{N}(n_{opt}^{N}) \cdot q^{-\bar{n}}.$$

Für $\bar{n} = 0$, d.h. bei sofortigem Ersatz, wird der Ausdruck durch die Summe [$R_0^A + C_{0\infty}^N$], für $\bar{n} > 0$, d.h. bei Weiternutzung des in Betrieb befindlichen Investitionsobjektes durch die Summe aus dem Rest-Kapitalwert der alten Anlage und dem auf T diskontierten Kapitalwert der unendlichen identischen Kette von Ersatzinvestitionen gebildet.

Zur Begründung soll das obige Beispiel in leicht veränderter Form herangezogen werden. Nunmehr geht der Investor davon aus, daß der Einzahlungsüberschuß im nächsten Jahr wegen einer Großreparatur nur 1000 beträgt, im Jahr darauf jedoch auf 3100 ansteigt. Eine Beschränkung des Ersatzvergleichs auf die Zeitpunkte T und $T + 1$ würde einen sofortigen Ersatz der in Betrieb befindlichen Anlage vorteilhaft erscheinen lassen, denn der zeitliche Grenzgewinn bei Weiternutzung der alten Anlage um ein Jahr ist sogar negativ.

$$1000 - 0,1 \cdot 3900 - [3900 - 2800] = -490.$$

Dagegen führt ein Vergleich der Kapitalwerte der alternativen Investitionsfolgen zu einer anderen, und zwar richtigen Entscheidung. Bei einer Begrenzung des Vergleichszeitraums auf 3 Jahre erweist sich wegen des Anstiegs des Einzahlungsüberschusses aufgrund der vorherigen Reparatur eine Weiternutzung der alten Anlage als vorteilhaft, denn der höchste Kapitalwert läßt sich nicht bei sofortigem Ersatz, sondern bei einem Aufschub des Anlagenersatzes um 2 Jahre erzielen. Ob die alte Anlage tatsächlich noch genau 2 Jahre weitergenutzt wird oder vielleicht schon in einem Jahr oder erst in 3 Jahren ersetzt

Entscheidungen auf der Basis von Kapitalwert und Annuität

wird, hängt von dem Resultat des Ersatzzeitpunkt-Kalküls in $T + 1$ ab, da in diesem Zeitpunkt erneut verbesserte Erwartungen vorliegen.

Zusammenfassend läßt sich feststellen: Weisen die Grenzgewinne der in Betrieb befindlichen Anlage eine fallende Tendenz auf, so genügt ein Vergleich von Grenzgewinn der alten und Durchschnittsgewinn der neuen Anlage. Bei schwankenden Grenzgewinnen muß dagegen der Investitionsvergleich auf alle alternativen Investitionsfolgen ausgedehnt und ihr Kapitalwert-Maximum ermittelt werden.

Ist die Höhe der laufenden Einzahlungen unabhängig davon, ob die alte oder die neue Anlage die Produktion durchführt, so läßt sich das Ersatzzeitpunkt-Problem auf der Basis von Auszahlungen lösen. Weisen die Grenzauszahlungen unter Berücksichtigung von Restverkaufserlösen eine steigende Tendenz auf, genügt eine Betrachtung der Alternativen „sofortiger Ersatz oder Aufschub um ein Jahr". Der optimale Ersatzzeitpunkt ist in T erreicht, wenn die Grenzauszahlungen der alten Anlage im nächsten Jahr die Durchschnittsauszahlungen der neuen Anlage, jeweils in bezug auf die Zeit, übersteigen würden.

$$a^A_{T+1} + i \cdot R^A_T + (R^A_T - R^A_{T+1}) > L^N (n^N_{opt}).$$

Aus dem Vergleich können ferner alle Auszahlungen eliminiert werden, die bei den beiden betrachteten Anlagen in gleicher Höhe anfallen würden, die also nicht von der Art und der Nutzungsdauer einer Anlage abhängen (z.B. evtl. Löhne/Gehälter von Bedienungspersonal). Sind die Restverkaufserlöse des in Betrieb befindlichen Investitionsobjektes und der Folgeanlagen gleich Null, so gilt für den optimalen Ersatzzeitpunkt:

$$a^A_{T+1} > A^N (n^N_{opt}).$$

Bei schwankenden Grenzauszahlungen muß der optimale Ersatzzeitpunkt analog zur oben beschriebenen Vorgehensweise durch Minimierung des Barwertes der Auszahlungen der alternativen Investitionsfolgen ermittelt werden. Zu beachten bleibt jedoch, daß bei Vernachlässigung der laufenden Einzahlungen die absolute Vorteilhaftigkeit einer Ersatzinvestition nicht beurteilt werden kann.

Auf die zahllosen in der Literatur zu findenden Varianten der obigen Ersatzzeitpunkt-Kalküle (Rechnung mit approximativen Werten, Verwendung von Periodengrößen, erzeugniseinheitsbezogene Formulierung der Kriterien) soll hier nicht eingegangen werden. Abschließend sei lediglich kurz die in der Praxis verbreitete Vorstellung angesprochen, ein noch vorhandener Restbuchwert könne dem sofortigen Ersatz einer alten Anlage entgegenstehen. Die

Bestimmung des optimalen Ersatzzeitpunktes

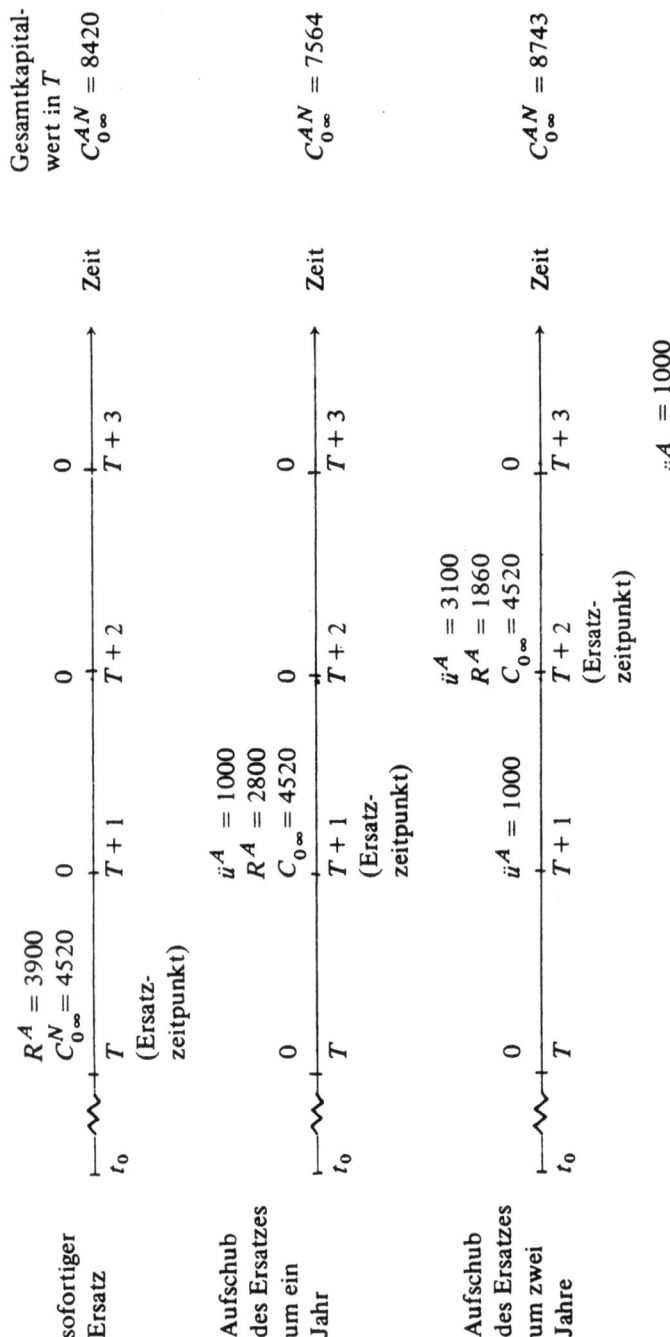

Frage einer Einbeziehung dieser Größe in den Ersatzvergleich wurde in der Literatur vor allem zwischen 1954 und 1964 heftig diskutiert. Heute herrscht die Meinung vor, daß ein Restbuchwert ausschließlich auf „die Vergangenheit und die dort versäumte 'richtige' Bemessung der Abschreibungen" [*Schierenbeck*, 1976a, S. 221] zurückzuführen ist und daher in einer zukunftsgerichteten, auf Zahlungen aufbauenden Wirtschaftlichkeitsrechnung nichts zu suchen hat.

7.3 Entscheidungen auf der Basis des internen Zinsfußes

Bezüglich der Eignung des internen Zinsfuß-Kriteriums für den Ersatzvergleich stehen sich in der Literatur zwei Meinungen diametral gegenüber:

— „Eine Anlage, die sich im Betrieb befindet, ... weist in den folgenden Jahren eine Zahlungsreihe mit nur positiven Werten auf. Ihr interner Zinsfuß ist unendlich groß. Demgegenüber wird der interne Zins der möglichen neuen Maschine, die an Stelle der bereits installierten treten könnte, stets einen endlichen Wert haben. Hiernach urteilend, käme es mithin niemals zur Ersetzung eines bereits installierten Aggregates" [*Jacob*, 1964, S. 493; ähnlich u.a. *D. Schneider*, 1975, S. 295f.].

— „Entschließt man sich zur Weiternutzung des Gegenstandes, so bedeutet das zwangsläufig den Verzicht auf die Realisierung seines Resterlöswertes. Ein solcher Einnahmeverzicht ist aber ... einer Ausgabe im Bezugszeitpunkt gleichzusetzen und als Kapitaleinsatz der vorhandenen Anlage zu betrachten. Geht man so vor, läßt sich für bereits im Betrieb befindliche Objekte eine endliche, durchaus realistische Rendite ermitteln" [*Biergans*, 1973a, S. 234; ähnlich *Fleig*, 1967, S. 527].

Gegen die letztgenannte Ansicht spricht, daß ein Anlagenersatz auf der Basis des so definierten internen Zinsfußes umso weniger in Frage kommt, je geringer der Restverkaufserlös, oder anders ausgedrückt, je älter die Anlage ist. Die Eignung des internen Zinsfuß-Kriteriums für das Ersatzproblem muß daher bezweifelt werden.

Ergänzende und vertiefende Literatur zum Kapitel 7:
— zu Varianten der dargestellten Modelle *Bloech* [1966, S. 105ff.]; *Leffson* [1973, S. 166ff.]
— zu Kapitalwert-Modellen auf der Basis nicht identischer Ersatzanlagen *Alchian* [1952]; *Caplan* [1939/40]; *Dreyfus* [1957]; *Geenen* [1969]; *Gendriesch* [1966]; *Jacob* [1957]; *Welin/Welin* [1967]
— zu Modellen mit anderen Zielgrößen *Gendriesch* [1968]; *Swoboda* [1973] sowie in 6.1 zitierte Quellen.

8. Interdependenzen, Unsicherheit und Imponderabilien in der Investitionsplanung

8.1 Interdependenzen

In den bisherigen Kapiteln wurde stillschweigend davon ausgegangen, daß sich eine Investition problemlos durch eine Ein- und Auszahlungsreihe beschreiben läßt. Es fehlt in der Literatur jedoch nicht an Stimmen, die ein solches Unterfangen — besonders in bezug auf die Einzahlungen — skeptisch beurteilen. Die damit angesprochene Thematik wird als Zurechnungsproblem bezeichnet.

Um Mißverständnisse zu vermeiden, wird im folgenden strikt zwischen Zurechnung und Zuordnung getrennt. Zurechnung bedeutet: Aufspaltung eines durch den gemeinsamen Faktoreinsatz bewirkten Ertrages und der daraus resultierenden Einzahlungen auf die verschiedenen Produktionsfaktoren (Arbeit, Betriebsmittel, Werkstoffe). Eine solche Verteilung scheitert jedoch sowohl für limitationale als auch für substitutionale Faktorkombinationen [*Adam*, S. 67].

Im Rahmen der Wirtschaftlichkeitsrechnung werden die Einzahlungen ausschließlich auf einen Produktionsfaktor, nämlich die Betriebsmittel, bezogen; dabei handelt es sich nicht um eine Zurechnung im Sinne einer kausalen Verknüpfung zwischen Faktoreinsatz und Ertrag, sondern lediglich um eine vom Rechnungszweck bestimmte Zuordnung. Die Durchführung der Investition ist die "conditio sine qua non" für die Entstehung der Einzahlungen; ihre Zuordnung zu einem Investitionsobjekt erfolgt allein zur Beurteilung der Vorteilhaftigkeit dieser Maßnahme. Eine „gerechte Zurechnung" auf die beteiligten Produktionsfaktoren stellt nicht das Anliegen der Wirtschaftlichkeitsrechnung dar.

Aufgrund von Interdependenzen, d.h. von gegenseitigen Abhängigkeiten, bereitet die Zuordnung von Einzahlungen in vielen Fällen Schwierigkeiten. Speziell für die Investitionsplanung bedeutet die Interdependenz: der Investor erwartet, daß das zur Entscheidung anstehende Investitionsvorhaben die Planung in mindestens einem weiteren Planungsbereich oder hinsichtlich weiterer Investitionsvorhaben tangiert, woraus die Notwendigkeit erwächst, diese Wirkungen bei der Planung des betrachteten Investitionsobjektes zu berücksichtigen; konkret bestehen Interdependenzen vor allem zwischen Investition und Finanzierung, die allerdings in den traditionellen Investitionsmodellen durch die Prämisse eines vollkommenen Kapitalmarktes aufgehoben werden [*Bitz*, 1977b, S. 101], sowie zwischen einzelnen Investitionsobjekten. So hängt die Höhe der Einzahlungen und damit die Vorteilhaftigkeit einer Sachinvestition davon ab [*Jacob*, 1964],

— in welchen Anlagenbestand sie eingefügt und welche anderen Vorhaben gleichzeitig realisiert werden (zeitlich horizontale Interdependenz) sowie

Interdependenzen

— welche Investitionen in der Zukunft vorgenommen werden (zeitlich vertikale Interdependenz).

Das Interdependenzproblem zwischen einzelnen Investitionsobjekten und seine Auswirkungen auf die Wirtschaftlichkeitsrechnung sollen am Beispiel einer Ein-Produkt-Unternehmung mit mehrstufiger Fertigung erläutert werden. Zunächst sei unterstellt, der Investor beabsichtige eine Investition, die zur Beseitigung eines Fertigungsengpasses und daher zu einer harmonischen Kapazitätsabstimmung führt. In diesem Fall lassen sich dem Investitionsobjekt die durch seine Realisierung ausgelösten zusätzlichen Ein- und Auszahlungen aufgrund einer „Grenz"-überlegung [D. Schneider, 1975, S. 264] etwa nach folgendem Schema zuordnen.

---

(1) Laufende Einzahlungen der Unternehmung nach Vornahme der Investition

(2) Laufende Einzahlungen der Unternehmnung ohne Vornahme der Investition

---

(3) = (1) − (2) = Veränderung der laufenden Einzahlungen bei Vornahme der Investition

---

(4) Laufende Auszahlungen nach Vornahme der Investition
 a) in der betreffenden Produktionsstufe
 b) aufgrund dieser Investition in anderen Produktionsstufen

(5) Laufende Auszahlungen ohne Vornahme der Investition

---

(6) = (4) − (5) Veränderung der laufenden Auszahlungen bei Vornahme der Investition

---

(7) = (3) − (6) Veränderung des laufenden Einzahlungsüberschusses bei Vornahme der Investition

---

Nunmehr sei konkret von einer dreistufigen Fertigung ausgegangen, wobei das Erzeugnis nacheinander die Produktionsstufen A mit einer Maschine (Kapazität x_A), B mit zwei Maschinen (Kapazität insgesamt x_B) und C mit ebenfalls zwei Maschinen (Kapazität insgesamt x_C) durchläuft.

Die horizontal (vertikal) schraffierte Fläche zeigt den bereits vorhandenen Anlagenpark (die im Betrachtungszeitpunkt geplante Erweiterungsinvestition in Produktionsstufe A).

Bei Realisierung der betrachteten Investition würde die Kapazität im Bereich A auf $x_{\bar{A}}$ ansteigen; diese könnte allerdings nur zum Teil ausgenutzt werden, da nunmehr die Produktionsstufe C bei x_C den Engpaß bildet. Durch ei-

170 Interdependenzen, Unsicherheit und Imponderabilien in der Investitionsplanung

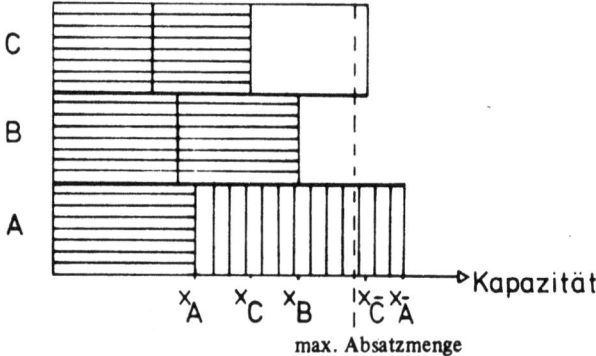

Abb. 41: Vorhandener und geplanter Anlagenbestand einer dreistufigen Ein-Produkt-Unternehmung

ne gleichzeitige oder spätere Erweiterungsinvestition in diesem Bereich (nicht schraffierte Fläche) könnte die Produktion jedoch bis x_B und durch eine Erweiterungsinvestition in Produktionsstufe B noch mehr gesteigert werden. Die Vorteilhaftigkeit der Investition im Bereich A hängt also einmal vom vorhandenen Anlagenpark und zum anderen davon ab, welche Investitionsvorhaben gleichzeitig oder zukünftig durchgeführt werden. Eine Quantifizierung sowie eine Zuordnung der durch die Investition in Produktionsstufe A zu erzielenden Veränderung der Einzahlungsüberschüsse und damit eine isolierte Beurteilung ihrer Vorteilhaftigkeit ist offenbar nur möglich, wenn gleichzeitig oder zukünftig keine weiteren Investitionen in dem mehrstufigen Produktionsprozeß vorgenommen, die zeitlich horizontalen und vertikalen Interdependenzen also abgeschnitten werden. Daraus folgt, daß häufig nur Kombinationen von Investitionsvorhaben im Hinblick auf ihre Vorteilhaftigkeit sinnvoll beurteilt werden können.

Ergänzende und vertiefende Literatur zum Abschnitt 8.1: *Adam* [1966]; *Biergans* [1973a, S. 80ff.]; *Cordes* [1976]; *Hilgert* [1966]; *Jacob* [1964]; *Klinger* [1964]; *Krause* [1973, S. 55ff.]; *D. Schneider* [1975, S. 264ff.].

8.2 Unsicherheit

8.2.1 Problemstellung

In der Wirtschaftlichkeitsrechnung erlangt das Unsicherheitsphänomen seine besondere Bedeutung aus dem Erfordernis langfristiger Datenprognose sowie der Einmaligkeit von Investitionsentscheidungen. Der Investor kann daher in der Zukunft nicht nur eine einzige Datenkonstellation für möglich erachten, sondern muß von mehrwertigen Erwartungen ausgehen. In den vorangegangenen Kapiteln wurde das Unsicherheitsproblem dadurch nahezu ausgeklammert, daß für die Inputgrößen jeweils deren wahrscheinlichster Wert (Modus) gewählt und als quasi-sicheres Datum in der Wirtschaftlichkeitsrechnung angesetzt wurde. Da erwartete und tatsächliche Umweltzustände fast immer divergieren, besteht die Gefahr von Fehlinvestitionen. Dieses Risiko kann mit Hilfe der im folgenden dargestellten Verfahren zwar nicht gebannt, jedoch vermindert werden.

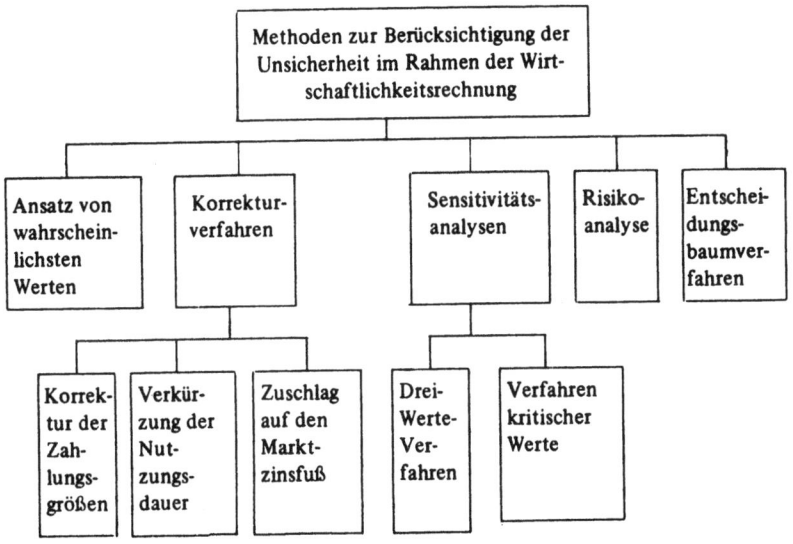

Abb. 42: Methoden zur Berücksichtigung der Unsicherheit im Rahmen der Wirtschaftlichkeitsrechnung

8.2.2 Korrekturverfahren

8.2.2.1 Darstellung

Das gemeinsame Merkmal der in der Praxis beliebten Korrekturverfahren bildet die Änderung einzelner ursprünglicher Schätzwerte der Wirtschaftlichkeitsrechnung. Mit Hilfe von Zu- und Abschlägen werden die wahrscheinlichsten Werte von Inputdaten auf mit Sicherheit zu erwartenden Größen reduziert [*Albach*, 1959, S. 75]. Die Korrekturen können an jeder der für die Wirtschaftlichkeitsrechnung wesentlichen Inputgrößen einzeln oder kombiniert angebracht werden: Risikoabschläge von den laufenden Einzahlungen, dem Restverkaufserlös, der Nutzungsdauer sowie Risikozuschläge zu den laufenden Auszahlungen, der Anschaffungsauszahlung. Außerdem wird seit langem als „Sicherheitsventil" gegen Fehler bei der Schätzung der Zahlungsreihen ein Risikozuschlag auf den Marktzinsfuß vorgeschlagen [auch in jüngster Zeit noch von *Janocha*, Sp. 1848], wobei der Ansatz des Korrekturfaktors für alle betrachteten Investitionsobjekte einheitlich, nach Risikoklassen differenziert und/oder im Zeitablauf zunehmend erfolgen kann.

8.2.2.2 Beurteilung

Durch die Devise: „... man spare nicht mit der Höhe des Zuschlags" [*Gerbel*, S. 24] soll eine Absicherung des Investors vor Enttäuschungen erreicht werden. Gegen Ziel und Methode lassen sich jedoch gravierende Einwände vorbringen: Korrekturverfahren

- erlauben nur eine globale Berücksichtigung der Unsicherheit [*Wittmann*, S. 56]; sie können die Risikoeinstellung des Investors nicht wiedergeben [*Lücke*, 1975, S. 321],
- führen zu einer stets pessimistischen Sicht der zukünftigen Datenentwicklungen und damit zu einer extrem risikoscheuen Investitionspolitik [*Koch*, 1970, S. 137],
- beschwören die Gefahr herauf, daß durch Kumulation von Korrekturen Investitionsobjekte „totgerechnet" werden [*Rühli*, 1970, S. 165],
- unterdrücken Informationen und verschleiern die tatsächliche Risikosituation [*Lücke*, 1975, S. 321],
- liegt eine „logische Inkonsequenz" zugrunde; das „Problem der Unsicherheit wird ... ausgeklammert, indem aus der Vielzahl der möglichen Werte einer herausgegriffen und dann angenommen wird, dieser werde mit Sicherheit eintreten" [*Albach*, 1958, S. 770].

Der Investor benötigt vielmehr für eine rationale Entscheidung Informationen über Chancen und Risiko.

8.2.3 Sensitivitätsanalysen

8.2.3.1 Darstellung

8.2.3.1.1 Drei-Werte-Verfahren: Parallel zur wahrscheinlichsten Datenkonstellation wird für die günstigste sowie die ungünstigste Datenkonstellation jeweils der Wert der gewählten Zielgröße der Wirtschaftlichkeitsrechnung (hier: des Kapitalwertes) ermittelt.

Die Differenz der Zielfunktionswerte, im Beispiel der Kapitalwerte, für die beiden extremen Situationen gibt in etwa das Ausmaß der dem Investitionsobjekt eigenen Unsicherheit wieder. Ist der Kapitalwert für die pessimistische (optimistische) Situation positiv (negativ), so kann die Investition in jedem Fall als (un)vorteilhaft angesehen werden. Der vorliegende Fall erlaubt allerdings keine eindeutige Aussage über die Vorteilhaftigkeit; es bedarf vielmehr letztlich einer subjektiven Beurteilung des Investors.

Beim Vorteilhaftigkeitsvergleich sind eindeutige Aussagen über die Rang-

Datenart \ Datenkonstellation	sehr günstig	wahrscheinlich			sehr ungünstig
Anschaffungsauszahlung	–	1000 in t_0			–
laufende Einzahlungen	+ 10 %	t_1 2400	t_2 2400	t_3 2400	– 20 %
laufende Auszahlungen	– 15 %	t_1 1900	t_2 2000	t_3 2100	+ 30 %
Restverkaufserlös	+ 20 %	450 in t_3			– 20 %
Kapitalwert für $i = 0{,}10$	1756,71	348,59			– 2400,05

Tab. 36: Drei-Werte-Verfahren

folge nur möglich, wenn der Zielerreichungsgrad einer Investition sowohl bei der günstigsten als auch der ungünstigsten Situation den des Konkurrenzobjektes übertrifft; ansonsten läßt sich eine subjektive Wertung nicht vermeiden.

8.2.3.1.2 Verfahren kritischer Werte: Die Berechnung kritischer Werte dient der Ermittlung des bei einem Investitionsobjekt vorhandenen Sicherheitsspielraums [*Timm*, S. 111] und ist in der Praxis seit langem bekannt [bereits 1936 von *Rummel* beschrieben]. Bei diesem Verfahren steht die Frage im Mittelpunkt: Wie weit dürfen sich einzelne Daten der Wirtschaftlichkeitsrechnung ändern, ohne daß die Entscheidung für ein bestimmtes Investitionsobjekt falsch wird. Zunächst werden einzelne Inputgrößen herausgegriffen, bei denen der Ungenauigkeitsgrad der Schätzung (evtl. aufgrund von Erfahrungen aus früheren Abweichungsanalysen) als besonders hoch angenommen wird und/oder die von ihrer zahlenmäßigen Größenordnung her das Ergebnis der Wirtschaftlichkeitsrechnung entscheidend beeinflussen. Anschließend wird i.d.R. eine Inputgröße ausgewählt und jener kritische Wert ermittelt, bei dessen Erreichen sich die Beurteilung des Investitionsobjektes gerade ändert. Lösungen, die ein anderes Investitionsverhalten schon bei sehr kleinen Änderungen der Inputgröße nahelegen, gelten als sehr empfindlich (sensibel, sensitiv, instabil). Für die Berechnung kritischer Werte kommen vor allem der Restverkaufserlös, Absatzpreise und -mengen sowie jährliche Faktorpreissteigerungsraten (Löhne/Gehälter, Werkstoffe) in Betracht. Für die in Wirtschaftlichkeitsrechnungen mit positivem (negativem) Vorzeichen enthaltenen Größen gibt der kritische Wert den unteren (oberen) Grenzwert der Vorteilhaftigkeit an.

Das Verfahren kritischer Werte läßt sich bei allen denkbaren Zielsetzungen und in mehreren Formen anwenden.

174 Interdependenzen, Unsicherheit und Imponderabilien in der Investitionsplanung

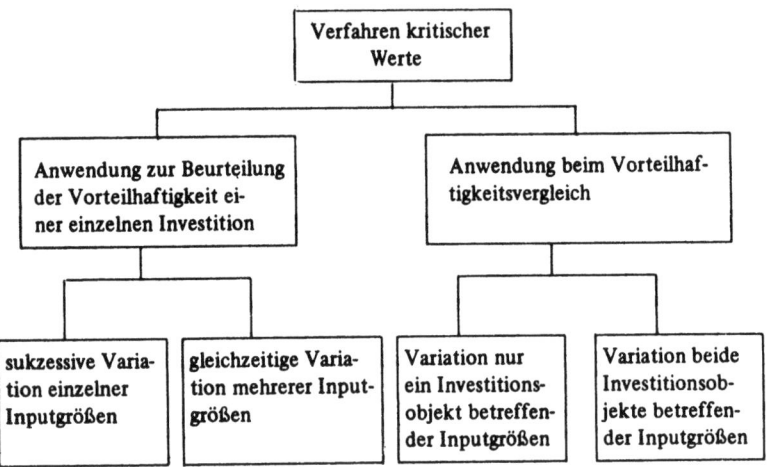

Abb. 43: Verfahren kritischer Werte

Die Anwendung des Verfahrens kritischer Werte soll zunächst für ein einzelnes Investitionsobjekt demonstriert werden. Den Ausgangspunkt bildet die Berechnung des Zielfunktionswertes, hier des Kapitalwertes, auf der Grundlage der wahrscheinlichsten Werte der Inputgrößen. Um möglichst viele kritische Werte berechnen zu können, wird der Kapitalwert ausführlicher als zuvor beschrieben. Bei Konstanz der Einzahlungsüberschüsse auf der Basis teils mengenabhängiger, teil -unabhängiger laufender Auszahlungen

$$a = a_f + a_v \cdot x$$

und allein mengenabhängiger laufender Einzahlungen

$$e = p \cdot x$$

lautet die Kapitalwertgleichung:

$$C_0 = -a_0 + [(p-a_v) \cdot x - a_f] \frac{(1+i)^n - 1}{i(1+i)^n} + R_n \cdot q^{-n}.$$

Für $a_f = 100$, $a_v = 1$, $p = 3$, $x = 250$, $a_0 = 1000$, $R_n = 450$, $n = 3$ und $i = 0{,}10$ ergibt sich ein Kapitalwert von 332,84.

Der Ablauf des Verfahrens vollzieht sich in einzelnen Schritten wie folgt:

— Auswahl der ersten als unsicher erachteten Inputgröße, hier der Absatzmenge

– Auflösung der Zielfunktion, hier der Kapitalwertgleichung für $C_0 = 0$, nach der ausgewählten Inputgröße

$$C_0 = 0 = -a_0 + (p - a_v) \cdot x \cdot \frac{(1+i)^n - 1}{i(1+i)^n}$$

$$- a_f \cdot \frac{(1+i)^n - 1}{i(1+i)^n} + R_n \cdot q^{-n}$$

$$x_{\text{krit}} = \frac{1}{p - a_v} \left[(a_0 - R_n) \frac{i(1+i)^n}{(1+i)^n - 1} + i \cdot R_n + a_f \right].$$

Für das Beispiel ergibt sich eine kritische Absatzmenge von ca. 183.

– Bestimmung des zulässigen Schwankungsbereiches durch Vergleich von wahrscheinlichstem (250) und kritischem (183) Wert
– Auswahl einer weiteren als unsicher erachteten Inputgröße
– Berechnung des kritischen Wertes für die nun ausgewählte Inputgröße, wobei für die zuvor untersuchte Inputgröße wieder der wahrscheinlichste Wert angesetzt wird
– abschließende Beurteilung des Schwankungsbereiches jeder einzelnen Inputgröße.

Infolge der ceteris paribus-Bedingung werden bei der Variation nur einer Inputgröße bestehende Interdependenzen, z.B. zwischen Absatzpreis und -menge, zerschnitten. Dieser Mangel läßt sich durch gleichzeitige Veränderung mehrerer Inputgrößen beheben; dabei ergibt sich bei 2 Variablen eine kritische Linie, bei 3 Variablen eine kritische Fläche.

Beim Vorteilhaftigkeitsvergleich werden zur Berechnung eines kritischen Wertes die Zielfunktionen der zu vergleichenden Investitionsobjekte einander gleichgesetzt und nach der untersuchten Inputgröße aufgelöst; bei dem kritischen Wert werden beide Investitionsalternativen in ihrer Vorteilhaftigkeit gleichgeschätzt (Indifferenz). Je nach der untersuchten Inputgröße bestehen 2 Anwendungsbereiche. Zum einen kann sich die Berechnung des kritischen Wertes nur auf eines der beiden Investitionsobjekte, z.B. auf dessen Anschaffungsauszahlung oder Restverkaufserlös, beziehen, wobei das Erreichen des Zielfunktionswertes bei der alternativen Investition als sicher gilt. Zum anderen lassen sich kritische Werte für gemeinsame Inputdaten der Investitionsobjekte bestimmen. So bietet sich beim Vergleich eines lohn- und eines kapitalintensiven Investitionsobjektes die Berechnung jener kritischen Absatzmenge und/oder Lohnsteigerungsrate an, bei deren Über-(Unter-)schreiten das kapital-(lohn-)intensive Projekt vorteilhafter ist.

8.2.3.2 Beurteilung

Sensitivitätsanalysen führen dem Investor Tragweite und Auswirkungen unsicherer Zukunftsvorstellungen deutlich vor Augen; sie beinhalten jedoch keine Regel, wie sich der Investor bei Unsicherheit konkret entscheiden soll [*Jacob*, 1967, S. 172f.]. Als Nachteil der Methode kritischer Werte erweist sich „ die für eine Partialanalyse typische isolierte Betrachtungsweise" [*Perridon/Steiner*, S. 85]; denn die Untersuchung beschränkt sich jeweils nur auf eine einzige Größe, während die anderen ebenfalls unsicheren Größen als konstant angenommen werden. Dennoch können Sensitivätsanalysen „für die Praxis der Investitionsrechnung als wertvolles Hilfsmittel angesehen werden" [*Kilger*, 1965a, S. 353].

8.2.4 Risikoanalyse und Entscheidungsbaumverfahren

Unter dem Begriff Risikoanalyse (risk analysis) werden Verfahren zusammengefaßt, deren Zweck darin besteht, eine auf subjektiven Glaubwürdigkeitsvorstellungen basierende Wahrscheinlichkeitsverteilung für das Entscheidungskriterium der Wirtschaftlichkeitsrechnung zu gewinnen. Dabei werden die Inputgrößen als zufallsabhängig angesehen und ihre Verteilungen geschätzt; aus diesen wird zumeist durch Simulation eine Häufigkeitsverteilung der Zielgröße gewonnen. Bei der Risikoanalyse handelt es sich um ein Verfahren der Entscheidungsvorbereitung, das lediglich Auskunft über die Auswirkung der Unsicherheit bestimmter Einflußgrößen auf die Risikostruktur eines Investitionsobjektes zu geben versucht; die endgültige Entscheidung erfolgt anhand der jeweiligen subjektiven Risikobereitschaft des Investors.

Neben der Risikoanalyse ist in den letzten Jahren vor allem das Entscheidungsbaumverfahren in den Vordergrund gerückt; dabei handelt es sich um ein Hilfsmittel der sogenannten „flexiblen Planung", bei der verschiedene mögliche zukünftige Datenentwicklungen von vornherein mit in die Planung einbezogen und Eventualentscheidungen dafür vorgesehen werden. Der kurze Hinweis auf die Möglichkeiten von Risikoanalyse und Entscheidungsbaumverfahren soll hier genügen; denn beide Methoden lassen sich (noch) eher dem Bereich der Investitions- und Entscheidungs*theorie* zuordnen.

Ergänzende und vertiefende Literatur zum Abschnitt 8.2:
— zu allen dargestellten Verfahren *Albach* [1976]; *Blohm/Lüder* [1978]; *Lücke* [1955]; *Möser* [1978]; *Rühli* [1970, 1971]
— zu Korrekturverfahren *Kahl* [1968]; *Timm* [1976, S. 104ff.] sowie in 8.2.2 zitierte Quellen
— zu Sensitivitätsanalysen *Bloech* [1966]; *Kilger* [1965a]; *Perlitz* [1977]
— zu Risikoanalysen *Hax* [1974, S. 36ff., S. 92ff.]; *Hertz* [1964]; *Schindel* [1978]; *Wagener* [1978]

— zu Entscheidungsbaumverfahren und flexibler Planung *Hax* [1979, S. 165ff.]; *Hax/Laux* [*1972a*]; *Hespos/Strassmann* [1965]; *Magee* [1964]; *Mao* [1968]; *D. Schneider* [1971, 1972].

8.3 Imponderabilien

Investitionsentscheidungen werden häufig stark durch Imponderabilien beeinflußt; darunter sind Tatbestände zu verstehen, die als nicht monetär ausdrückbar angesehen werden. Über ihren Umfang besteht in der Literatur keineswegs Einigkeit. Der Grund mag darin zu suchen sein, daß sich einige als imponderabel angesehene Faktoren mit wachsendem Komplexionsgrad der Investitionsmodelle numerisch erfassen lassen [*Krause*, S. 42]. Es verbleibt jedoch eine große Anzahl von Tatbeständen, die sich bislang und wohl auch zukünftig einer Umformung in monetäre Größen entziehen. Diese „echten" Imponderabilien mindern vielfach die Bedeutung des Wirtschaftlichkeitskalküls, so etwa wenn das Design einer Anlage oder das Renommée der Herstellerfirma bei der Entscheidung zwischen Investitionsalternativen den Ausschlag gibt; sie spielen vor allem dann jedoch eine dominierende Rolle, wenn Investitionen einen nicht oder nur vage zu beziffernden Einfluß auf die Zielgröße der Wirtschaftlichkeitsrechnung ausüben, wie z.B. Investitionen in den Bereichen Forschung und Entwicklung, Personal- und Sozialwesen, Verwaltung und Organisation. Hier entscheiden letztlich häufig die innere Einstellung und das „Fingerspitzengefühl" [*Klinger*, 1964b, S. 1824] des Investors, Erfahrungen der Vergangenheit, aber auch die Befolgung nicht monetärer Nebenziele wie Erhaltung der ökonomischen Unabhängigkeit, Erringung wirtschaftlicher Macht usw. Zumeist bestimmen jedoch „der rechnerische Kalkül und der Sinn für die Unwägbarkeiten wirtschaftlicher und technischer Geschehnisse zusammen die Investitionsentscheidungen" [*Gutenberg*, 1959, S. 215].

Ergänzende und vertiefende Literatur zum Abschnitt 8.3: *Hartner* [1968, S. 16ff., S. 77ff.]; *Krause* [1973, S. 40ff.]; *Schwarz* [1960].

Literaturverzeichnis

Adam, D.: Das Interdependenzproblem in der Investitionsrechnung und die Möglichkeiten einer Zurechnung von Erträgen auf einzelne Investitionsobjekte. Der Betrieb, 1966, S. 989ff.
Albach, H.: Investitionspolitik in Theorie und Praxis. ZfB, 1958, S. 766ff.
–: Wirtschaftlichkeitsrechnung bei unsicheren Erwartungen. Köln–Opladen 1959.
–: Rentabilität und Sicherheit als Kriterien betrieblicher Investitionsentscheidungen. ZfB, 1960, S. 583ff. u. S. 673ff.
–: Zur Verbindung der Payoff-Methode mit der Kapitalwertmethode in der Investitionsrechnung. ZfB, 1961, S. 297ff.
–: Investition und Liquidität. Wiesbaden 1962.
–: Das optimale Investitionsbudget. Eine Erwiderung. ZfbF, 1964, S. 456ff.
–: Wirtschaftlichkeitsrechnung. Handwörterbuch der Sozialwissenschaften. Berlin–Tübingen–Göttingen 1965, S. 73ff.
– (Hrsg.): Investitionstheorie. Köln 1975.
–: Investitionsrechnungen bei Unsicherheit. Handwörterbuch der Finanzwirtschaft. Stuttgart 1976, Sp. 893ff.
Alchian, A.A.: Economic Replacement Study. RAND Report No. R 224, Santa Monica 1952.
Altrogge, G.: Zur Beurteilung einzelner Investitionen durch Rentabilitätsziffern und Volumenangaben. ZfB, 1973, S. 663ff.
–: Investitionen und interner Zinsfuß. WISU, 1977, S. 401ff.
Arrow, K.J., und D. Levhari: Uniqueness of the Internal Rate of Return with Variable Life of Investment. The Economic Journal, 1969, S. 560ff.
Bächtold, R.v.: Investitionsrechnung. Grundlagen und Tabellen. 2. Aufl., Bern–Stuttgart 1975.
Bailey, M.J.: Formal Criteria for Investment Decisions. Journal of Political Economy, 1959, S. 476ff. Dt. Übersetzung, Investitionstheorie. Hrsg. von *H. Albach*. Köln 1975, S. 57ff.
Baldwin, R.H.: How to Assess Investment Proposals. Harvard Business Review 3, 1959, S. 98ff.
Ballmann, W.: Beitrag zur Klärung des betriebswirtschaftlichen Investitionsbegriffes und zur Entwicklung einer Investitionspolitik der Unternehmung. Diss. Mannheim 1954.
Biergans, E.: Investitionsrechnung. Nürnberg 1973a.
–: Die Beurteilung von Investitionsalternativen. Der Betrieb, 1973b, S. 389ff.
–: Kritische Bemerkungen zur Kritik am internen Zinsfuß. BFuP, 1973c, S. 241ff.
Bierich, M.: Investitionsentscheidungen in der Praxis. Handwörterbuch der Finanzwirtschaft. Stuttgart 1976, Sp. 848ff.
Bierman, H. jr., und S. Smidt: The Capital Budgeting Decision. 4. Aufl., New York–London 1975.
Bitz, M.: Äquivalente Zielkonzepte für Modelle zur simultanen Investitions- und Finanzplanung. ZfbF, 1976, S. 485ff.
–: Der interne Zinsfuß in Modellen zur simultanen Investitions- und Finanzplanung. ZfbF, 1977a, S. 146ff.
–: Die Strukturierung ökonomischer Entscheidungsmodelle. Wiesbaden 1977b.
Bloech, J.: Untersuchung der Aussagefähigkeit mathematisch formulierter Investitionsmodelle mit Hilfe einer Fehlerrechnung. Diss. Göttingen 1966.
Blohm, H., und K. Lüder: Investition. 4. Aufl., Berlin–Frankfurt 1978.

Literaturverzeichnis

Boulding, K.E.: Time and Investment. Economica, 1936. S. 196ff. Dt. Übersetzung, Investitionsplanung. Hrsg. von *K. Lüder*, München 1977, S. 21ff.
Brandt, H.: Investitionspolitik des Industriebetriebs. Wiesbaden o.J. (1959).
–: Investitionsplanung. Unternehmensplanung. Hrsg. von *K. Aghte* und *E. Schnaufer*. Baden–Baden 1963, S. 371ff.
–: Investitionsrechnung. Management Enzyklopädie. München 1970, S. 724ff.
–: Statische Wirtschaftlichkeitsrechnung. Handwörterbuch der Betriebswirtschaft. 4. Aufl., Stuttgart 1975, Sp. 1852ff.
Briel, H.v.: Die Ermittlung der wirtschaftlichen Nutzungsdauer von Anlagegütern. Winterthur 1955.
Bröhl, K.: Der Kalkulationszinsfuß. Ein Beitrag zur Gesamtbewertung von Unternehmungen. Diss. Köln 1966.
Bronner, A.: Vereinfachte Wirtschaftlichkeitsrechnung. Berlin–Stuttgart 1974.
Buchner, R.: Das Problem des zieladäquaten Entscheidungskriteriums bei Bestimmung der optimalen Investitionsdauer. ZfB, 1967, S. 244ff.
–: Die Problematik kapitalwertorientierter Investitionsentscheidungen in kapitaltheoretischen dynamischen Planungsmodellen. Ein Beitrag zur Frage der Endwertmaximierung. ZfB, 1970, S. 283ff.
–: Die Problematik des internen Zinsfußes als zielkonformes Auswahlkriterium zur Bestimmung des optimalen Produktionsprogrammes. ZfB, 1973a, S. 237ff.
–: Zur Frage der Zweckmäßigkeit des internen Zinsfußes als investitionstheoretisches Auswahlkriterium. ZfB, 1973b, S. 693ff.
–: Kapitalwert, interner Zinsfuß und Annuität als investitionsrechnerische Auswahlkriterien. WiSt, 1978, S. 505ff.
–: Zur Fragwürdigkeit der Argumentation für die Prävalenz des internen Zinsfußes als investitionsrechnerisches Auswahlkriterium. DBW, 1979, S. 623ff.
–: Anmerkungen zur Darstellung des sogenannten „Ketteneffektes" im Rahmen der betriebswirtschaftlichen Investitionstheorie. ZfB, 1980, S. 33ff.
Buchner, R., unter Mitwirkung von *H. Geenen, J. Weinreich* und *E. Adam*: Zur Anwendung der Verfahren der dynamischen Programmierung und der Netzwerktechnik auf Fragen der optimalen Anlagenpolitik. ZfB, 1970b, S. 571ff.
Buchner, R., und *J. Weinreich*: Die Bedeutung der Reinvestitionsprämisse für die Diskussion um die Zielkonformität des internen Zinsfußes. Ein Beitrag zur Hildreth-Boulding-Argumentation der Prävalenz des internen Zinsfußes als zielkonformen Auswahlkriteriums bei der Bestimmung der optimalen Nutzungsdauer. BFuP, 1975, S. 533ff.
–: Zur Frage des rechentechnischen Problems der Mehrdeutigkeit des internen Zinsfußes. ZfbF, 1979, S. 128ff.
Busse von Colbe, W., und *G. Laßmann*: Betriebswirtschaftstheorie, Bd. 2, Absatz- und Investitionstheorie. Berlin–Heidelberg–New York 1977.
Byrne, R., A. Charnes, W.W. Cooper und *K. Kortanek*: A Chance-Constrained Approach to Capital Budgeting with Portfolio Type Payback and Liquidity Constraints and Horizon Posture Controls. Journal of Financial and Quantitative Analysis, 1967. S. 339ff.
Caplan, B.: The Premature Abandonment of Machinery. The Review of Economic Studies 1939/40, S. 113ff.
Cordes, P.: Das Problem der Berücksichtigung von Interdependenzen in der Planung. Diss. Münster 1976.
Curran, W.S.: Principles of Financial Management. New York 1970.
Däumler, K.-D.: Investitions- und Wirtschaftlichkeitsrechnung, Grundlagen. 2. Aufl., Herne–Berlin 1978a.
–: Finanzmathematisches Tabellenwerk für Praktiker und Studierende. Herne–Berlin 1978b.

Dean, J.: Capital Budgeting. 8. Aufl., New York–London 1969.
Dellmann, K., und *L. Haberstock*: Nutzungsdauer und Ersetzungszeitpunkt von Anlagen. Der Betrieb, 1971, S. 1729ff.
Dietzel, H.: Der Ausgangspunkt der Sozialwirtschaftslehre und ihr Grundbegriff. ZfdgStw, 1883, S. 29ff.
Dreyfus, S.E.: A Generalized Equipment Replacement Study. RAND-Report, No. P 1039, Santa Monica 1957.
Drukarczyk, J.: Investitionstheorie und Konsumpräferenz. Berlin 1970.
–: Zum Stand der Investitionstheorie bei Sicherheit. ZfB, 1972, S. 803ff.
–: Probleme individueller Entscheidungsrechnung. Wiesbaden 1975.
Dudley, C.L., jr.: A Note on Reinvestment Assumptions in Choosing Between Net Present Value and Internal Rate of Return. Journal of Finance, 1972, S. 907ff.
Eich, E.: Investition, Begriff. Handwörterbuch der Finanzwirtschaft. Stuttgart 1976, Sp. 828ff.
Eisele, W.: Geldrückflußfrist (Payback-Period) und Rentabilität von Investitionen. WiSt, 1972, S. 377ff.
Engels, W.: Betriebswirtschaftliche Bewertungslehre im Licht der Entscheidungstheorie. Köln–Opladen 1962.
Fisher, I.: Die Zinstheorie. Dt. Übersetzung von The Theory of Interest. Jena 1932.
Fleig, W.: Investitionsmodelle als Grundlage der Investitionsentscheidung. Diss. Frankfurt/Main 1965.
–: Die Wahl der Investitionsrechnungsmethode bei der praktischen Investitionsplanung (Besprechungsaufsatz). ZfbF, 1967, S. 525ff.
Flemming, J.S., und *J.F. Wright*: Uniqueness of the Internal Rate of Return: A Generalisation. The Economic Journal, 1971, S. 256ff.
Franke, G.: Betriebliche Investitionspolitik. Handwörterbuch der Betriebswirtschaft. 4. Aufl., Stuttgart 1975, Sp. 1996ff.
Franke, G., und *H. Laux*: Die Ermittlung der Kalkulationszinsfüße für investitionstheoretische Partialmodelle. ZfbF, 1968, S. 740ff.
Frischmuth, G.: Daten als Grundlage für Investitionsentscheidungen. Berlin 1969.
Gahse, S.: Die Berechnung des internen Zinsfußes mit Datenverarbeitungsanlagen. KRP, 1969, S. 13ff.
Gans, H., *W. Looss* und *D. Zickler*: Investitions- und Finanzierungstheorie. 3. Aufl., München 1977.
Ganske, H.: Investitionstheorie und ökonomische Realität. ZfB, 1966, S. 381ff.
Geenen, H.: Zur Bestimmung des optimalen Ersatzzeitpunktes von Anlagen bei einwertigen Erwartungen. Diss. Gießen 1969.
Geenen, H., und *H. Krug*: Zur Berechnung von Ersatzinvestitionen. Der Betrieb, 1968, S. 1457ff.
Gendriesch, H.: Beitrag zur Planung des Ersatzes von Maschinen im Industriebetrieb. Diss. Aachen 1966.
–: Ermittlung des Ersatzzeitpunktes von Maschinen mit Hilfe mathematisch-analytischer Methoden. Industrielle Organisation, 1968, S. S. 659ff.
Gerbel, B.M.: Rentabilität, Fehlinvestitionen, ihre Ursache und ihre Verhütung. Zugleich 2. Auflage der „Rentabilität industrieller Anschaffungen", Wien 1955.
Göppl, H., und *K. Hellwig*: Vermögensrentabilität – ein einfaches dynamisches Investitionskalkül? ZfB, 1973, S. 748ff.
Gordon, M.: The Payoff Period and the Rate of Profit. Journal of Business, 1955, S. 253ff. Zitiert nach Wiederabdruck. The Management of Corporate Capital. Hrsg. von *E. Solomon*, New York 1964, S. 48ff.

Grabbe, H.W.: Investitionsrechnung in der Praxis. Köln 1976.
Grandi, O.: Betriebliche Finanzwirtschaft. Wiesbaden 1978.
Grant, E.L.: Principles of Engineering Economics. 2. Aufl., New York 1938.
Groos, M.: Die optimale Investitionsentscheidung in der Unternehmung unter besonderer Berücksichtigung der Ersatzinvestition. Diss. Köln 1964.
Grunewald, A.E., und *E.E. Nemmers*: Basic Managerial Finance. New York 1970.
Gutenberg, E.: Zur neueren Entwicklung der Wirtschaftlichkeitsrechnung. ZfdgStw, 1952, S. 630ff.
–: Untersuchungen über die Investitionsentscheidungen industrieller Unternehmen. Köln–Opladen 1959.
–: Grundlagen der Betriebswirtschaftslehre, Bd. III: Die Finanzen. 6. Aufl., Berlin–Heidelberg–New York 1973.
Haberstock, L.: Einige kritische Bemerkungen zur Kapitalwert-Methode. ZfB, 1971, S. 285ff.
–: Kapitalwert oder Interner Zinsfuß? ZfB, 1972, S. 216ff.
Haberstock, L., und *K. Dellmann*: Kapitalwert und interner Zinsfuß als Kriterien zur Beurteilung der Vorteilhaftigkeit von Investitionsprojekten. KRP, 1971. S. 195ff.
Haegert, L., und *F. Wittmann*: Zur Eignung der Amortisationsdauer als Kriterium für Investitionsentscheidungen bei unsicheren Erwartungen. ZfbF, 1977, S. 475ff.
Hahn, O.: Finanzwirtschaft. München 1975.
Hållsten, B.: Investment and Financing Decisions. On Goal Formulation and Model Building. Stockholm 1966.
Hammel, R., und *W. Wahls*: Dynamische Investitionsrechnung – Anwendung und Aussagefähigkeit in der Praxis. ZfbF – Kontaktstudium, 1979, S. 107ff.
Harrmann, A.: Zur Berechnung von Ersatzinvestitionen. Der Betrieb, 1968, S. 767ff.
–: Zur Berechnung und Aussagefähigkeit der Rückfluß- oder Amortisationszeit einer Investition. KRP, 1971, S. 223ff.
Hartner, G.: Die Determinanten der Investitionsentscheidung und ihre Wertigkeit im Entscheidungsprozeß. Wien 1968.
Hax, H.: Investitions- und Finanzplanung mit Hilfe der linearen Programmierung. ZfbF, 1964, S. 430ff.
–: Investitionsentscheidungen bei unsicheren Erwartungen. Entscheidung bei unsicheren Erwartungen. Beiträge zur Theorie der Unternehmung. Hrsg. von *H. Hax*. Köln–Opladen 1970, S. 129ff.
–: Entscheidungsmodelle in der Unternehmung. Reinbek 1974.
–: Investitionstheorie. 4. Aufl., Würzburg- Wien 1979.
–: Buchbesprechung von Meyer, H., Zur allgemeinen Theorie der Investitionsrechnung. Düsseldorf 1977. ZfbF, 1978, S. 669f.
Hax, H., und *H. Laux*: Investitionstheorie. Beiträge zur Unternehmensforschung. Hrsg. von G. Menges. Würzburg–Wien 1969, S. 227ff.
–: Flexible Planung. Verfahrensregeln und Entscheidungsmodelle für die Planung bei Ungewißheit. ZfbF, 1972a, S. 318ff.
–: Zur Diskussion um flexible Planung. ZfbF, 1972b, S. 477ff.
Heinen, E.: Zum Begriff und Wesen der betriebswirtschaftlichen Investition. BFuP, 1957, S. 16ff. u. S. 85ff.
Heister, M.: Investitionstheorie auf Abwegen? – Zu einem Aufsatz von *A. Moxter*. ZfB, 1960, S. 408ff.
–: Investitionsrechnung als empirisches Problem. ZfB, 1961, S. 332ff.
–: Rentabilitätsanalyse von Investitionen. Ein Beitrag zur Wirtschaftlichkeitsrechnung. Köln–Opladen 1962.

Hellwig, K.: Die Lösung ganzzahliger investitionstheoretischer Totalmodelle durch Partialmodelle, Meisenheim am Glan 1973.
–: Die approximative Bestimmung optimaler Investitionsprogramme mit Hilfe der Kapitalwertmethode. ZfbF, 1976, S. 166ff.
Henke, M.: Vermögensrentabilität – ein einfaches dynamisches Investitionskalkül. ZfB, 1973, S. 177ff.
–: Vermögensrentabilität – ein einfaches dynamisches Investitionskalkül. Zugleich Erwiderung auf einen Beitrag von Göppl/Hellwig in der ZfB. ZfB, 1974, S. 593ff.
Hertz, D.B.: Risk Analysis in Capital Investment. Harvard Business Review 1964, S. 95ff. Deutsche Übersetzung, u.a. in Investitionstheorie. Hrsg. von *H. Albach*, Köln 1975, S. 211ff.
–: Investment policies that pay off. Harvard Business Review, 1968, S. 96ff.
Hespos, R.F., und *P.A. Strassmann*: Stochastic Decision Trees for the Analysis of Investment Decisions. Management Science, 1965, S. B-244ff. Dt. Übersetzung, Investitionstheorie. Hrsg. von *H. Albach*, Köln 1975, S. 229ff.
Hildreth, C.: A Note on Maximation Criterion. The Quarterly Journal of Economics 1947, S. 156ff. Dt. Übersetzung, Investitionstheorie. Hrsg. von *H. Albach*, Köln 1975, S. 48ff.
Hilgert, S.: Zur Berücksichtigung von Erträgen in Investitionsrechnungen. Der Betrieb, 1966, S. 81ff.
Hirshleifer, J.: On the Theory of Optimal Investment Decision. Journal of Political Economy, 1958, S. 329ff. Wiederabgedruckt, The Management of Corporate Capital. Hrsg. von *E. Solomon*. Chicago 1964, S. 205ff. Dt. Übersetzung, Investitionsplanung. Hrsg. von *K. Lüder*. München 1977, S. 49ff.
Holz, D.: Die Optimumbestimmung bei Kauf-Leasing-Entscheidungen. Frankfurt/Main–Zürich 1973.
Hosterbach, E.: Einige kritische Bemerkungen zur Kapitalwert-Methode. ZfB, 1970, S. 613ff.
–: Kapitalwert oder Interner Zinsfuß? ZfB, 1972, S. 201ff. u. S. 376ff.
Hosterbach, E., und *O. Seifert*: Zur Mehrdeutigkeit des internen Zinsfußes. ZfB, 1971, S. 867ff.
Hotelling, H.: A General Mathematical Theory of Depreciation. The Journal of the American Statistical Association, 1925, S. 345ff.
Jacob, H.: Das Ersatzproblem in der Investitionsrechnung und der Einfluß der Restnutzungsdauer alter Anlagen auf die Investitionsentscheidung. ZfhF, 1957, S. 131ff.
–: Neuere Entwicklungen in der Investitionsrechnung. ZfB, 1964, S. 487ff. u. S. 551ff.
–: Flexibilitätsüberlegungen in der Investitionsrechnung. ZfB, 1967, S. 1ff.
–: Investitionsplanung. Handwörterbuch der Betriebswirtschaft. 4. Aufl., Stuttgart 1975, Sp. 1978ff.
–: Investitionsrechnung. Sonderdruck aus: Allgemeine Betriebswirtschaftslehre in programmierter Form. Hrsg. von *H. Jacob.* 3. Aufl., Wiesbaden 1976a, S. 615ff.
–: Investitionsplanung. Handwörterbuch der Finanzwirtschaft. Stuttgart 1976b, Sp. 872ff.
–: Kurzlehrbuch der Investitionsrechnung. 2. Aufl., Wiesbaden 1979.
Jaensch, G.: Betriebswirtschaftliche Entscheidungsmodelle und praktische Investitionsrechnung. ZfbF, 1967, S. 48ff.
Jaeschke, K.-P.: Optimale Investitionszeitpunkte: mikroökonomische Analyse der zeitlichen Struktur des Investitionsverhaltens. Göttingen 1977.
Janocha, P.: Dynamische Wirtschaftlichkeitsrechnung. Handwörterbuch der Betriebswirtschaft. 4. Aufl., Stuttgart 1975, Sp. 1839ff.

Jean, W.H.: On Multiple Rates of Return. Journal of Finance, 1968, S. 187ff.
Jochum, H.: Flexible Planung als Grundlage unternehmerischer Investitionsentscheidungen. Diss. Saarbrücken 1969.
Jonas, H.: Zur Methode der Rentabilitätsrechnung beim Investitionsvergleich. ZfB, 1961, S.1ff.
–: Investitionsrechnung. Berlin 1964.
Käfer, K.: Investitionsrechnungen. Einführung in die Theorie, Beispiele und Aufgaben, Tabellen. 2. Aufl., Zürich 1966.
Kahl, H.-P.: Die Methoden der Wirtschaftlichkeitsrechnung und ihre Bedeutung für die praktische Investitionspolitik. Optimale Investitionspolitik. Bd. 4 der Schriften zur Unternehmensführung. Hrsg. von *H. Jacob*. Wiesbaden 1968, S. 7ff.
Kappler, E., und *H. Rehkugler*: Kapitalwirtschaft. Industriebetriebslehre. Hrsg. von *E. Heinen*. Wiesbaden 1972, S. 575ff.
Kauffmann, A.: Kosten- und Investitionstheorie als betriebswirtschaftliche Ansätze zur Lösung des Allokationsproblems. Diss. München 1970.
Keifer, R.: Der Kalkulationszinsfuß und investitionstheoretische Entscheidungsmodelle. Diss. Mannheim 1970.
Kern, W.: Investitionsrechnung. Stuttgart 1974.
–: Grundzüge der Investitionsrechnung. Stuttgart 1976.
Keun, F., und *O. Wiese*: Finanzierung und Investition. Herne–Berlin 1977.
Kilger, W.: Kritische Werte in der Investitions- und Wirtschaftlichkeitsrechnung. ZfB, 1965a, S. 338ff.
–: Zur Kritik am internen Zinsfuß. ZfB, 1965b, S. 765ff.
Klinger, K.: Das Schwächebild der Investitionsrechnungen. Der Betrieb, 1964, S. 1821ff.
Kloock, J.: Return on Investment-Kriterien und deren Eignung für die Beurteilung von Investitionsobjekten. Paper for the Second Congress of the European Accounting Association at the University of Cologne, March 26–28, 1979.
Knoop, P.: Voraussetzungen für die Eindeutigkeit des internen Zinssatzes und für seine Anwendung als kritischer Beschaffungszinssatz, Arbeitspapier Nr. 5 des Seminars für Allgemeine Betriebswirtschaftslehre (Planung und Organisation in der öffentlichen Verwaltung) der Universität Hamburg, 1975.
Kobelt, H., und *P. Schulte*: Finanzmathematik. Herne–Berlin 1977.
Koch, H.: Das Wirtschaftlichkeitsprinzip als betriebswirtschaftliche Maxime. ZfhF, 1951, S. 160ff.
–: Probleme der Investitionsplanung. ZfB, 1969, S. 761ff.
–: Grundlagen der Wirtschaftlichkeitsrechnung. Wiesbaden 1970.
–: Die Betriebswirtschaftslehre als Wissenschaft vom Handeln. Tübingen 1975a.
–: Betriebswirtschaftliche Planung. Handwörterbuch der Betriebswirtschaft. 4. Aufl., Stuttgart 1975b, Sp. 3001ff.
–: Aufbau der Unternehmensplanung. Wiesbaden 1977.
–: Neuere Beiträge zur Unternehmensplanung. Wiesbaden 1980.
Kosiol, E.: Finanzmathematik. 10. Aufl., Wiesbaden 1973.
Krause, W.: Investitionsrechnungen und unternehmerische Entscheidungen. Berlin 1973.
Kreis, R.: Betriebswirtschaftliche Grundlagen einer optimalen Investitionsplanung. BFuP, 1966, S. 571ff.
Kruschwitz, L.: Kapitalwert und Annuität. Die Unternehmung 1974, S. 241ff.
–: Der interne Zinsfuß bei identischen Investitionsketten. ZfB, 1975a, S. 205ff.
–: Finanzmathematische Endwert- und Zinsfußmodelle, Arbeitspapier Nr. 1 des Instituts für Unternehmensführung der FU Berlin, 1975b.

—: Finànzmathematische Endwert- und Zinsfußmodelle. ZfB, 1976a, S. 245ff.
—: Vermögensstreben und Einkommensstreben bei sich gegenseitig ausschließenden Investitionsalternativen, Diskussionspapier Nr. 19. Hrsg. vom Institut für Wirtschaftswissenschaften der TU Berlin, 1976b.
—: Kapitalwert und interner Zinsfuß. Der Betrieb, 1977, S. 1061ff.
—: Endwert- und Entnahmemaximierung bei alternativen Investitionsprojekten. DB, 1978a, S. 549ff. und S. 597ff.
—: Investitionsrechnung. Berlin–New York 1978b.
—: Buchbesprechung von Jacob, H., Kurzlehrbuch Investitionsrechnung. 2. Aufl., Wiesbaden 1979, ZfB, 1980, S. 703f.

Kruschwitz, L., und *J. Fischer*: Konflikte zwischen Endwert- und Entnahmemaximierung. ZfbF, 1978, S. 752ff.

Küpper, W., und *P. Knoop*: Investitionsplanung. Rationelle Betriebswirtschaft. Hrsg. von *W. Müller* und *J. Krink*. Neuwied–Berlin 1974.

Lachhammer, J.: Investitionsentscheidungsprozeß (verhaltenswissenschaftlich). Handwörterbuch der Finanzwirtschaft. Stuttgart 1976. Sp. 855ff.

Lee, K.-D.: Der optimale Investitionszeitpunkt der Unternehmen im Konjunkturverlauf. Diss. Bonn 1976.

Leffson, U.: Programmiertes Lehrbuch der Investitionsrechnung. Wiesbaden 1973.

Lex, H.: Investitionsrechnung auf der Basis kumulierter Wertflüsse. Diss. Köln 1970.

Liebetruth, H.: Die Optimumbedingungen für Investitionsentscheidungen bei sicheren und unsicheren Erwartungen. Diss. Saarbrücken 1970.

Lücke, W.: Investitionsrechnungen auf der Grundlage von Ausgaben oder Kosten? ZfhF, 1955, S. 310ff.
—: Bemerkungen zum Investitionstypus und zum Problem der Zwischenanlage. Beiträge zur Unternehmensführung und Unternehmensforschung. Festschrift zum 70. Geburtstag von F.W. Riester. Hrsg von *R. Schwinn*. Würzburg–Wien 1972, S. 165ff.
– (Hrsg.): Investitionslexikon. München 1975.

Lüder, K.: Zur dynamischen Amortisationsrechnung. Der Betrieb, 1966, S. 117ff.
—: Zur Investitionsplanung und Investitionsrechnung in der betrieblichen Praxis. WiSt, 1976, S. 509ff.
– (Hrsg.): Investitionsplanung. München 1977.
—: Entwicklung und Stand der Investitionsplanung. Investitionsplanung. Hrsg. von *K. Lüder*. München 1977, S. 1ff.

Lutz, F.A.: The Criterion of Maximum Profits in the Theory of Investment. The Quarterly Journal of Economics, 1946, S. 56ff. Dt. Übersetzung, Investitionstheorie. Hrsg. von *H. Albach*. Köln 1975, S. 28ff.

Lutz, F.A., und *V. Lutz*: The Theory of Investment of the Firm. Princeton, N.J., 1951.

Männel, W.: Bemerkungen zu den Begriffsreihen „Auszahlungen, Ausgaben, Aufwendungen, Kosten" und „Einzahlungen, Einnahmen, Erträge, Leistungen". KRP, 1975, S. 215ff.

Magee, J.: How to Use Decision Trees in Capital Investment. Harvard Business Review, 1964a, S. 79ff.
—: Decision Trees for Decision Making. Harvard Business Review, 1964b, S. 126ff.

Mao, J.C.T.: Decision Trees and Sequential Investment Decisions. Cost and Management 4, 1968, S. 18ff. Dt. Übersetzung, Investitionsplanung. Hrsg. von *K. Lüder*. München 1977, S. 192ff.
—: Quantitative Analysis of Financial Decisions. London 1969.

Marglin, St.A.: Approaches to Dynamic Investment Planning. Amsterdam 1963.

Massé, P.: Investitionskriterien. München 1968.

Matsuda, K.: A Property of Flemming – Wright's Generalised Indicator of the Profitability of the Project. The Economic Journal, 1974, S. 645f.
Meyer, H.: Interne Verzinsung oder Kapitalwert? Der Betrieb, 1974, S. 2416ff.
–: Systematische Zusammenhänge zwischen Entscheidungskriterien der Investitionsrechnung. Der Betrieb, 1975, S. 1373ff.
–: Zur allgemeinen Theorie der Investitionsrechnung. Düsseldorf 1977.
–: Die Fragwürdigkeit der Einwände gegen die interne Verzinsung. ZfbF, 1978, S. 39ff.
–: Zur Stellungnahme Robert Buchners und Jürgen Weinreichs. ZfbF, 1979, S. 137ff.
Michel, R.: Optimale Investitionspolitik. Heidelberg 1979.
Möser, H.D.: Praktisches Lehrbuch der betrieblichen Finanz- und Investitionspolitik. München 1977.
–: Die Ungewißheit in Investitionsplanungen der Praxis – Ein Überblick. DB, 1978, S. 1701ff.
Moxter, A.: Der Einfluß der Amortisationsgeschwindigkeit auf die unternehmerische Investitionsentscheidung. ZfhF, 1959, S. 541ff.
–: Die Bestimmung des Kalkulationszinsfußes bei Investitionsentscheidungen. ZfhF, 1961, S. 186ff.
–: Lineares Programmieren und betriebswirtschaftliche Kapitaltheorie (Besprechungsaufsatz). ZfhF, 1963, S. 285ff.
–: Präferenzstruktur und Aktivitätsfunktion des Unternehmers. ZfbF, 1964a, S. 6ff.
–: Das optimale Investitionsbudget – Stellungnahme. ZfbF, 1964b, S. 470ff.
–: Zur Bestimmung der optimalen Nutzungsdauer von Anlagegegenständen. Produktionstheorie und Produktionsplanung. Festschrift zum 65. Geburtstag von K. Hax. Hrsg. von *A. Moxter, D. Schneider* und *W. Wittmann*. Köln–Opladen 1966. S. 75ff.
Müller-Hedrich, B.W.: Betriebliche Investitionswirtschaft. Grafenau- Stuttgart 1979.
Nehls, J.: Kapitalisierungstabellen. Berlin 1977.
Niemann, J.: Die Beurteilung der Vorteilhaftigkeit einer Investition anhand ihres Kapitalwertes unter Berücksichtigung von Preis- und Geldwertschwankungen. Diss. Mainz 1970.
Niemeyer, G.: Investitionsentscheidungen mit Hilfe der elektronischen Datenverarbeitung. Berlin 1970.
Olfert, K.: Investition. Ludwigshafen (Rhein) 1977.
Pack, L.: Rationalprinzip und Gewinnmaximierungsprinzip. ZfB, 1961, S. 207ff. und S. 281ff.
–: Rentabilitätsanalyse von Investitionen. Zu dem gleichnamigen Buch v. M. Heister. ZfB, 1963, S. 291ff.
–: Rationalprinzip, Gewinnprinzip und Rentabilitätsprinzip. ZfB, 1965, S. 525ff.
–; Betriebliche Investition. Begriff – Funktion – Bedeutung – Arten. Wiesbaden 1966.
Perridon, L., und *M. Steiner*: Finanzwirtschaft der Unternehmung. 2. Aufl., München 1980.
Perlitz, M.: Sensitivitätsanalysen für Investitionsentscheidungen. ZfbF – Kontaktstudium, 1977, S. 223ff.
Philipp, F.: Unterschiedliche Rechnungselemente in der Investitionsrechnung. ZfB, 1960, S. 26ff.
Porterfield, J.T.S.: Investment Decisions and Capital Cost. Englewood Cliffs, N.J. 1965.
Preinreich, G.A.D.: The Economic Life of Industrial Equipment. Econometrica, 1940, S. 12ff.
–: Replacement in the Theory of the Firm. Metroeconomica, 1953, S. 68ff.

Renshaw, E.: The Arithmetic of Capital-Budgeting Decisions. Journal of Business, 1957, S. 193ff. Zitiert nach Wiederabdruck, The Management of Corporate Capital. Hrsg. von *E. Solomon*, New York 1964, S. 80ff.

Ricken, H.-P.: Die prognostische Lücke in der Investitionstheorie. Diss. München 1973.

Rinne, H.: Tabellen zur Finanzmathematik. Meisenheim/Glan 1973.

Rosenberg, O.: Der Einfluß der Finanzierung auf die optimale Nutzungsdauer von Investitionsobjekten. ZfB, 1977, S. 167ff.

Rückle, D.: Zielfunktion und Rechengrößen der Investitionsrechnung. Der österreichische Betriebswirt, 1970, S. 39ff.

Rühli, E.: Methodische Verfeinerungen der traditionellen Verfahren der Investitionsrechnung und Übergang zu den mathematischen Modellen. Die Unternehmung, 1970. S. 161ff.

–: Investitionsrechnung bei Risiko unter Verwendung der Simulationstechnik. Verstehen und Gestalten der Wirtschaft. Festgabe für F.A. Lutz zum 70. Geburtstag. Tübingen 1971, S. 191ff.

–: Investitionsrechnung. Handwörterbuch der Betriebswirtschaft. 4. Aufl., Stuttgart 1975, Sp. 2004ff.

Rummel, K.: Wirtschaftlichkeitsrechnung. Archiv für das Eisenhüttenwesen, 1936, S. 73ff.

Ruppert, W.: Über das Auftreten mehrerer Zinsfüße bei der Renditeberechnung von Investitionsfolgen. KRP, 1971, S. 131ff.

–: Kapitalwert und Effektivverzinsung. KRP, 1980, S. 23ff.

Sabel, H.: Die Grundlagen der Wirtschaftlichkeitsrechnungen. Berlin 1965.

Samuelson, P.A.: Some Aspects of the Pure Theory of Capital. Quarterly Journal of Economics, 1936/37, S. 469ff.

Sarnat, M., und *H. Levy*: The Relationship of Rules of Thumb to the Internal Rate of Return: A Restatement and Generalization. Journal of Finance, 1969, S. 479ff. Dt. Übersetzung, Investitionsplanung. Hrsg. von *K. Lüder*. München 1977, S. 95ff.

Schaub, G.: Die Bestimmung des Kalkulationszinsfußes bei Investitionsentscheidungen auf Grund der Kapitalbeschaffungsmöglichkeiten der Unternehmer. Köln 1968.

Scheer, A.-W.: Die industrielle Investitionsentscheidung. Wiesbaden 1969.

Scheffler, H.E.: Investitionen und ihre Wirtschaftlichkeit. Bremen 1961.

Schierenbeck, H.: Methodik und Aussagewert statischer Investitionskalküle. WiSt, 1976a, S. 217ff.

–: Methodik und Aussagewert dynamischer Investitionskalküle. WiSt, 1976b, S. 263ff.

Schindel, V.: Risikoanalyse. 2. Aufl., München 1978.

Schindler, H.: Investitionsrechnungen in Theorie und Praxis. 3. Aufl., Meisenheim/Glan 1966.

Schmatz, R.: Begriff und Arten der Investitionen. Der österreichische Betriebswirt, 1961, S. 167ff.

Schmidt, R.-B. (Hrsg.): Unternehmungsinvestitionen, Reader + Abstracts. Reinbek 1975.

Schneider, D.: Die wirtschaftliche Nutzungsdauer von Anlagegütern als Bestimmungsgrund der Abschreibungen. Köln–Opladen 1961.

–: Ersatzzeitpunkt und Investitions-Ketten: eine Ergänzung. ZfbF, 1969, S. 625ff.

–: Flexible Planung als Lösung der Entscheidungsprobleme unter Ungewißheit? ZfbF, 1971, S. 831ff.

–: Flexible Planung als Lösung der Entscheidungsprobleme unter Ungewißheit? in der Diskussion. ZfbF, 1972, S. 456ff.

–: Investition und Finanzierung. 4. Aufl., Opladen 1975.

Schneider, E.: Die wirtschaftliche Lebensdauer industrieller Anlagen. Weltwirtschaftliches Archiv, 1942I, S. 90ff.
–: Kritisches und Positives zur Theorie der Investition. Weltwirtschaftliches Archiv, 1967, S. 314ff.
–: Wirtschaftlichkeitsrechnung. Theorie der Investition. 8. Aufl., Tübingen–Zürich 1973.
Schneider, R., G. Schlund und *A.K. Haas*: Kapitalisierungstabellen. Heidelberg 1977.
Schulte, K.-W.: Optimale Nutzungsdauer und optimaler Ersatzzeitpunkt bei Entnahmemaximierung. Meisenheim/Glan 1975.
–: Der Entnahmebeitrag als Partialkriterium für Investitionsentscheidungen. Münster (Eigenverlag) 1976.
–: „Adverse Minimum" und Gewinnannuität – eine vergleichende Analyse der Kriterien. ZfB, 1978a, S. 291ff.
–: MAPI-Konzeption. WISU, 1978b, S. 215ff. und S. 265ff.
–: Kapitalwert und Annuität. Proceedings in Operations-Research 9. Hrsg. von J. Schwarze u.a., Würzburg–Wien 1980, S. 182f.
–: 10 Thesen zur Annuität. ZfB, 1981.
Schuppisser, H.R.: Die Gestaltung der Investitionsentscheidung unter Berücksichtigung des Risikos. Bern–Stuttgart 1978.
Schwarz, H.: Zur Bedeutung und Berücksichtigung nicht oder schwer quantifizierbarer Faktoren im Rahmen des investitionspolitischen Entscheidungsprozesses. BFuP, 1960, S. 686ff.
–: Optimale Investitionsentscheidungen. Berlin 1967.
–: Investition. Handwörterbuch der Betriebswirtschaft. 4. Aufl., Stuttgart 1975, Sp. 1974ff.
Schwerna, W.: Untersuchungen zur Theorie der Investition. Tübingen 1971.
Sehmer, E.: Kritik und Weiterentwicklung der betrieblichen Investitionsrechnung im Hinblick auf den Kalkulationszinsfuß. BFuP, 1967, S. 8ff. und S. 99ff.
Seicht, G.: Investitionsentscheidungen richtig treffen. 2. Aufl., Wien 1976.
Sieben, G.: Bewertungs- und Investitionsmodelle mit und ohne Kapitalisierungszinsfuß. Ein Beitrag zur Theorie der Bewertung von Erfolgseinheiten. ZfB, 1967, S. 126ff.
Sieben, G., W.-R. Bretzke, G. Löcherbach, M.J. Matschke und *T. Schildbach*: Kalkulationszinsfuß. Handwörterbuch der Finanzwirtschaft. Stuttgart 1976, Sp. 925ff.
Sigel, R.: Praktische Erfahrungen mit der internen Zinsfußmethode in der chemischen Industrie. KRP, 1968, S. 27ff.
Solomon, E. (Hrsg.): The Management of Corporate Capital. New York 1964.
–: Measuring a Company's Cost of Capital. Journal of Business, 1955, S. 240ff. Zitiert nach Wiederabdruck, The Management of Corporate Capital. Hrsg. von *E. Solomon.* New York 1964, S. 128ff.
–: The Arithmetic of Capital-Budgeting Decisions. Journal of Business, 1956, S. 124ff. Zitiert nach Wiederabdruck, The Management of Corporate Capital. Hrsg. von *E. Solomon.* New York 1964, S. 74ff.
Spitzer, S., und *E. Förster*: Tabellen für die Zinseszins- und Rentenrechnung. 12. Aufl., Wien o.J.
Steiner, J.: Zeitzentrum und Typenkonzept: eine kritische Analyse von Instrumenten der klassischen Investitionstheorie, Arbeitspapier des Lehrstuhls für Organisation und elektronische Datenverarbeitung der Universität Münster. Hrsg. von *H. Wagner.* Münster 1976a.
–: Zur investitionstheoretischen Bedeutung des Zeitzentrums, Arbeitspapier des Lehrstuhls für Organisation und elektronische Datenverarbeitung der Universität Münster. Hrsg. von *H. Wagner.* Münster 1976b.

–: Zeitzentrum und Typenkonzept: Ballast der Investitionstheorie. ZfbF, 1977, S. 490ff.
Sundem, G.L.: Evaluating Capital Budgeting Models in Simulated Environments. Journal of Finance 1975, S. 977ff.
Swoboda, P.: Investition und Finanzierung. Göttingen 1971.
–: Entscheidungen über Ersatzinvestitionen. WiSt, 1973, S. 55ff. und S. 106ff.
Tanew, G.: Zum Vergleich von Investitionsalternativen mit Hilfe der Methode des internen Zinsfußes. KRP, 1979, S. 185ff.
Teichroew, D., A. Robichek, und *M. Montalbano*: Mathematical Analysis of Rates of Return Under Certainty. Management Science, 1965, S. 395ff.
–: An Analysis of Criteria for Investment and Financing Decisions under Certainty. Management Science, 1966, S. A-151ff. Zitiert nach Wiederabdruck, Investitionstheorie. Hrsg. von *H. Albach.* Köln 1975, S. 92ff.
Terborgh, G.: Dynamic Equipment Policy. New York–Toronto–London 1949.
–: Business Investment Policy. Washington D.C. 1958. Dt. Übersetzung von *H. Albach,* Leitfaden der betrieblichen Investitionspolitik. Wiesbaden 1962.
–: Business Investment Management. Washington D.C. 1967.
Timm, E.: Das Investitionsrisiko im investitionstheoretischen Ansatz. Berlin 1976.
Trechsel, F.: Investitionsplanung und Investitionsrechnung. Bern 1966.
Trilling, G.: Die Berücksichtigung des technischen Fortschritts in der Investitionsplanung. Frankfurt/M.–Zürich 1975.
–: Didaktische Überlegungen zum Thema Investitionsrechnung. Wirtschaft und Erziehung, 1980, S. 63ff.
Vormbaum, H.: Wirtschaftlichkeitsrechnung. Handwörterbuch der Betriebswirtschaft. 4. Aufl., Stuttgart 1975, Sp. 4467ff.
Wagener, F.: Die partielle Risikoanalyse als Instrument der integrierten Unternehmensplanung. Diss. Münster 1978.
Weingartner, H.M.: Some New Views on the Payback Period and Capital Budgeting Decisions. Management Science, 1969, S. B-594ff.
Welin, I., und *P. Welin*: The Impact of Technological Progress on the Economic Life of Industrial Equipment. Skrifter 1967/2, Handelshögskolan i Göteborg.
Wesemann, J.: Die Problematik der Investitionstheorie. Der investitionstheoretische Ansatz und ein Alternativvorschlag auf der Basis der handlungstheoretischen Konzeption. Diss. Münster 1968.
Witten, P., und *H.-G. Zimmermann*: Zur Eindeutigkeit des internen Zinssatzes und seiner numerischen Bestimmung. ZfB, 1977, S. 99ff.
Wittmann, W.: Unternehmung und unvollkommene Information. Köln–Opladen 1959.
Wright, C.A.: A Note on Time and Investment. Economica, 1936, S. 436ff.
Zimmermann, G.: Wirtschaftlichkeitsrechnung – Aufgaben und Lösungen. 4., erweiterte und verbesserte Aufl., Münster (Eigenverlag) 1977.

Symbolverzeichnis

A	exakte Annuität einer Auszahlungsreihe
$\hat{A}$	approximative Annuität einer Auszahlungsreihe
a_0	Anschaffungsauszahlung
a_f	produktmengenunabhängige laufende Auszahlungen
a_t	laufende Auszahlungen in der Periode t
a_v	produktmengenabhängige laufende Auszahlungen pro Produkteinheit
B	Restbuchwert
C_0	Kapitalwert einer Investition
C_{0w}	Kapitalwert einer endlichen identischen Investitionskette
$C_{0\infty}$	Kapitalwert einer unendlichen identischen Investitionskette
$C_{0\infty}^{AN}$	Gesamtkapitalwert von alter Anlage und einer unendlichen identischen Investitionskette aus neuen Anlagen
C_{A_0}	Barwert einer Auszahlungsreihe, bezogen auf t_0
C_{A_h}	Barwert einer Auszahlungsreihe, bezogen auf t_h
C_{A_n}	Barwert einer Auszahlungsreihe, bezogen auf t_n
C_{E_0}	Barwert einer Einzahlungsreihe, bezogen auf t_0
C_{E_h}	Barwert einer Einzahlungsreihe, bezogen auf t_h
C_{E_n}	Barwert einer Einzahlungsreihe, bezogen auf t_n
D	exakte Annuität
$\hat{D}$	approximative Annuität
E	exakte Annuität einer Einzahlungsreihe
$\hat{E}$	approximative Annuität einer Einzahlungsreihe
$\bar{E}_0$	Ertragswert in t_0
EF	Eigenfinanzierung
e^*	Basis der natürlichen Logarithmen
e_t	laufende Einzahlungen in der Periode t
F	exakter Kapitaldienst ohne Berücksichtigung eines Restverkaufserlöses
$\hat{F}$	approximativer Kapitaldienst ohne Berücksichtigung eines Restverkaufserlöses
FF	Fremdfinanzierung
f_t	Finanzinvestition in der Periode t
G	exakter Kapitaldienst unter Berücksichtigung eines Restverkaufserlöses
$\hat{G}$	approximativer Kapitaldienst unter Berücksichtigung eines Restverkaufserlöses
$\bar{t}$	Perioden der Rest-Nutzungsdauer einer in Betrieb befindlichen Anlage

Symbolverzeichnis

g	Momentanverzinsung
I	Investitionsalternative
i	Kalkulationszinsfuß
i^H	Habenzinsfuß
i^S	Sollzinsfuß
i_{krit}	kritischer Zinsfuß
K_0	Anfangs-Eigenkapital
K_N	Endvermögen
K_t	Zahlungssaldo in Periode t
ΔK_N	Endvermögensdifferenz
k_t	Kredit in der Periode t
L	exakte Annuität einer Auszahlungsreihe unter Berücksichtigung eines Restverkaufserlöses
l	y/g
MF	Mischfinanzierung
N	Planungshorizont
n	Nutzungsdauer
$\bar{n}$	Rest-Nutzungsdauer einer in Betrieb befindlichen Anlage
p	Absatzpreis pro Produkteinheit
Q	Annuität des Ertragswertes
q	Zinsfaktor $(1 + i)$
R	Restverkaufserlös
R'	Restverkaufserlösminderung
r	exakter interner Zinsfuß einer Investition im diskontinuierlichen Fall
$\hat{r}$	approximativer interner Zinsfuß einer Investition
r_b	branchenübliche Rendite
r_u	Durchschnittsrendite der Unternehmung
s	interner Zinsfuß einer Investition im stetigen Fall
T	Zeitpunkt des Ersatzvergleichs
t	Periode bzw. Zeitpunkt
t_0	Investitionszeitpunkt
t_{0^-}	Kalkulationszeitpunkt
t_h	Zeitpunkt zwischen t_0 und t_n
t_n	Zeitpunkt der Beendigung einer Investition
t_z	Zeitzentrum

Symbolverzeichnis 191

t_{z_a}	Zeitzentrum der Auszahlungen
t_{z_e}	Zeitzentrum der Einzahlungen
t^*	Amortisationszeitpunkt
U	Unterlassensalternative
$ü_t$	laufender Ein- bzw. Auszahlungsüberschuß in der Periode t
x	Absatzmenge
Y	Entnahme
ΔY	Entnahmedifferenz
y	Anzahl der Zinszahlungen im Jahr
Z	Entnahmestrukturfaktor

Anhang: Ausgewählte Zinsfaktoren

i = Zinssatz; n = Anzahl der Auf- bzw. Abzinsungsperioden

Aufzinsungsfaktor $(1 + i)^n$		
n \ i	0,05	0,10
1	1,0500	1,1000
2	1,1025	1,2100
3	1,1576	1,3310
4	1,2155	1,4641
5	1,2763	1,6105
6	1,3401	1,7716
7	1,4071	1,9487
8	1,4775	2,1436
9	1,5513	2,3579
10	1,6289	2,5937
15	2,0789	4,1772
20	2,6533	6,7275

Abzinsungsfaktor $(1 + i)^{-n}$		
n \ i	0,05	0,10
1	0,9524	0,9091
2	0,9070	0,8264
3	0,8638	0,7513
4	0,8227	0,6830
5	0,7835	0,6209
6	0,7462	0,5645
7	0,7107	0,5132
8	0,6768	0,4665
9	0,6446	0,4241
10	0,6139	0,3855
15	0,4810	0,2394
20	0,3769	0,1486

Rentenbarwertfaktor $\dfrac{(1 + i)^n - 1}{i(1 + i)^n}$		
n \ i	0,05	0,10
1	0,95238	0,90909
2	1,85941	1,73554
3	2,72325	2,48685
4	3,54595	3,16987
5	4,32948	3,79079
6	5,07569	4,35526
7	5,78637	4,86842
8	6,46321	5,33493
9	7,10782	5,75902
10	7,72174	6,14457
15	10,37966	7,60608
20	12,46221	8,51356

Rentenendwertfaktor $\dfrac{(1 + i)^n - 1}{i}$		
n \ i	0,05	0,10
1	1,00000	1,00000
2	2,05000	2,10000
3	3,15250	3,31000
4	4,31013	4,64100
5	5,52563	6,10510
6	6,80191	7,71561
7	8,14201	9,48717
8	9,54911	11,43589
9	11,02656	13,57948
10	12,57789	15,93743
15	21,57856	31,77248
20	33,06595	57,27500

Tilgungsfaktor $\frac{i}{(1+i)^n - 1}$		
n \ i	0,05	0,10
1	1,00000	1,00000
2	0,48780	0,47619
3	0,31721	0,30211
4	0,23201	0,21547
5	0,18097	0,16380
6	0,14702	0,12961
7	0,12282	0,10541
8	0,10472	0,08744
9	0,09069	0,07364
10	0,07950	0,06275
15	0,04634	0,03147
20	0,03024	0,01746

Wiedergewinnungsfaktor $\frac{i(1+i)^n}{(1+i)^n - 1}$		
n \ i	0,05	0,10
1	1,05000	1,10000
2	0,53780	0,57619
3	0,36721	0,40211
4	0,28201	0,31547
5	0,23097	0,26380
6	0,19702	0,22961
7	0,17282	0,20541
8	0,15472	0,18744
9	0,14069	0,17364
10	0,12950	0,16275
15	0,09634	0,13147
20	0,08024	0,11746

Sachverzeichnis

Abschreibung 79ff., 82ff.
Abzinsungsfaktor 23f., 29ff.
Amortisationsdauer 106ff., 130f.
Annuität
–, approximative 81ff., 86ff.
–, bestimmung 32ff.
–, exakte 86ff., 120ff., 133ff., 142ff., 151ff.
–, Prämissen 72f., 120 ff.
Anschaffungsauszahlung
–, Definition 18f.
–, optimale 131ff.
Anschaffungszeitpunkt, optimaler 40
Aufzinsungsfaktor 23f., 29ff.
Ausgangsdaten 18ff.
Auszahlungen, laufende 19

Barwertbestimmung 23ff.
Bezugszeitpunkt 21f.

Differenzmethode 118f.
Drei-Werte-Verfahren 172f.

Einzahlungen, laufende 19
Endvermögen 42ff., 115ff.
Entnahme 55ff., 116f.
Entscheidungsbaumverfahren 176f.
Ersatzzeitpunkt, optimaler 161ff.
Ertragswert 65f.

Finanzinvestition, Definition 11f.
Finanzmathematik 21ff.
Finanzplan 43ff., 115ff.

Imponderabilien 177
Interdependenzproblem 20, 168ff.
Interner Zinsfuß
–, Darstellung 90ff., 123ff., 136ff., 158ff. 167
–, Mehrdeutigkeit 96ff.
–, Näherungsverfahren 102ff.
–, Prämissen 93ff., 124ff.
Investitions
–alternative 40
–arten 11ff.
–begriff 11

–kette 146ff., 161ff.
–planung 14ff.
–rechnung 17

Kalkulationszinsfuß als
– Branchenrendite 75
– Durchschnittsrendite der Unternehmung 73f.
– Grenzkapitalkostensatz 73
– Grenzrendite 73
– Kapitalkostensatz 66ff.
– Reinvestitionsrendite 75
– Verzinsung von Komplementärinvestitionen 119f.
– Verzinsung von zwischenzeitlichen Wiederanlagen/Kreditaufnahmen 68ff.
– völlig subjektive Mindestrendite 75
Kapitaldienst
–, approximativer 82ff.
–, exakter 78ff.
– faktor 81ff.
Kapitalmarkt 66f.
Kapitalwert
–, Darstellung 61ff., 118ff., 133ff., 140ff. 161ff.
–, Prämissen 68ff., 119f.
Komplementärinvestition 115
Korrekturverfahren 171f.
Kriterienvergleich 112f.
Kritische Werte 173ff.

Nutzungsdauer
–, Bestimmungsfaktoren 139f.
–, Definition 20
–, optimale 140ff.

Optimalitätskriterium 41

Pay-off Periode (s. Amortisationsdauer)
point-input-continuous-output-Modell 141ff., 159f.
point-input-point-output-Modell 140f., 158f.

Rationalprinzip 17
Rechenelemente 35ff.
Rentenbarwertfaktor 28, 31f.
Rentenendwertfaktor 28, 31
Restbuchwert 82ff., 165ff.

Restverkaufserlös 20
Risikoanalyse 176

Sachinvestition, Definition 11ff.
Sensitivitätsanalyse 172ff.

Tilgungsfaktor 33f.

Unsicherheitsproblem 20, 170ff.
Unterlassensalternative 40f.
Unternehmensplanung 14f.

Verzinsung
–, diskontinuierlich 23ff., 32f., 35
–, stetig 29ff., 33, 35
Vorteilhaftigkeitsbestimmung eines einzelnen Investitionsobjektes 40ff.
Vorteilhaftigkeitsvergleich 114ff.

Wiedergewinnungsfaktor 33f.
Wirtschaftlichkeitsrechnung
–, Bedeutung 15f.
–, Begriff 17
–, Probleme 18

Zahlungs-
–reihe 19
–strom 19
Zeitzentrum 37ff., 102f.
Zielgrößen 42
Zinsrechnung
–, Arten 22, 35
–, Aufgaben 21
Zinssatz, kritischer 125ff.
Zurechnungsproblem 168ff.

MIX
Papier aus verantwortungsvollen Quellen
Paper from responsible sources
FSC® C105338

If you have any concerns about our products,
you can contact us on
ProductSafety@springernature.com

In case Publisher is established outside the EU,
the EU authorized representative is:
**Springer Nature Customer Service Center GmbH
Europaplatz 3, 69115 Heidelberg, Germany**

Printed by Libri Plureos GmbH
in Hamburg, Germany